Ludwig Renn · Nachkrieg

Ludwig Renn – Werke in Einzelausgaben
Neu herausgegeben von Günther Drommer

Ludwig Renn

Nachkrieg

Roman

Das Neue Berlin

Inhalt

Beim Gefangenenlager

Ich lag im Viehwagen auf dem Boden, wurde geschüttelt und fror in meiner rauhen Wolldecke. Es war halbdunkel, weil wir die Schiebetüren zugemacht hatten. Jetzt war Anfang Dezember.

»Oooch!« gähnte einer. »Aber da hat einer 'n Leichenzug verschluckt! Und geschnarcht hast du!« Er packte mich am Bein. »Ach, verzeihen Sie, Herr Feldwebel! Ich dachte, es wär der Paul!«

»Tut nichts!« sagte ich und konnte nicht lachen oder etwas sagen, was kameradschaftlich geklungen hätte. Wir fuhren ja nach Deutschland hinein. Und da war Revolution!

»Ich hab ganz gut geschlafen«, sagte einer.

»Wenn mir die Eisenbahnverwaltung einen Salonwagen zur Verfügung gestellt hätte, wär mir's schon lieber gewesen!«

»Denkst du, daß der ausgerissene Kaiser in Holland auch so hart geschlafen hat wie wir?«

»Na, da frage nicht! Die hohen Herren haben überhaupt nie was von Kohldampf und Läusen erfahren!«

»Ich scheiß auf jeden Offizier. Absetzen sollten wir sie, wie anderswo.«

»Aber wir brauchen sie«, sagte Unteroffizier Mehling, der Soldatenrat meines Zuges.

»Wozu brauchen?«

»Nu, um in Ordnung in die Heimat zu kommen und entlassen zu werden.«

»Du, das Kunststück kann ich auch! Und wir brauchen überhaupt keine Offiziere mehr im Sozialismus!«

Hatte ich das nur bisher nicht gemerkt? Oder hatte sich die Stimmung in den zwei Tagen wirklich so verändert, seitdem wir in Deutschland waren? Nie hatte ich solche Reden gehört, als wir, die Franzosen dicht hinter uns, durch Belgien zurückmarschierten. Da waren alle gegen die Revolutionäre hinter der Front gewesen, weil wir kein Brot bekamen wegen der Unordnung. Woher kam auf einmal diese Stimmung? Hatten sie Zeitungen gelesen? Ich hatte nur immer wieder die langweilige »Kölnische« gesehen, aus der man ja nichts erfuhr. Ja, dieses verfluchte Verheimlichen! Damit machen sie einen nur noch mißtrauischer!

Gegen Mittag hielten wir auf einem größeren Bahnhof. Das Wetter war trübe.

»Aussteigen zum Empfang kalter Verpflegung!«

Wir kletterten ungeschickt aus den Wagen. Die Knochen waren steif. Alles strömte die Treppe hinunter. Dort stand quer ein Tisch mit zwei Frauen dahinter. Sie hatten Kopftücher und gaben jedem Brot und etwas Eingepacktes, wahrscheinlich Kunsthonig. Ich sah von oben auf sie hinunter. Rechts, wo es in die Unterführung ging, war eine Aufregung.

»Das ist doch die Höhe! Maschinengewehre auf eigne Landsleute zu richten!«

Eine Frau drängte sich durch. Höhle – das war der Soldatenrat des ersten Zuges – faßte sie am Arm und fragte sie etwas.

»Ach!« Sie schüttelte den Kopf. »Der ganze Soldatenrat besteht aus nichts als Spitzbuben! Die haben sich die Herrschaft über die Stadt angemaßt!«

»Ist denn der Arbeiter- und Soldatenrat nicht von der Bevölkerung gewählt? Na, das scheinen ja hier Zustände zu sein!«

Langsam gelang es mir, mich bis unten durchzudrängen. Ich war erregt und hatte eine unbestimmte Empfindung von einer Gefahr.

Jetzt konnte ich nach rechts sehen. Am Ende der Unterführung standen zwei Maschinengewehre, auf uns gerichtet, auf einem Tisch. Zwei Matrosen standen lässig dahinter.

Unsere Offiziere drängten sich an uns vorbei und gingen in der Unterführung auf die Maschinengewehre los, nicht als Angreifer, sondern eher erstaunt. Ein dünner Leutnant wich sichtlich ängstlich nach rechts hinter die anderen. Sie gingen stumm an den Maschinengewehren vorbei und verschwanden rechts in einer Tür, unter dem Schild: Wartesaal 1. und 2. Klasse.

Zwei mit roten Binden kamen von drüben, der eine mit offenem Rock, der andere ohne Mütze, beide mit umgehängten Gewehren.

»Schnallt nur wenigstens ordentlich um, wenn ihr was hier zu suchen habt!« sagte Höhle aufreizend. Die beiden sahen ihn an, mit etwas Hohn, aber auch unsicher.

»Das beste wäre, die Zuchthäusler wieder festzusetzen!« sagte ein eleganter Herr im Vorüberhuschen und lief mit seiner Handtasche eilig die Treppe hinauf.

Ich sah ihm mißgestimmt nach. Diese Sorte sollte sich nicht aufregen! Der sah nicht aus, als ob er im Felde gewesen wäre!

Unterdessen hatten die meisten ihre Verpflegung empfangen und gingen wieder nach oben. Die Aufregung hatte sich auch gelegt. Ich brachte mein Brot in unsern Viehwagen. Als ich wieder herauskam, gesellte sich ein Bahnbeamter mit roter Mütze zu mir: »Hier sind wirklich Zustände! Die Kerle sind so frech, daß es vorgestern zu einem Feuergefecht mit Fronttruppen gekommen ist.«

»Herr Feldwebel!« schrie Mehling. »Unten sind sie sich in die Haare geraten! Höhle hat einem das Gewehr weggenommen!«

Ich rannte die Treppe hinunter. Die Kompanie drängte auf die Matrosen zu. Die vorderen bremsten, denn die Mündungen waren angehoben, und die Matrosen hatten die Hand am Abzug. Es waren dreißig Schritt Entfernung. Mir stockte das Herz. Nur diesen Kampf verhindern! Ich drängte mich vor. »Macht den Unsinn nicht! Was gehen uns die Verhältnisse hier im Ruhrgebiet an?«

»Es ist eine Beleidigung, Maschinengewehre auf uns zu richten! Die Waffen nehmen wir ihnen ab!«

Die Matrosen hatten die Maschinengewehre abgesetzt.

»Beleidigung oder nicht, ich mache nicht mit!« rief ich.

»Dann gehen wir allein!« Höhle drängte vor. Alles kam in Bewegung. Die Matrosen zielten wieder, und die Kompanie stoppte.

»Ihr Zuchthäusler! Wenn ihr ehrliche Soldaten wäret, würdet ihr keine Gewehre auf uns richten!«

Von links kam einer vor ein Maschinengewehr gesprungen. »Wir sind keine Zuchthäusler! Ihr habt euch nur durch die Reaktionäre verhetzen lassen!«

»Zurück!« schrie der Matrose und setzte ab. Die Kompanie rückte fünf Schritte vor.

»Wozu habt ihr Maschinengewehre?« rief Höhle. »Ihr gebraucht sie nur, um eure unrechtmäßige Macht zu behaupten!«

»Wir sind eingesetzt!« schrie der eine Matrose.

»Paß lieber auf!« fuhr ihn der andere an.

Die Kompanie war wieder ein Stück vorgekommen.

»Keinen Schritt weiter oder wir schießen!«

Da sprang von rechts der Leutnant Hanfstengel aus der Bahnhofswirtschaft und auf den nächsten Matrosen drauf. Der fiel gegen den andern und riß ihn um. Die Kompanie stürmte vor. Höhle packte den einen an der Bluse und schlug ihn mit der Faust auf den Arm. Ein anderer hieb ihn über den Kopf.

Links hinter der Sperre standen einige mit erhobenen Gewehren, unmittelbar neben uns. Ich griff nach einer Mündung. Er ließ gleich das Gewehr fallen und riß aus.

»Achtung links!« schrie ich und hob das Gewehr. Sie verzogen sich einer nach dem anderen. Die verprügelten Matrosen wurden mit Tritten hinausgestoßen. Einer stand noch jenseits der Sperre und schrie empört etwas, das niemand beachtete.

»Jetzt aber fort!« rief der Major, der lachend daneben stand. »Sonst schicken sie uns noch was nach!«

Höhle und ein langer Gefreiter schleppten die eroberten Maschinengewehre zum Zug. Der fuhr langsam an, während noch einzelne aufsprangen.

RrrrR, machte ein Maschinengewehr. Einzelne Gewehrschüsse knackten in den Zug. Woher sie kamen, konnten wir nicht sehen. Links neben unserm hielt noch ein anderer Transportzug. Von dort riefen sie herüber: »Das habt ihr fein gemacht!«

Alle schwatzten durcheinander.

Wir hielten auf verschiedenen Stationen, dann auf freier Strecke.

»Zugführer und Vertrauensleute in den Führerwagen vor!«

Ich stieg mit Mehling aus, und wir gingen auf dem Schotter neben dem Zug nach vorn. In allen Wagen waren gewissermaßen Zigeunerlager. Der Führerwagen hatte einen großen Raum mit Bänken an den Wänden.

»Ich habe Sie rufen lassen«, sagte der Major, »weil mir gemeldet worden ist, daß im Bataillon Meinungsverschiedenheiten aufgetreten sind. Vizewachtmeister Hengeler, was haben Sie zu sagen?«

Hengeler stand stramm. Er war einer der Führer des Trosses. »Das Wegnehmen der Waffen auf dem Bahnhof war falsch! Vor ein paar Tagen hat ein anderes Bataillon dieselbe Kinderei gemacht und ist dann in Haltern entwaffnet worden. Dort steht eine rote Brigade. Ich bin der Meinung, daß wir uns entwaffnen lassen.«

»Das ist erbärmlich!« schrie ihn Höhle an.

»Der Kampf war unnötig und falsch!« sagte der Soldatenrat Herrmann mürrisch. Er war Sozialdemokrat.

»Was hatten die Lumpen Maschinengewehre auf uns zu richten? Ohne das hätten wir sie nie angegriffen!«

»Wollen Sie sich wegen der Dummheit in Haltern zusammenschießen lassen?« fragte Hengeler scharf mit nach der Seite gewendetem Kopfe, während er noch immer vor dem Major stramm stand.

»Wir wollen machen, was die Herren Offiziere sagen!« sagte Höhle.

»Es ist Revolution! Wir Soldatenräte haben jetzt die vollziehende Gewalt!« knurrte Herrmann.

»Da irren Sie sich«, sagte der Major leichthin. »Wir haben die klare Anweisung von der Division, gegengezeichnet durch die Vertrauensleute – nicht Soldatenräte! –, daß die Offiziere nach wie vor die vollziehende Gewalt haben.«

»Kann ich den Befehl sehen, Herr Major?«

Der winkte seinem Adjutanten. Und der nahm ein Schriftstück vom Tisch und hielt es Herrmann hin. »Ihr Mißtrauen ist nicht gerade eine Schmeichelei! Dergleichen ist uns gegenüber nicht am Platze, vielleicht aber gegenüber den Führern einer gewissen Partei!«

»Unterlassen Sie politische Anzüglichkeiten!« sagte der Major.

Herrmann las das Schriftstück und sagte mürrisch: »Es stimmt.«

Der Major begann wieder: »Daß wir uns in Haltern ohne weiteres entwaffnen lassen, davon kann keine Rede sein! Die Führer und Vertrauensleute verteilen sich jetzt wieder auf ihre Wagen!«

Wir stiegen aus. Auf dem Weg neben dem haltenden Zug redete Hengeler auf verschiedene ein und suchte Anhänger zu gewinnen, aber nur einer hörte ihn an.

Im Wagen hielt der Soldatenrat, Unteroffizier Mehling, lachend eine Rede: »Na, die sollen das nur versuchen!«

»Wir machen die Maschinengewehre bereit, zwei nach rechts und zwei nach links! Und Posten an die Türen!«

»Ich mache Posten hier!« rief einer, der in der Öffnung saß und mit den Beinen draußen baumelte.

Ich sagte nichts, sondern zog mich in eine Ecke zurück. Wenn wirklich in Haltern eine rote Brigade steht und wenn sie entschlossen ist – man sagt ja, sie haben neulich die Häuser zu beiden Seiten der Bahn besetzt –, dann sind wir natürlich einfach geliefert bei den dünnen Holzwänden! Jetzt war ich nun vier Jahre draußen, und wo Schluß ist, da muß man sich noch im eigenen Land herumschießen!

»Ein Ort kommt!« ruft es an der Tür. Wir drängen uns vor. »Ach du, dir haben sie wohl das Gehirn ausgequetscht! Das Kuhdorf! Das ist doch kein großer Bahnhof!«

Unangenehme Gedanken kommen mir. Wie sich nur die Kerle alle so darauf freuen, entlassen zu werden, als ob die Arbeit nicht auch ein Kampf wäre mit allerhand Kleinkram und dem ganzen Druck, den man doch nie los wird!

Wir fuhren in einen größeren Ort ein. Sie sahen aufgeregt hinaus. »Das ist Haltern!«

»Aufpassen!« schrie Höhle. »Maschinengewehre bereit!« Der Zug hielt.

Ich ging auch zur Schiebetür. Aus allen Türen ragten Maschinengewehrmündungen. Vorn sprach ein Herr mit einer Roten-Kreuz-Binde zu dem Major hinauf, der sich aus dem Führerwagen beugte. Sie gaben sich die Hand, und der Herr ging fort. Einer von den Bataillonsläufern kam zu uns.

»Was gibt's?« schrien sie ihn an.

»Es war einer da, der sagte, es täte ihnen sehr leid, sie könnten uns hier kein Mittagessen geben. Unser Transport wäre nicht angemeldet.«

»Seht ihr! Die haben Schiß vor uns!«

Der Zug fuhr weiter langsam durch die flache Gegend.

Es wurde dunkel. Wir waren hungrig und müde.

Spät in der Nacht – wir hielten schon seit einiger Zeit – rief es: »Aussteigen zum Essenempfang!«

Alle stürmten hinaus.

»Wo gibt's was?«

Vor einer Bretterbude quetschten sie sich in die enge Tür.

»Aber so geht das doch nicht!«

»Wir haben Kohldampf! Los!«

»Aber, Kameraden, ihr müßt schon antreten! So kann nicht ausgegeben werden!«

Die Offiziere versuchten Ordnung hineinzubringen. Aber da war gar nichts zu machen. Einen sah ich, der so mit der Brust gegen den Türrahmen gepreßt wurde, daß er ächzte und sich entfärbte. Dem mußten doch die Rippen eingedrückt worden sein!

Als ich endlich nahe der Tür war, entstand eine neue Aufregung. Von innen drängten sie nach außen, die vollen Kochgeschirrdeckel über den Köpfen.

»Vorsicht! Die Suppe ist lausig heiß!«

Drin war nicht genügend Platz für die vielen Menschen an den Tischen.

Ich aß zuerst stehend. Dann leerte sich aber die Bude schnell, und ich konnte mich setzen. Wasser zum Ausspülen gab es nicht. Aber es lag viel Papier auf den Tischen. Ich suchte nach einem, das sauber genug wäre zum Auswischen. Dabei fiel mir die gesperrte Überschrift auf einem Fetzen auf:

Die Spartakusgruppe

Berlin, 13. November. Die Spartakusgruppe, die bisher der Unabhängigen Sozialdemokratischen Partei angehörte, beabsichtigt, sich in einer öffentlichen Versammlung am Donnerstagabend in den Sophiensälen als selbständige politische Partei zu konstituieren. Vermutlich werden als Redner Karl Liebknecht und Rosa Luxemburg auftreten.

Als ich vom Essen zurückkam, standen einige vor unserm Viehwagen und unterhielten sich mit einem schlanken Soldaten, der eine rote Binde am linken Arm hatte. Der sagte: »Die schwarzweißrote Fahne gibt's nicht mehr. Wir haben jetzt die rote Fahne!«

»Weißt du auch, was die rote Fahne bedeutet?« fragte Höhle feindlich. »Das ist die Fahne des Bluts!«

»Nein, das ist die Fahne der Freiheit!« antwortete der Rote empört.

»Freiheit ist Quatsch! Davon haben sie auch bei der Französischen Revolution geschwatzt, und was ist draus geworden? – Und von da kommt auch die Blutfahne!«

»Wir haben keine Blutfahne! Du bist nur ein Reaktionär!«

»Ach was, Reaktionär! Auch eure Armbinde hat die Blutfarbe!«

»Wir wollen kein Blut! Wir wollen die Befreiung vom Kapitalismus!«

»Und deshalb bewacht ihr uns dann mit geladenem Gewehr? Sind wir denn Kapitalisten?«

»Eure Truppe hat schon üble Sachen gemacht, im Ruhrgebiet! – Und wir sind hier Katholiken!«

Höhle schob sein Gesicht dicht vor das des Roten. »Glaubst du denn, daß wir euch protestantisch machen wollen? Uns ist es ganz gleich, woran ihr glaubt! Und wenn ihr 'n Nachttopf anbetet!«

»Aber ihr seid eine Fronttruppe! Vielleicht wollt ihr den Kaiser wieder einsetzen?«

»Wir? – Bei euch spukt's wohl da oben!« Er deutete sich an die Stirn.

Ich stieg in den Wagen. Wenn schon die mit roten Binden solchen Unsinn verzapfen von Katholizismus! Aber es mußte doch etwas am Sozialismus sein! Wie konnte sonst jeder davon reden?

Am nächsten Morgen gab es Kaffee in der Baracke. Am Boden und auf den Tischen lagen Papier und Zigarettenstummel.

»Die Herren Zugführer!« rief mit seiner unangenehm scharfen Stimme der Kompanieführer.

Wir stellten uns stramm vor ihm auf, die beiden Offiziere mit der Hand an der Mütze, ich mit den Händen an der Hosennaht.

»Meine Herren! Die Disziplin läßt außerordentlich viel zu wünschen übrig. Ich verlange unnachsichtige Meldung, wenn einer Ihrer Untergebenen sich eine Zuchtwidrigkeit zuschulden kommen läßt! Sehen Sie sich nur an, in welchem Anzug Ihre Leute zum Kaffee-Empfang gekommen sind! Röcke offen, ohne Halsbinden, mit schief aufgesetzten Mützen! Sehen Sie gefälligst den Anzug durch! Diese Pflichten haben nicht aufgehört, weil ein paar unverantwortliche Leute in Berlin das große Wort führen! – Danke!« Er grüßte kalt, ohne uns anzusehen, und wandte sich ab.

Der Leutnant Hanfstengel lächelte seine Schuhspitzen an, die ungeputzt waren.

Der Major trat zum Kompanieführer und sagte sehr laut: »Bitte rufen Sie zwei Vertrauensleute und den Mayer II – wir sind jetzt verpflichtet, Disziplinarverfahren unter Mitwirkung der Vertrauensleute durchzuführen.«

»Herr Major, die Vertrauensleute maßen sich immer mehr Rechte an! Dem dürfen wir nicht noch Vorschub leisten!«

»Es ist Befehl der Division! Rufen Sie die Leute!«

Der Kompanieführer wandte sich mit erregten Augen um. »Herrmann! Höhle! Mayer II!«

Da sagte einer mitten aus den anstehenden Kaffeeholern heraus: »Mich wollt ihr aburteilen? Die Offiziere haben nichts mehr zu sagen.« Er hatte die Mütze ohne Kokarde auf ein Ohr gezogen, den Rock offen, das Hemd weit aufgerissen und stand breit da.

»Dieser Mann«, sagte der Major zu den Soldatenräten, »hat mir vor acht Tagen den Gehorsam verweigert.«

»Und mit Recht!« sagte Mayer laut. »Jetzt ist Revolution!«

Der Major fuhr kühl fort: »Die Situation war folgende: Ich ritt vor dem Bataillon. Mayer II führte eine der Bataillonskühe. Als wir ihn einholten, sagte ich ihm: ›Führen Sie Ihre Kuh nach links hinüber.‹ Worauf er antwortete: ›Sie haben mir gar nichts zu sagen! Wir haben jetzt Revolution.‹«

Herrmann wandte sich zu Mayer um. »Ist es so gewesen, wie Herr Major gesagt hat? Du kannst frei sprechen.«

Mayer sah wütend zu Boden und zögerte.

»Knöpf wenigstens deinen Rock zu!« schimpfte Höhle, »wenn du vor Herrn Major stehst!«

»Major gibt's nicht mehr! Die haben uns in den Krieg gehetzt!«

»Du mußt doch einsehen«, beschwor ihn Herrmann, »daß auch in der sozialistischen Staatsform Ordnung sein muß! – Hast du Herrn Major damals so geantwortet, wie er behauptet?«

»Ja – und der hat mir auch nichts zu sagen!«

»Ich glaube«, sagte der Major ruhig, »daß der Fall klar liegt. Und ich frage Sie, ob Sie den Mayer II für schuldig halten der Gehorsamsverweigerung vor versammelter Mannschaft?«

»Ja«, sagte Höhle.

»Herr Major«, begann Herrmann, »man muß die Zeit berücksichtigen. Es besteht unter den Mannschaften ...«

Der Major unterbrach ihn: »Die Frage steht jetzt nur: ob schuldig oder nicht. Über das Strafmaß sprechen wir dann.«

»Schuldig«, sagte Herrmann dumpf.

»Gut! Nun zum Strafmaß. Halten Sie drei Tage mittleren Arrest für zuviel?«

»Nicht zuviel!« sagte Höhle.

»Nicht zuviel!« echote Herrmann.

»Gut!« sagte der Major. »Soldat Mayer II, ich bestrafe Sie im Einvernehmen mit zwei Vertrauensleuten Ihrer Kompanie mit drei Tagen mittlerem Arrest. Der Strafvollzug wird vorläufig ausgesetzt.«

Mayer lachte böse auf. »Ich werde das nicht absitzen! Lernt erst einmal die Revolution kennen! Eure Macht ist in ein paar Tagen aus!«

»Halt's Maul!« schrie Höhle.

»Ihr werdt's sehen!« wandte sich Mayer ab.

Die Kaffeeholer begannen sich plötzlich zu regen und zu flüstern.

»Erstaunlich!« hörte ich den Leutnant Hanfstengel zu einem andern Offizier sagen. »Ich hätte niemals einen Soldatenrat zur Bestrafung herangezogen –, und wenn's die Division dreimal befohlen hätte! – Natürlich muß die Division jetzt so was befehlen! Aber es auch ausführen?«

»Der Stabschef der Division soll sogar gesagt haben, daß gegen rote Fahnen nichts einzuwenden wäre.«

»Ja, wissen Sie, die bei den höheren Stäben können das ganz anders beurteilen als wir! – In Berlin soll's wild hergehen!«

Ich ließ mir Kaffee in meinen Feldbecher geben und stand an die Barackenwand gelehnt, um ihn abkühlen zu lassen. Neben mir blies der Gefreite Steiner über seinen Kaffee weg.

»Was sagen Sie zu dem Fall Mayer?« fragte ich.

»Der Major hat wenigstens keine Scheuklappen! – Aber wenn ich Soldatenrat gewesen wäre, hätte ich dem Mayer mehr gegeben!«

»Warum?«

»Ich hätte ihn auch gleich hier brummen lassen! Sonst haben wir in wenigen Tagen die schönste Auflösung!«

»Ja, glauben Sie denn, daß man mit Arreststrafen in einer solchen Lage irgend etwas ändert?«

»Und Sie wollen die alte Armee sich auflösen lassen, wie sie will, Herr Feldwebel?« fragte er mit einem raschen Blick auf mich.

»Ich glaube nicht an die Wirksamkeit dieser Strafe in diesem Augenblick. – Aber Sie – ich nahm an, daß Sie Sozialdemokrat wären?«

»Bin ich auch, und seit 1908 organisiert!«

»Und da treten Sie für die Erhaltung des Heeres mit den Offizieren ein?«

»Natürlich! Wir brauchen Ordnung! Sonst kommen nur diese jungen, unverantwortlichen Elemente hoch! – Übrigens bin ich von den gemäßigten Sozialdemokraten.«

Das war mir nicht gleich klar. Bisher hatte ich angenommen, Sozi ist Sozi. Aber da fiel mir ein Wort ein, das ich mal gehört hatte. »Ein Kaisersozialist?« fragte ich.

Er wurde unruhig. »Kaisersozialisten gibt's nicht. Aber Sie, Herr Feldwebel, sollen ja auch Sozialist sein?« Er lächelte.

»Ich?« Schon wollte ich sagen, nein. Aber stimmte das? Was sollte ich ihm antworten. »Ich gebe mich nicht mit Politik ab!« sagte ich mit einer ganz unnötigen Schroffheit.

Er sah mich etwas erstaunt an. Ich wandte mich um und ging fort. Was denkt der nun von mir? Er wird sagen: Einer, der nicht weiß, was er will. Ich muß wirklich mal Zeitungen lesen! Oder ob mir einer das erklären könnte?

Ich ging nach dem Zug. Wir standen nun schon zwölf Stunden auf dem Bahnhof. Zwischen den Wagen unten auf den Schienen lag alles voll Häufchen und Papier, und es stank. Wir hatten doch keine Aborte in den Viehwagen, und wohin sollten wir sonst gehen?

Im Wagen saßen drei auf ihren Tornistern und spielten Skat. Einer untersuchte in der Ecke seinen Rockkragen auf Läuse.

Ich setzte mich in eine andre Ecke und rauchte. Die Zigarette schmeckte mir nicht. Ich stand wieder auf. Vielleicht bekommt man wo eine Zeitung?

Ein Posten mit roter Binde wollte mich nicht aus dem Bahnhof lassen. Halb ärgerte mich das, halb belustigte es mich.

»Aber ich möchte doch nur eine Zeitung kaufen! Ich glaube, daß Sie uns nicht verhindern wollen zu erfahren, was hier in der Heimat geschehen ist.«

»Im Gegenteil. Aber ich darf Sie nicht hinauslassen. Warten Sie!« Er zog eine Zeitung aus seiner Rocktasche. »Es ist leider nicht unseres, sondern ein bürgerliches Blatt.«

Ich setzte mich damit wieder in den Wagen.

»Der Delegiertentag der A.- und S.-Räte. An die Arbeiter- und Soldatenräte Deutschlands.

Genossen! Kameraden!

Vor zwei Wochen habt ihr der Freiheit eine Gasse geöffnet. Euer Mut, eure revolutionäre Tatkraft haben das alte System, die Militärdiktatur und den mittelalterlichen Monarchismus zertrümmert. Jetzt gilt es, die Mächte der Gegenrevolution niederzuhalten, die nach dem ersten Schrecken aus allen Winkeln herauskriechen ...

In einer Versammlung englischer Kriegsgefangener im großen Saale der Philharmonie sprach der bekannte Theoretiker der Sozialdemokratie Eduard Bernstein für die Völkerversöhnung.

Berliner Theater: Die Judasglocke von Hans Knoblauch.

Akademische Nachrichten: Der chemische Lehrstuhl an der Berliner Landwirtschaftlichen Hochschule ist an Stelle von Professor ...

In der heute im Opernhaus angesetzten Aufführung von ›Violetta‹ beginnt Fräulein Violetta Schedow vom Hoftheater in Kassel ein Gastspiel auf Anstellung.

Uhland über Deutsch-Österreich ...« Ich las nicht das Ganze, sondern nur den gesperrt gedruckten Satz: »Österreich muß mit uns sein und bleiben in der neuen politischen Paulskirche.

Historisches von der Grippe ...

Absetzung des Fürsten von Waldeck. Der Fürst lehnte gestern nachmittag ab, freiwillig zurückzutreten. Er wurde deshalb für abgesetzt erklärt. Sonst ist alles ruhig.

Börsennachrichten ...«

Plötzlich packte mich eine solche Wut, daß ich die Zeitung mitten durchfetzte. Die Skatspieler sahen sich erstaunt nach mir um. Ich stand auf und stieg aus dem Wagen. Auf dem Bahnsteig ging ich auf und ab und ärgerte mich über alles: über den Gestank, über die Rotbindenmänner, selbst über den Befehl zum Aussteigen und Abrücken in die Stadt, obwohl das doch gar keinen Sinn hatte.

Auf dem Platz vor dem Bahnhof wurden die Quartierzettel verteilt. Einer unserer Ochsen lag am Boden und zuckte mit den Beinen. Ihm war auf den langen Märschen Sand zwischen die Hufe gekommen. Nun hatte er Krämpfe und mußte geschlachtet werden.

Mein Quartier lag in einer grauen Straße in einem noch graueren Hause. Eine dicke Frau machte mir auf. »Kommen Sie nur herein«, sagte sie nicht sehr freundlich. Ich erfuhr dann, daß auch ihr Mann und zwei Söhne seit wenigen Tagen aus dem Felde zurück waren und außer dem einen keine Arbeit hatten. Da paßte ich ihr gar nicht als weiterer Familienzuwachs. Sie glaubte auch anfangs, sie müßte mich mit verpflegen. Und es war verflucht knapp, das wenige Brot auf die Marken!

Wir saßen alle in der Küche. Die Männer, alle noch in Uniform und die Söhne mit roten Kokarden und ohne Achselstücke, betrachteten meine Vizefeldwebelabzeichen augenscheinlich mit Mißtrauen. Nur zögernd äußerte der Vater einige Brocken. Er war schwer verstimmt aus dem Felde zurückgekommen, war kein Sozialist, aber voll Wut über die »nutzlose Schinderei vier Jahre lang«. Dann fragte er mich nach meinem Beruf und nach meiner Heimat. Auch ich wollte nicht sprechen. Etwas lastete auf mir, was mir nicht klar war. Ich wartete auf den Schluß der Zigarette und bat, daß man mir zeigte, wo ich schlafen könnte. Die Frau richtete mir etwas in einem Abstellraum her. Es roch kalt und muffig. Aber ich war sehr müde.

Am Morgen wachte ich aus einem Dämmerzustand auf, wußte noch, daß ich mich mit irgendwelchen quälenden Gedanken abgemüht hatte. Als ich munterer wurde, fiel mir ein: Was wird heute? Der Himmel war trübe. Es regnete wohl sogar. Alles erschien mir trostlos, öde, nicht wert, dafür zu leben. Aber aufstehen mußte man doch.

Ich wusch mich unten in der Küche, das heißt Gesicht und Hals. Die Frau sah recht künstlich weg nach dem Herd, um ja nicht zuviel zu sehen. Sie hatte da auch so einen überschlanken heiligen Franziskus mit einem Mädchengesicht hängen. Glücklicherweise hatte ich anscheinend keine Läuse mehr. Aber gründlich gewaschen hätte ich mich doch gern einmal.

Um Kaffee zu trinken, ging ich auf den Hof, wo unsere Feldküche stand. Der Kompaniefeldwebel schrie auf einige Landser ein: »Herrmann! Kommen Sie mal her! Sie als Vertrauensmann müssen hier eingreifen! Der Hauschild hat sich eine schwarzrotgoldene Kokarde an die Mütze gemacht!«

»Warum denn?« fragte Herrmann.

»Die neuen Reichsfarben«, eiferte Hauschild, »sind schwarzrotgold! Aber wir tragen noch immer schwarzweißrot! Das ist Klassenverrat! Die Offiziere wollen uns gegen die Revolution führen!«

»Kamerad, das ist schon richtig. Aber wir dürfen die neue Kokarde erst tragen, wenn der Befehl dazu kommt.«

»Und den Befehl dazu sollen die Offiziere geben? Glaubt doch das nicht!«

»Was gibt's denn hier?« fuhr scharf die Stimme des Kompanieführers dazwischen. Alle gingen mit scheuen Mienen auseinander. »Wie können Sie als Kompaniefeldwebel dulden, daß die Mannschaft in Ihrer Gegenwart so diskutiert?«

»Es handelt sich nur um Fragen des Anzugs. – Herr Leutnant, wir müssen daran denken, daß wir zum Einzug in die Garnison bessere Röcke bekommen. In den Kompaniebeständen haben wir nur noch drei.«

»Warum haben Sie mich nicht früher darauf aufmerksam gemacht?«

»Auf der Kammer haben wir über hundert neue Röcke. Aber die wurden in Sedan gelassen, als es plötzlich nach Flandern ging. Wo sich unsere Bekleidung jetzt befindet, weiß auch das Bataillon nicht.«

»Aber da muß unbedingt etwas geschehen! Wir können nicht so einmarschieren!« Damit wandte er sich streng um und schritt zum Hof hinaus. Der Feldwebel sah mich an, zuckte leicht mit den Achseln und ging zur Küche, etwas anzuordnen.

Beim Essenempfang gab der Kompanieführer bekannt, daß unser Bataillon das Gefangenenlager bewachen sollte. »Das Landsturmbataillon, das es bisher tat, hat seine Offiziere abgesetzt und nur den Kommandanten, einen General, und seinen Adjutanten belassen. Bei der dabei eingetretenen Verwirrung ist eine Anzahl Franzosen und Belgier ausgerissen. Die sind hungrig und zerlumpt über die belgische Grenze. Und jetzt machen die feindlichen Regierungen der deutschen Vorhaltungen. Das kommt bei der Revolution heraus! – Gehen Sie sofort in Ihr Quartier und machen Sie sich fertig zum Wachtaufzug!«

»Da seht ihr wieder mal, was die Heimattruppe wert ist!« schimpfte Höhle. »Nun müssen wir hierbleiben in der Stadt, statt entlassen zu werden!«

Wir traten an. Die Regimentsmusik war da. Es ging durch einen Vorort. Dann erschienen Stacheldrahtzäune und graue, öde Baracken. Die Musik spielte unsern Regimentsmarsch. Bums – bums – dröhnte es von den Häusern zurück.

Am Stacheldrahttor des Gefangenenlagers standen Landstürmer mit großen Bärten. Immer mehr kamen herzugelaufen. Ob sie uns nicht hineinlassen wollen?

»Achtung!« kommandierte Schubring.

Der feste Tritt knallte auf der Straße.

Die Landstürmer machten Platz.

»Was wollt ihr denn?« schrie einer.

Auf der Treppe eines erhöhten Hauses erschien ein alter General und sah lächelnd herab.

Die Kompanie wurde in zwei Wachen geteilt. Die größere im Innern des Lagers bekam der Leutnant Hanfstengel, ich die kleinere am Tor.

»Jungs!« sagte der General, »Ihr gefallt mir! Aber fangt mir keinen Streit mit meinen Landstürmern an!«

Kaum stand der Posten am Tor, als sich Landstürmer dazustellten und auf ihn einredeten. Ich trat dazu.

»Ihr seid hier unrechtmäßig eingedrungen!« schrie mich gleich einer an.

»Halt deinen Mund!« sagte ein alter Dicker und wandte sich an mich. »Ich muß euch erst mal sagen, was hier los ist, weil eure Offiziere euch belogen haben. Es ist heute üblich, daß vier Mark für die Wache bezahlt werden. Weil man uns das nicht zahlen wollte, haben wir gestreikt. Jetzt ist unsere Forderung bewilligt. Aber gleichzeitig hat man euch herangezogen, um das Geld doch nicht zu bezahlen!«

»Wir fordern, daß ihr wieder abzieht«, rief einer von hinten vor.

»Der Feldwebel kann nicht von sich aus abrücken«, sagte der Dicke.

»Aber wenn sie etwas gegen uns unternehmen? Das sind nämlich ganz reaktionäre.«

»Das tun wir nicht«, sagte ich. »Euer General hat uns auch gesagt, wir sollen mit euch keinen Streit anfangen.«

»Gut«, sagte der Dicke. »Wir wollen zum General gehen und von ihm fordern, daß die fremden Truppen wieder abrücken.«

Ich ging in die Wachtstube zurück.

»Kriegen wir auch die vier Mark für die Wache?« fragte einer.

»Das weiß ich nicht.«

»Wir wollen auch das Wachtgeld haben!«

»Wartet mal! Ich gehe zur Hauptwache und spreche mit dem Leutnant.«

Ich ging an einem hohen Stacheldrahtzaun entlang nach dem inneren Tor. Dahinter standen Holzschuppen. Vor einem hockten am Boden ein paar schmutzige Serben und kochten etwas in einem angebrochenen Topf, den sie über zwei Ziegel gesetzt hatten. Es stank. Sie hatten Lumpen an. Der Boden neben ihnen war aufgeweichter Lehm mit Schlacken und hineingetretenem Papier, Scherben und Blechstücken. Man schien die Gefangenenbaracken auf einem ehemaligen Schuttabladeplatz errichtet zu haben. Trotz des Sonnenscheins war alles grau. Und rings Stacheldrahtzäune, vor denen außen Posten mit Gewehr gingen.

An einer Barackenwand lehnte ein Franzose. Die Schöße seines Rocks hingen in Fetzen. Ob die hier überhaupt eine Gelegenheit hatten, sich zu waschen?

Ich meldete dem Leutnant Hanfstengel.

»Meine Leute sind ganz außer Rand und Band!« Er sah mutlos vor sich auf das Wachtbuch. »Wir wollen zwei Vertrauensleute zum Kompanieführer schicken. Einen möchten wir dabehalten. – In diesem Lager geht ja die letzte Ordnung flöten! Das sind Zustände ...!« Er brach ab. Ich erfuhr nicht, ob er gemeint hatte, daß hier beim Landsturmbataillon Zustände waren, oder – und darüber konnte er einem Untergebenen gegenüber nicht sprechen – daß dieses Gefangenenlager, dieser Menschenkäfig, eine Schande war!

Auf dem Rückweg traf ich den Gefreiten Steiner: »Hier sieht's ja auch hübsch aus!«

»Kennen Sie mehr solche Lager?«

»Ich war ein halbes Jahr bei einem. Dort waren Franzosen. Die hat man nicht so verhungern und verrecken lassen wie sonstwo die Russen. Aber es genügt auch! Der Lagerkommandant hat seine eigenen Offiziere beschissen. Und wie er dann uns und gar die Gefangenen behandelt hat, das können Sie sich ja denken! Die Gefangenen haben als Suppe nur warmes Wasser gekriegt, mit 'n bissel Salz und Kümmel drin – den Kümmel – Sie wissen schon –, damit sie nicht soviel onanieren! – Und der Kommandant war nicht etwa ein armer Hund, wie man denken könnte, sondern ein reicher Textilfabrikant, das sind ja immer die schlimmsten, die Industriebarone! Alle drei Tage haben wir seiner Frau ein großes Lebensmittelpaket packen müssen – ich war doch bei der Küche! – Und immer gelächelt hat er, der schleimige Kerl!«

»Ja, aber wenn er nur seiner Frau etwas geschickt hat – und wenn auch jeden Tag –, das macht sich doch kaum fühlbar bei einem so großen Küchenbetrieb!«

»Das habe ich auch nie begriffen, und heimlich haben wir auch darüber gesprochen! Laut konnten wir nicht, denn da gab's doch Spitzel, um die Gefangenen auszuhorchen. Und mit der Sorte mußte man sehr vorsichtig sein! – Was der erste Koch war, der hat immer gemeint, daß der Kommandant das übrige verkauft hat!«

»Hat das nie jemand aufgestochen?«

»Ach, der Inspekteur des Gefangenenlagers, das war ein alter, lahmer General, 'n anständiger Mann. Der hat wahrscheinlich gar nicht für möglich gehalten, was der reiche Lagerkommandant für ein gemeiner Kerl war!«

Als ich zur Wachtstube zurückkam, sprach niemand mehr von dem Wachtgeld. Ob die Landstürmer etwas bei dem General erreicht hatten, erfuhren wir nicht. Jedenfalls gingen sie gegen Abend zu zweit und dritt zum Tore hinaus und wahrscheinlich in die Stadt.

Unteroffizier Mehling, unser Soldatenrat, kam weder am Abend noch in der Nacht, um zu berichten, was der Kompanieführer zu der Forderung der Wachtgelder gesagt hätte. Erst am Morgen kam er frisch gewaschen und etwas tänzelnd an. Mir schien da etwas Theater dabei zu sein. Auch die übrigen betrachteten ihn mißtrauisch. Er merkte das wohl, stand in der Mitte der Wachtstube und sagte auffallend munter: »Der Kompanieführer hat gesagt, er könnte das Geld nicht zahlen. Das müßte oben entschieden werden.«

»Ja, hast du denn überhaupt drauf gedrückt?«

»Natürlich! Aber was soll ich machen, wenn er sagt, es wäre keine Kassenverwaltung?«

Sie schwiegen, aber waren sichtlich nicht zufrieden.

Mehling winkte mir mit den Augen, ich sollte hinauskommen. Hinter dem Wachthäuschen sagte er: »Herr Feldwebel, die Kompanie hat erfahren, daß unliebsame Offiziere abgesetzt werden können. Und sie wollen den Kompanieführer ablehnen, weil er damals in Flandern bei Beschuß hat Ehrenbezeigungen üben lassen. Was machen wir da?«

»Sie sind Soldatenrat und nicht ich.« – »Aber, Herr Feldwebel, sollten Sie das nicht den Offizieren mitteilen?«

Ich sah ihn erstaunt an. »Ich denke, Sie vertreten die Soldaten? Übrigens ist es Unsinn, etwas für den Kompanieführer zu machen. Der hat so wenig Verständnis! Ich gehe nicht zu den Offizieren!«

Er lenkte ab. »Kommen Sie nicht heute abend in das Café am Mühlgrabenweg?«

Ich hörte nicht richtig drauf und sagte, um ihn loszuwerden: »Ja, ich komme.«

Meine eigenen Worte hatten mich überrascht. Noch nie hatte ich mir klargemacht, wie wenig mich an die Offiziere band. Nur die Pflicht hatte mich an sie gebunden. Aber Pflicht? Was wäre jetzt meine Pflicht? Nach irgendetwas mußte man sich doch richten! Der Mehling hat es leicht. Für ihn als Soldatenrat ist der Wille der Soldaten maßgebend. Aber er ist es gar nicht. Er schwimmt so zwischen den Fronten, eigentlich recht jämmerlich! Aber ich?

Ich lief wütend auf und ab und wollte die unangenehmen Gedanken loswerden. Eine unerträgliche Ruhelosigkeit hatte mich ergriffen. Nur unter Menschen gehen!

Die Ablösung gab wenigstens etwas andere Gedanken und dann der Marsch in die Stadt. Nach dem Essen war ich heiterer, ging nach Hause und schlief etwas.

Als ich aufwachte, war Abenddämmerung. Die graue alte Tapete hatte Blumen, deren Formen mir wie lauter häßliche Nasen vorkamen. Mißmutig stand ich auf und suchte nach einer Beschäftigung. In dem Raum stand ein verstaubter Kinderwagen. Darin lagen Bücher. Ich nahm eins: »Siebenlinden«. Verse waren es. Ich las ein paar ohne Interesse. Eine Zeitung wäre besser. Ich ging hinunter in die Küche. Die Frau war allein da und wusch Geschirr auf. Eine Zeitung lag auf dem Tisch. Ich nahm sie und las.

»Eine sozialistische Armee? Nachdem der Versuch der leitenden Männer, zur Aufrechterhaltung der Ordnung und Sicherheit eine Sicherheitstruppe von ein paar tausend Mann zu bilden, auf starkes Mißtrauen gestoßen ist, erwägt man jetzt die Bildung einer sozialistischen Armee aus Teilen der heimkehrenden Truppen ...

Die Festsetzung des Termins der Nationalversammlung hat nicht alle Wünsche befriedigt ...

Eine weitgehende Amnestie ...

Die Einrichtungsgegenstände des Großen Hauptquartiers sind durch die Staatsumwälzung der Auflösung verfallen. Sie werden seit einigen Tagen öffentlich durch den Arbeiter- und Soldatenrat versteigert. Viele Sachen waren schon unter der Hand verkauft worden, besonders Wäsche. Der Wert der gestohlenen Sachen wird auf über eine halbe Million Mark geschätzt. Da die öffentlichen Versteigerungen zu Unstimmigkeiten geführt haben, wurden sie eingestellt. Noch bedeutende Mengen sind übriggeblieben. Sie wurden vom Arbeiter- und Soldatenrat der Stadt zur Verfügung gestellt und sollen an heimkehrende Frontsoldaten, die einen Hausstand gründen wollen, abgegeben werden ...

Äußerungen des früheren Kronprinzen ...

Arbeitslosigkeit und Wohnungsnot ...

Eiserne Kleiderschränke ...

Die Sozialisierungskommission. Es ist beabsichtigt, noch weitere Personen des Wirtschaftslebens zu der Kommission zuzuziehen, damit alle gefährlichen Experimente an unserm bereits außerordentlich geschwächten Wirtschaftskörper vermieden werden.«

Ich ging durch die leeren, feuchtkalten Straßen. In einer alten Kirche besah ich mir die Altäre und hohen Gewölbe. Vorn knieten ein paar Frauen. So verbrachte ich die Zeit bis zum Abend.

Das Café war ein großer Saal, gestopft voll Menschen an kleinen runden Marmortischen. Die schwatzten im rötlichen

Licht und Zigarettendunst. Rechts führte eine steile Treppe zu einer Tür mit Vorhang, der immerfort zurückgeschlagen wurde, um ein Pärchen durchzulassen oder eine dicke, rosenrot geschminkte Kellnerin. An einem Tisch rauchten zwei Landser in abgeschabten Röcken, mit Monokeln im Auge. Das war für die wohl die Revolution, daß sie jetzt auch den Unsinn machten, den sich früher nur die Offiziere erlaubten!

Mehling und die andern Soldatenräte von der Kompanie saßen mit zwei Zivilisten zusammen.

»Guten Abend«, sagte der eine und machte mir eine Verbeugung, die vornehm aussehen sollte. »Man freut sich wirklich, wenn man noch ordentliche Soldaten trifft wie Sie und Ihre Kameraden! – Sind Sie gut untergekommen?«

»Ja, sehr gut.«

»Ihr Kamerad Höhle wohnt bei mir.« In dieser Art sprach er weiter.

Was gefiel eigentlich den Leuten so? Wenn man sich schon in schlechte Luft setzt, dann möchte es doch wenigstens anregend sein! Wieder faßte mich die Ruhelosigkeit. Ich hatte das Gefühl, dieses Geschwätz nicht mehr fünf Minuten aushalten zu können. Der Kellner kam nicht zum Zahlen, eine halbe Stunde, eine ganze Stunde.

Als ich schließlich draußen auf der Straße war, in der naßkalten Dunkelheit, dachte ich: Das nennt man Soldatenräte, die Kerle, mit denen ich da zusammengesessen habe! Und vor diesen spießigen Hohlköpfen fürchtet sich das Bürgertum! Aber wo sind denn überhaupt die Revolutionäre?

Wir sollten wieder auf Wache ziehen. Als ich zum Antreten kam, stand der Leutnant Ssymanck schon vor seinem Zuge. Von meinem waren nur vier Mann da und von Hanfstengel gar nur drei!

»Wo sind die übrigen?« fragte ich den Mehling.

»Die haben beschlossen, nicht wieder auf Wache zu ziehen, bis die Wachtgelder gezahlt werden.«

»Da soll doch der Teufel dreinfahren!« schimpfte der Leutnant Ssymanck.

»Ich werde die Leute schon kriegen, Herr Leutnant«, sagte ich, »und rücke so bald als möglich auf Wache nach.«

»Glauben Sie wirklich, das zu können?«

»Jawohl«, sagte ich bestimmt, denn mein Plan stand fest und war sehr einfach.

»Mit denen ist nichts zu wollen!« sagte Höhle und wandte sich ab.

»Geht ihr Soldatenräte nur zum Kompanieführer und meldet ihm den Vorfall. Aber sorgt dafür, daß unbedingt das Geld gezahlt wird!«

Sie gingen eilig aus dem Hof fort. Ihnen war es sehr lieb, daß ich ihnen die Sache abnahm. Und ich wollte sie auch los sein.

Ich wendete mich an die sieben Mann von den zwei Zügen. »Kennt ihr die Quartiere eurer Züge?«

»Jawohl, Herr Feldwebel«, antwortete einer bereitwillig.

»Dann geht mal in alle Quartiere und sagt, sie sollen zum Antreten kommen.« Ich sagte das ohne jeden Vorwurf. Sie zerstreuten sich. Ich ging allein auf dem Hof auf und ab und überlegte. Wenn nur nicht der Kompanieführer kommt, bevor ich mit ihnen geredet habe! Wenn der mit seiner Beamtenstimme anfängt zu schimpfen, dann ist nichts mehr zu machen!

Nach einiger Zeit kamen drei mit Gewehr und Helm. Ich ging auf und ab. Immer mehr kamen. Die Ausgesandten meldeten, daß sie einige nicht im Quartier getroffen hätten, alle übrigen wären da.

Ich stellte mich vor die Front: »Ihr seid nicht zum Antreten gekommen. Damit habt ihr eine große Dummheit gemacht! – Es handelt sich doch um das Wachtgeld. Unsere Offiziere haben keine Kasse. Nehmen wir an, unser Kompanieführer will die Sache durchdrücken und geht zu denen, die das Geld haben. Nein, sagen die, die Truppe hat doch gemeutert! Der zahlen wir nichts! Die Drohung, nicht auf Wache zu ziehen, hätte vorläufig genügt. Die Ausführung war aber eine Dummheit! Jetzt haben sie den Vorwand, euch nichts zu zahlen, weil ihr ebenso unzuverlässig wäret wie die Landstürmer. Aber es gibt ein Mittel, ihnen den aus der Hand zu schlagen: wenn wir jetzt noch auf Wache ziehen! Dann sehen die Offiziere, daß ihr Ernst machen könnt! Es ist aber noch keine Meuterei, sondern nur eine Demonstration. – Ich habe schon eure Soldatenräte zum Kompanieführer geschickt, damit sie dort einheizen wegen des Geldes!«

Sie sahen verlegen zu Boden. Ich hatte sie getroffen!

»Also«, rief ich, »wir werden jetzt abrücken!« Plötzlich fing ich an zu zittern. Ich war doch sehr aufgeregt. Aber der Vorfall hatte mich aus der niedergedrückten Stimmung herausgerissen. Ich war doch nicht so unfähig!

Am Nachmittag kam der Kompanieführer in die Wachtstube und sagte mir laut, daß es alle hören mußten: »Ich bin damit einverstanden, was Sie der Kompanie gesagt haben. – Die Vertrauensleute haben wir zum Soldatenrat der Armee geschickt. Mehr können wir zur Zeit nicht tun.« Er ging wieder hinaus.

»Daß der nicht geschimpft hat? Das ist doch ein ganz feiner Mann!«

Feiner Mann? Das ist dabei herausgekommen? Jetzt wollen sie wohl gar diesen Menschen nicht mehr absetzen, und ich habe ihm noch geholfen?

Ich ging hinaus, um etwas anzuordnen. Als ich zurückkam, schallte aus der Wachtstube lautes Schimpfen. Einen, der gerade herauskam, fragte ich danach.

»Die sind sich in die Haare geraten, und einer schiebt die Schuld auf den andern, der hätte zuerst gesagt, sie wollten streiken.«

Als es wieder still geworden war, ging ich hinein. Gleich darauf kam Mehling munter hereinspaziert und rief: »Aber das ist 'ne unfähige Bande, der Soldatenrat der Armee! Die waren so aufgeregt und haben nur immer versprochen, sie wollten alles tun!« Er lachte.

Aber die andern sahen ihn feindlich an. Er merkte das jetzt erst und wurde verlegen. Ich zog ihn hinaus.

»Herr Feldwebel sind jetzt der große Mann in der Kompanie«, sagte er ganz verändert, »weil wir nicht so reden können! Und uns Soldatenräte hassen sie!«

»Na, dann stellt man sich eben vor den Zug hin und sagt: ›Der Vorfall von heute hat euer Vertrauen zu mir erschüttert. Ich gebe euch mein Amt zurück. Wählt einen andern!‹«

Er sah mich erstaunt an: »Herr Feldwebel könnten so sprechen, aber bei mir würden sie sagen: das ist ja nur Theater!«

Er tat mir leid. Ein flinker Bursche war er, und wenn auch etwas windig, so doch nicht schlecht. »Soll ich denn die Vertrauensfrage für Sie stellen?«

»Ja, dann wird's besser!«

Ich schickte ihn fort und ging in die Wachtstube. »Hört mal, ihr seid mit dem Mehling unzufrieden?«

»Der hätte uns auch verhindern können, daß wir den Unsinn machten! Wozu ist er denn da?«

»Wahrscheinlich habt ihr so auf ihn eingeredet, daß er gar nicht nachdenken konnte? Hat er denn nicht versucht, euch zur Wache zu bringen?«

»Ja, das hat er, aber nicht so wie Herr Feldwebel!«

»Nu ja, er hat mich gebeten, euch zu sagen, er träte zurück, ihr sollt einen neuen wählen.«

»Warum ist er denn nicht selbst gekommen?«

»Weil ich nicht wollte, daß ihr ihn beschimpft.« – Ich ging hinaus.

Kaum war ich draußen, als drin das Geschrei losging, immer zwei, drei zugleich. Ich mußte lange an den Stacheldrahtzäunen entlang spazieren gehen. Als ich endlich zur Wache zurückkam, sagte Mehling niedergeschlagen: »Ich bin abgesetzt.«

»Und wer ist dafür gewählt?«

»Darüber haben sie sich noch nicht einig werden können.«

Wir zogen noch einmal auf Lagerwache. Diesmal sollte der neue Soldatenrat gewählt werden. Das begann am Nachmittag um drei. Ich verzog mich aus der Wachtstube. Der Lärm war diesmal noch größer. Nach zwei Stunden ging ich hinein und ließ die neuen Posten aufziehen. Dann ging die Diskussion weiter. Schließlich um sechs kam der Steinert heraus: »Der Zug bittet, daß Herr Feldwebel hereinkommen.«

Drinnen standen sie feierlich.

»Herr Feldwebel, wir haben Mehling wiedergewählt.«

»Wiedergewählt?« entfuhr es mir.

»Ja, weil Herr Feldwebel für ihn gesprochen haben und weil wir zu Herrn Feldwebel mehr Vertrauen haben als zu einem Soldatenrat. – Und der Zug hat sich hier versammelt, um Herrn Feldwebel wegen des Nichtantretens von neulich um Verzeihung zu bitten.«

»Ich danke euch!« rief ich. »Dessen bedurfte es nicht! Ich kenne euch doch!«

Sie standen immer noch steif da. Und ich wußte nichts mehr zu sagen.

»Wir haben ein Faß Bier für morgen bestellt. Das wollen wir zusammen trinken – aber nur, wenn Herr Feldwebel dazu kommt!«

Am Tage darauf verkündete der Leutnant Ssymanck, er hätte die Kompanie übernommen. Der bisherige Kompanieführer wäre von seiner Behörde angefordert und daher sofort nach der Heimat entlassen worden.

Das war ja durchsichtig genug! Man hatte ihn von seiner Behörde anfordern lassen, bevor er wegen großer Unbeliebtheit von der Truppe abgesetzt würde.

Mehling zog mich beiseite: »Wissen Sie, daß auch der zweite Zug neu gewählt hat?«

»Die haben wohl den Gefreiten Mann gewählt?«

»Nein, sie wollten keinen Gefreiten. Den Unteroffizier Höhle haben sie wiedergewählt, den sie erst abgesetzt hatten!«

Das Faß Bier wurde in einem Tanzsaal getrunken. Wir hatten unsere Quartierwirte dazu eingeladen. Nach ein paar Reden trat einer auf und sang Couplets, die keinem mehr neu waren. Ein anderer schlug auf dem Klavier herum wie auf zerbrochenen Töpfen. Wir tanzten mit den Nagelstiefeln auf dem Parkett. Dem konnte das freilich nicht mehr viel schaden. Ganze Stücke waren schon herausgetreten.

Der Gefreite Steinert hielt eine Rede auf mich, und ich mußte natürlich antworten. Aber es war ein rechter Unsinn, diese Bierreden und das Anprosten!

Auflösung der alten Armee

In der Nacht rückten wir auf den Bahnhof. Der Zug war noch nicht da. Etwas abseits redete ein Unteroffizier erregt auf unseren Verpflegungsoffizier ein.

»Aber wie wollen Sie denn das beweisen?« sagte der Leutnant nervös. Er hatte daheim ein großes Wäschegeschäft.

»Was man gesehen hat, Herr Leutnant! – Da braucht man keine Beweise!«

»Aber ich bitte Sie: der Wagen war mein Eigentum!«

»So!« Der Unteroffizier lachte voll Empörung. »Wenn der Ihr Eigentum war, wie ist er denn dann erst Ihr Eigentum geworden? Seinerzeit ist er für das Bataillon requiriert worden!«

»Beschiß ist das!« brüllte ein anderer. »Wenn unsereins sich was in die eigene Tasche macht, dann heißt das Unterschlagung von Heeresgut und wird mit Gefängnis bestraft! Aber so ein Verpflegungsoffizier, da darf man gar nicht fragen, wieviel Pakete seine Frau aus dem Felde bekommt und wo die Lebensmittel herstammen, die darin sind!«

»Ich verbitte mir jetzt energisch solche Worte!«

Rings um ihn murrten sie. Und einer fragte laut: »Also wir wissen jetzt, daß Sie den Wagen verkauft haben! Und wo ist das Pferd?«

»Aber wir können doch hier nicht so verhandeln!« rief der Leutnant und sah sich um.

»Sondern vertuschen, wie bisher? Damit ist es vorbei!«

»Ich bin doch aber bereit ...«

»Was?« schrie ihn der Unteroffizier an und stellte sich drohend vor ihn hin. »Bestechen wollen Sie uns? – Herr Leutnant! Wir sind keine Offiziere!«

»Aber Sie haben mich doch ganz falsch verstanden! Ich wollte Ihnen nur sagen ...«

»Ich Sie falsch verstanden? – Ich war zwei Jahre Ihr Untergebener! Ich kenne Sie!«

»Ich habe doch aber ...«

Der Major kam hastig gegangen. »Was gibt's hier?! – Fort, wer hier nichts zu suchen hat!«

Sie verhandelten jetzt leise weiter. Nach einer Weile zerstreute sich die Gruppe. Ich ging zu dem Unteroffizier. »Nu, was hat der Major entschieden?«

»Der Verpflegungsoffizier hat sich verpflichtet, den Nachweis zu führen, daß er das Geld für Wagen und Pferd an die Bataillonskasse abgeführt hätte. – Na, die Verpflegungsoffiziere und Zahlmeister haben ja immer unter einer Decke gesteckt! Da wird eben eine Quittung unter dem falschen Datum ausgestellt!«

»Aber Sie selbst? – Hat man ihnen mit Strafe gedroht?«

»Oh, das sollen die wagen! Dann würde ich mal auspacken, mit den ganzen Schiebungen seit 1914! – Ich kann Ihnen sagen, dazu läßt es schon der Regimentszahlmeister gar nicht kommen! Da hängen noch ganz andere Leute drin!«

»Ist denn der Major auch beteiligt?«

»Nein, die Offiziere, die wirklich vorn gewesen sind – das ist eine ganz andere Sorte Menschen! – Aber hier hinten! Sie haben ja keine Ahnung, was hier alles vorgekommen ist!«

Wir mußten drei Stunden warten, bis der Zug kam. Diesmal waren es alles Wagen dritter Klasse. Aber wie die aussahen! Fensterscheiben kaputt, und die Lederriemen zum Hochziehen der Fenster abgeschnitten für Stiefelsohlen. Und alles verdreckt.

Wir fuhren die Nacht durch und lagen am Morgen lange auf freier Strecke in einem Walde. Da wir wieder keinen Abort im Wagen hatten, stiegen wir aus. Einer brachte einen Fichtenast mit und klemmte ihn neben der Tür in einen Handgriff. An die Wagentür schrieb einer mit Kreide:

Willkommen, ihr Mädchen!
Wir kehren zurück!
Denn wir konnten
Paris nicht finden!

Der lange Gefreite saß auf dem Trittbrett, schwenkte eine große schwarzweißrote Fahne und sah glücklich in den Wald.

Wieder eine Nacht. Wir froren, weil das linke Fenster zerbrochen war.

Am Morgen fuhren wir durch unser heimatliches Land. Es ging immer langsamer. Einige stiegen aus und liefen eilig über die Wiese davon. Und dabei waren wir eine der Großkampftruppen, die als besonders zuverlässig galten.

Der lange Gefreite war mit Höhle auf das Wagendach gestiegen und schwenkte oben die Fahne mit Macht, obwohl kein Mensch auf den Feldern war.

Der Zug fuhr wieder rascher. Die ersten Häuser der Stadt kamen. Die jungen Kerle drängten sich an die Fenster und hielten kleine Fähnchen hinaus. Die große Fahne knatterte im Winde.

In einem Vorort stiegen wir aus und kamen in den großen Saal eines Gasthofes. Es war verboten, schon heute in die Stadt hineinzugehen. Aber fast alle gingen doch hinein.

Am Morgen hatten wir eine geheime Zugführerbesprechung in der guten Stube des Wirts.

»Meine Herren!« sagte Ssymanck. »Die Mannschaften des Zuges Hanfstengel haben beschlossen, heute mit roten Fahnen einzuziehen. Dort ist ja der sozialdemokratische Vertrauensmann Herrmann. Ich habe aber mit dem Kompaniefeldwebel gesprochen, daß wir aus der Kompaniekasse kleine schwarzweißrote Fähnchen kaufen und allen Gruppenflügelleuten welche geben. Wenn dann wirklich eine rote Fahne erscheint, so ist sie eingesäumt von schwarzweißroten.«

Ich dachte bei mir: Ist denn dazu die Kompaniekasse da? Die soll doch zum Wohle der Mannschaft verwendet werden.

Gegen Mittag traten wir an, im Stahlhelm, und rückten auf eine breite Allee. Höhere Offiziere mit Ordensschnallen an der Brust kamen gegangen und schienen uns begrüßen zu wollen. Aber die Landser wunderten sich nur, daß sie hier noch so herumlaufen durften. Denn wir hatten allerlei erfahren, wie man auch hier den Offizieren auf der Straße die Achselstücke abgerissen hatte und die meisten nur noch wagten, in Zivil auszugehen.

Damen reichten uns künstliche Blumen zum Anstecken. Das war ein Komitee zum Empfang der Truppen. Eine legte mir einen Eichenkranz um den Helm. Ich fand, daß der Stahlhelm ohne das besser aussah.

Bei Zug Hanfstengel war nicht eine rote Fahne. Herrmann hatte es verhindert. Der Leutnant Ssymanck hatte ihn zu Unrecht verdächtigt. Die schwarzweißroten Fähnchen hatten sie in die Gewehrmündungen gesteckt. Wir marschierten ab. Musik spielte. Kinder und Erwachsene schrien hurra! Weil wir besiegt waren? Mir war beklommen zumute. Das war ein ganz bestimmtes Publikum, das da schrie und uns begleitete. Und die Offiziere, die sich zum erstenmal wieder mit ihren Orden und Abzeichen herauswagten ...? Wollte man – nein, einen Gewaltstreich wollte man kaum machen. Dazu wäre auch keine Stimmung bei uns gewesen, trotz der Hetzreden von Höhle und den anderen nationalistischen Soldatenräten. Aber sicher wollten die Offiziere wieder eine Truppe haben, auf die sie sich stützen könnten. Und das konnte nichts Gutes geben.

Kurz vorm Rathaus hielten wir. Ich hörte, daß eine Rede gehalten wurde, konnte aber nichts verstehen. Aus den Rathausfenstern hingen rote Teppiche. An den Fahnenmasten streckten sich lang herunter schwarzrotgelbe Fahnen. Das Gelb war aus einigen Stücken verschiedener Schattierungen zusammengenäht. Schwarz und Rot hatten sie wohl von den alten schwarzweißroten Fahnen genommen.

Mein Schwager stand mit seiner ganzen Familie am Straßenrand und schrie mich mit Hurra an. Ich liebte den Bierbauch schon sowieso nicht.

Wir rückten durchs Kasernentor und wurden in großem Viereck aufgestellt. Ein Soldat mit roter Binde trat vor. Der Regimentskommandeur winkte ärgerlich mit der Hand, daß er zurücktreten sollte, und trieb sein Pferd in die Mitte des Vierecks. »Regiment! Ich habe Sie zwei Jahre im Felde geführt, und ich kann sagen, es waren schwere Zeiten! Aber ich darf auch mit Stolz bekennen: ich habe ein gutes Regiment geführt! Das ist nicht mein Verdienst, sondern eures! – Mit Kummer um unser geliebtes Vaterland gehen wir auseinander! Vergessen Sie nicht, daß Sie vier Jahre lang gekämpft haben, um Deutschland vor der Zertrümmerung durch seine Feinde zu bewahren! Dieses unser geliebtes Vaterland – Hurra! Hurra! Hurra!«

Wir rückten auseinander und traten weg.

»Zum Photographieren!« schrien ein paar. Wir sammelten uns wieder. Der Photograph neigte den Kopf nach rechts und nach links. »Herr Leutnant, bitte noch etwas vorkommen – so, sehr schön!«

Er ging hinter den Kasten und deckte sich das schwarze Tuch über den Kopf. »Sehr gut, sehr schön! Aber einige von den Herren machen zu kriegerische Gesichter! Vielleicht etwas heiterer, das gefällt den Mädchen besser! – Also jetzt: eins – zwei – drei ... Danke sehr!« Er machte eine Verbeugung und lächelte.

Wir gingen die Treppe hinauf ins Kompanierevier. Da lagen überall Zigarettenstummel und Papier am Boden. Aber es roch genauso nach Stiefeln und Männern wie vor dem Kriege.

Der Feldwebel sah aus der Schreibstube. »Sie möchten zum Herrn Hauptmann hereinkommen!«

»Was für ein Hauptmann?«

»Der heute die Kompanie übernimmt.«

Der Neue war groß und trug eine breite Ordensschnalle. »Sie sind der Vizefeldwebel Renn? Wie ich hörte, haben Sie unter der Mannschaft Einfluß. Können Sie noch eine Zeit beim Militär bleiben?«

»Ich habe noch keine Arbeit.«

»Gut, Sie verpflichten sich also, noch zu bleiben.«

»Ja«, sagte ich etwas zögernd. Der Hauptmann schien nicht übel zu sein.

Ein junger Offizier kam herein. »Leutnant von Boehm meldet sich gehorsamst zur sechsten Kompanie versetzt!« Dieser elegante, weichliche Junge gefiel mir nicht.

Es war Nachmittag. Ich ging zu dem Bruder meiner Mutter, um zu sehen, ob er aus dem Felde zurück wäre.

Die Straßen erschienen mir grau. Von vielen Häusern blätterte die Farbe ab. Unter der Aufschrift: L. Rüger, Fleischermeister, kam eine ältere Inschrift durch. Während des ganzen Krieges war ja nichts mehr gemacht worden. Der Asphalt hatte Löcher. Beim Bäcker im Schaufenster lag etwas Schwarzes aufgeschnitten wie Kuchen. Es sah locker gebacken und nicht übel aus. Ich ging in den Laden und fragte die dicke Frau mit den runden Armen: »Was ist das im Fenster?«

»Kirschkernkuchen.«

»Was?«

Sie antwortete unfreundlich: »Wissen Sie nicht, daß in den Schulen die Kirschkerne gesammelt worden sind?«

»Die ausgespuckten? Davon ist der Kuchen?«

Eine alte Frau kam herein mit einem Marktkorb: »Haben Sie markenfreies Brot?«

»Nein.«

»Ich habe noch eine Marke. – Kann ich dafür ein Zweipfundbrot haben?«

»Nein, ich kann auf die Marke nur fünfhundert Gramm geben!«

»Aber es soll doch amerikanisches Mehl angekommen sein!«

»Wir haben noch nichts davon gesehen.«

»Wer weiß, wohin sie das wieder verschoben haben! Kann ich nicht wenigstens siebenhundertfünfzig Gramm bekommen?«

»Na, weil Sie's sind, will ich Ihnen zweihundert Gramm mehr geben, Frau Bäzold. Aber Sie dürfen nichts sagen!«

»Wann geht das Elend mal zu Ende? Jetzt ist der Krieg alle, aber besser wird's nicht. Jetzt hab ich auch noch den zweiten da, mit seiner zerschossenen Hand. Der Älteste ist ja gefallen. Mit zwei Finger! Was soll der nu machen? Ach, man möchte gar nicht dran denken!« Ihre Hand zitterte, als sie das Geld für das abgeschnittene Stück Brot gab. Plötzlich lief sie zur Tür und schrie hinaus: »Herbert! Mach, daß du gleich raufkommst! Wo hast du dich wieder rumgetrieben, verdammter Bengel!«

Der Junge war blaß und schmächtig und sah gar nicht unternehmungslustig aus, sondern als müßte er mal richtig ausschlafen.

Der Geruch im Laden hatte meinen Hunger angeregt. Ich kaufte also ein Stück von dem Kirschkernkuchen. Es roch sehr merkwürdig und schmeckte, daß mir beinah schlecht wurde. Und dabei war das eine Delikatesse, die man nur kaufen konnte, wenn man Geld hatte!

In der großen Molkerei von Martens waren nur leere Milchflaschen im Fenster. In langer Schlange standen Frauen davor. Als ich aber daran vorbeiging, sah ich, daß sie nicht nach Milch anstanden. Im Milchladen war nicht einmal eine Verkäuferin. Der Anfang der Schlange stand in einem Seifenladen. Zwei alte Frauen hatten sich Fußbänkchen mitgebracht zum Ausruhen. Die hielten sie jetzt in der Hand. Wer weiß, wie lange sie schon hier waren!

Nur zwei Häuser weiter war ein großer Delikateßladen, aus dem verlockend Obst und Konserven sahen. Gänseleberpastete in gelben Dosen. Sogar Speck war da! Ich sah erstaunt viele Menschen darin, besonders viele Damen. Also war die Not gar nicht so allgemein, wie man immer gesagt hatte?

Mein Onkel war zu Hause. Wir tranken zusammen eine Art Kaffee, und er erzählte mir von Rumänien und der Krim und schimpfte auf die unerhörten Schiebungen dort. »Hätten wir unsere Kräfte nicht so zersplittert und die Sozialisten nicht so frech werden lassen, so hätten wir doch noch den Krieg gewonnen! Nun mögen sie sehen, wie sie die Karre wieder aus dem Dreck ziehen, nachdem sie unserm Volk das Nationalgefühl ausgetrieben haben!«

Ich ging verstimmt von ihm fort. Er war ja Nationalist! Das hatte ich nicht gewußt. Vor dem Kriege hatte ich ihn zum letzten Male gesehen und ihn immer als tüchtigen Menschen geschätzt. Wie man jetzt noch Nationalist sein konnte?

Zu meinen übrigen Verwandten mochte ich gar nicht erst gehen. Ich hatte genug von meinem Hurra schreienden Schwager heute beim Einzug und ging wieder in die Kaserne. In der

Unteroffiziersstube war nur ein junger Unteroffizier. Der kam mit offenem Blick auf mich zu. »Falbel heiße ich.«

Ich wußte nicht, was ich sagen sollte, und fragte: »Waren Sie im Felde?«

»Jawohl, ein Jahr lang, bis zu meiner Verwundung in diesem Sommer.«

»Da wissen Sie also, wie sich hier alles entwickelt hat, bis zur Revolution?«

»Ja, und wenn ich nicht beim Regiment gewesen wäre, hätte ich auch mitgeholfen, das alte Regime zu stürzen!«

»Weshalb?«

»Haben Sie nicht die Zeitungsberichte gelesen, Herr Feldwebel? Diese Verlogenheit! Hätte die Regierung nicht fremde Länder erobern wollen, dann hätte sie den Krieg gewonnen!«

»Das verstehe ich schon, aber – können Sie mir nicht mal sagen, was der Sozialismus will?«

»Ich bringe Herrn Feldwebel morgen das Erfurter Programm. – Wahrhaftig, es würde mich freuen, wenn Herr Feldwebel unserer Partei beitreten!«

Mehling kam lachend herein. »Ich komme vom großen Soldatenrat! Wir haben fünf Stunden getagt. Sind das aber Pfahlochsen!«

»Worüber habt ihr denn verhandelt?«

»Ach, über die Stellung der Offiziere, und dann über die Gewerkschaftsorganisation. Sie wollen das Militär organisieren. Drei sprachen dagegen. Sie wären auch Sozialisten, sagten sie, aber das Militär müßte einfach gehorchen! – ›Aber das tut es nicht!‹ schrie einer immer wieder. ›Und das liegt an den Offizieren, die müssen raus!‹«

»Und was haben Sie dazu gesagt?«

»Nichts. – Es standen Zigaretten da. Da habe ich geraucht!«

»Das kann ich nicht begreifen!« rief Falbel empört. »Wir haben Revolution! Es geht um Dinge, die jeden angehen! Und du hörst nur zu und rauchst! Und dabei bist du zum Soldatenrat gewählt.«

»Was kann ich dafür, daß sie gerade mich gewählt haben!« – Mehling gähnte. »Ich geh jetzt schlafen.«

Ich wachte früh auf. Die Zentralheizung fing in den Röhren eben erst an zu glucksen und zu stoßen.

Vor der Kompanieschreibstube stand eine Schlange Soldaten, schon in Zivil. Die älteren Jahrgänge wurden entlassen. Nur die jungen blieben noch.

Falbel brachte mir das Erfurter Programm. Ich las: »Die ökonomische Entwicklung führt mit Notwendigkeit zum Untergang des Kleinbetriebes, dessen Grundlage das Privateigentum ...«

Es klopfte. »Herein!« rief ich.

Die Tür öffnete sich. Jemand steckte etwas zaghaft lächelnd seinen Kopf durch und kam dann schnell nach. Ich kannte den Kerl mit den ängstlichen Augen schon von irgendwoher.

»Nu?« fragte ich.

Er streckte mir die Hand hin. »Sie kennen mich wohl nicht mehr? – Petschke. Ich war bei Ihrem Zug in der verlassenen Batteriestellung am Weißen Berg. Aber dann wurde ich verwundet.«

»Ach, jetzt weiß ich. Und weshalb kamen Sie?«

»Nur guten Tag sagen.«

»Na, dann setzen Sie sich, hier aufs Bett. Kommen Sie auch erst aus dem Felde?«

»Nein, ich war hier bei der Genesenenkompanie.«

Jetzt begann er mich zu interessieren. »Haben Sie hier die Sachen erlebt, ich meine, die Revolution?«

»Ja«, er strahlte, zögerte aber dann.

»Erzählen Sie nur ganz frei. Man hat mir erzählt, daß ein Major auf der Exerzierhalle Maschinengewehre aufgestellt hatte. Die haben aber dann auf höheren Befehl nicht geschossen?«

»Das weiß ich nicht. Das kam doch überraschend. Das heißt, schon vorher, 'n Monat früher kann das gewesen sein, da fahr ich auf der Elektrischen. Drin sitzen paar Landser. Vorn steht 'n Sergeant. Steigt ein Offiziersstellvertreter auf und schimpft auf den Straßenbahner, der vorn die Kurbel dreht: ›Sie können auch aufpassen, wenn einer aufsteigen will.‹ Das schnauzte er so richtig. Da sagt der Sergeant – der stand hinter ihm: ›Halt die Fresse!‹ Der Offiziersstellvertreter dreht sich rum. ›Ihren Namen!‹ – ›Den kriegst du nicht‹, sagt der Sergeant, ›aber meine Handschrift kannst du haben!‹ Damit haut er dem andern eine rein. Der Offiziersstellvertreter will wiederhauen, aber da stürmen die Landser nach vorn und hauen ihn von der Bahn runter. Der Straßenbahner fuhr gleich mächtig schnell. Nu hab ich dann immer gewartet, daß was bekannt wird über die Bestrafung. Aber das haben sie verschwiegen. Das war, wie die Armee schon in Frankreich immer weiter zurückging. Ja, und da hatten wir einen Feldwebel, Reinhard, ich weiß nicht, ob Sie ihn kennen?« Er betrachtete mich ängstlich.

Ich schüttelte den Kopf. »Erzählen Sie nur weiter!«

»Ja, der Feldwebel Reinhard – schlecht war er gerade nicht, aber lausig scharf –, wir durften nicht aus der Kaserne raus. Da ruft der uns zusammen und hält 'ne Rede. ›Hört mal her!‹ sagt er. ›Da haben so 'n paar Rotzjungen was gemacht, das müssen sie nu selbst auslöffeln. Ich warne euch, wer sich hinreißen läßt, Dummheiten zu machen, da steht Todesstrafe drauf!‹ Wir gingen in die Stuben zurück und wußten nicht, was das für Rotzjungen wären, von denen der gesprochen hatte. Nu machte ich am Abend immer Unsinn auf meinem Schrank. Wie ich da oben sitze und eben anfangen will, da hör ich draußen auf dem Gang zweimal klirren, als ob einer Scheiben einschmeißt. Wir raus. Bei uns auf dem Gang hing 'n Schaukasten mit Achselstücken und Portepees drin. Davor steht so 'n ganz junger Kerl, hat die Scheibe eingeschmissen und verteilt die Achselstücke und Epauletten. Wie wir noch stehen und gucken, kommt der Unteroffizier vom Dienst. ›Was soll denn das bedeuten?!‹ – ›Gib erst mal dein Seitengewehr her!‹ Damit zieht ihm schon einer das Seitengewehr raus. Der Unteroffizier wollte was sagen. Er war aber so verdattert, daß er gar nichts Richtiges rausbrachte. Da riefen schon welche: ›Runter auf den Hof!‹ Von allen Kasernen ringsum kamen sie auf unseren Hof, und in 'ner Viertelstunde war der voll. Denken Sie sich, der riesige Hof, achthundert Meter lang und halb so breit, schwarz von Menschen. Verwundete waren auch drunter, mit ihren gestreiften Anzügen und Filzlatschen. Wir wußten noch immer nicht, was los ist. Da fing einer an, 'ne Rede zu halten. Das war 'n Unabhängiger, 'n Lehrer, sagten sie. Der schrie: ›Vergreift euch nicht an den Lebensmitteln! Sonst freßt ihr alles auf, und morgen haben wir nichts mehr!‹ Da hatten nämlich welche versucht, die Brotvorräte zu stürmen. ›Denkt lieber dran, die Offiziere festzusetzen!‹ Bei uns ist das doch so, daß in der Mitte der Kaserne die Offiziere wohnen, zwischen den beiden Mannschaftsflügeln. ›Macht Tischbarrikaden‹, rief er, ›daß sie nicht nach den Seiten hinaus können, und stellt an die Offizierstreppe 'ne Wache!‹ Die ganze Masse wälzte sich also nach dem Offiziersbau. Wir erwischten noch grade 'n paar Offiziere, die sich mit ihren Koffern dünnemachen wollten. Die wurden festgesetzt. Unterdessen strömten die andern aus dem Hof und die breite Kasernenstraße entlang. Wie wir zu den Pionieren kamen, die machten gleich mit. Aber der Train und die Kavallerie, die Bauernlackels, die wollten nicht. Aber Sie müssen sich denken, was für eine Menschenmenge um die Kaserne herum war. Die Arbeiterinnen aus den Munitionsfabriken waren dazugekommen. Der Lehrer verhandelte mit den Bauernlackels. Und da sahen die wohl auch ein, daß sie nichts machen konnten, obwohl wir nicht viel Waffen mithatten, absichtlich nicht. Dann ging der Zug weiter zum Festungsgefängnis. Das große eiserne Tor, mit den langen Spitzen oben drauf, war fest zu, und von innen brüllten sie: ›Wenn ihr versucht zu stürmen, schießen wir mit Maschinengewehren!‹ Da stand aber die Menge schon dicht vorm Tor. Einer schmeißt seinen Mantel oben auf die Spitzen. Im Nu fliegen ein Dutzend Mäntel rauf. Ein paar klettern hoch und plumpsen drüben runter. Der erste war ein Verwundeter mit nur einem Auge. Mit seinem Lazarettkittel und seinen Filzlatschen war er gleich oben und drüben runter. Darauf waren sie drüben wohl am wenigsten gefaßt und schossen nicht. Da ging auch schon das Tor auf, und die Schlüssel wurden übergeben. Ich hielt mich zu dem Lehrer und ging mit ihm Zellen aufschließen. ›Wo sind die Kriminellen?‹ fragte er. ›Die wollen wir möglichst nicht rauslassen, nur die Politischen.‹ Wir schlossen im zweiten Stock auf. Da waren Kriegsdienstverweigerer und solche. Es stank ekelhaft nach schlechtem Essen, verfaulten Kartoffeln oder so was. In der ersten Zelle liegt einer auf seinem Lager. Ich sage ihm: ›Kannst nach Hause gehn, 's ist Revolution!‹ Der guckt mich an. ›Leck mich am Arsch!‹ und dreht sich auf die andre Seite. Der wollte das nicht glauben. In der nächsten Zelle ist so 'n bleicher Kerl, abgemagert bis auf die Knochen, der schießt auf mich los. ›Hast du 'ne Zigarette?‹ Freuen tat sich keiner im ersten Augenblick. Und wie sie dann rauskamen, so bleich, weil sie nie am Licht gewesen waren, das hatte ich mir gar nicht so gedacht! Dann marschierten wir in die Stadt. Überall hieben sie die Gewehre kaputt. ›Nie wieder Krieg!‹ riefen sie. Aber der Lehrer warnte sie. ›Zerschlagt die Gewehre nicht! Das ist das Wertvollste, was ihr habt.‹ Auf dem Schloß wehte schon eine rote Fahne. Ich bin dann mit noch einem und 'ner Arbeiterin überall durch die Stadt. Wie ich spätnachts nach der Kaserne komme, ist vorn keine Wache. Auf dem Hof steht ein Maschinengewehr vollkommen ohne Bedienung, ganz allein. Nur am Offiziersbau standen Posten. Die bewachten die Offiziere. In unserem großen Schlafsaal war nur ein alter Mann. Der sagte zu mir: ›Mensch, 's wird Scheiße!‹ Ich wußte nicht, was er meinte. ›Ich sage dir, 's wird Scheiße! Zweihundert Betten leer. Die vergnügen sich in der Stadt. Die meisten fahren nach Hause. Und daß die Revolution Feinde hat, denken sie nicht!‹«

Er sah mich wieder ängstlich an.

»Ja, und? Was geschah dann?«

»Den Feldwebel Reinhard hatten wir abgesetzt. Aber am nächsten Tag, da rief uns der Sozialdemokrat Kerber zusammen und redete uns zu, doch den Feldwebel wieder zu nehmen, der stellt sich auf unseren Boden, sagte er. Und der Feldwebel weinte vor uns und bat uns, ihn wieder zu nehmen. Er hatte sein Taschentuch vor der Nase, und die beiden Schnurrbartspitzen ragten auf den Seiten heraus. Da haben wir uns überreden lassen.« Er sagte das tieftraurig.

»Und Sie meinen, daß damit die Revolution verloren war?«
»Nicht damit. Aber das war der Anfang, und dann haben sie uns eins nach dem andern aufgeschwatzt.«

Am Nachmittag ging ich etwas in die Stadt bummeln, denn ich hatte weiter nichts zu tun. Ich versuchte mir vorzustellen, wie die Leute vor dem Krieg aussahen. Damals waren die Frauenhüte mächtig breit, jetzt winzig, die Röcke lang, jetzt kurz, die Frisuren anders. Die Männer trugen gesteifte Kragen, jetzt weiche, die schlecht saßen. Bei vielen sonst gut angezogenen Männern waren die Hemden zu beiden Seiten des Schlipses zerrissen. In einem Laden sah ich ein weißes Säckchen mit amerikanischem Mehl. Was für eine Verschwendung, so ein gutes Gewebe für ein Mehlsäckchen zu verwenden! Oder, war das vor dem Kriege nicht auch bei uns in solchen Säckchen?

Ein Lastauto polterte vorbei. Es hatte eiserne Reifen. Aus den ausgefahrenen Löchern des Asphalts sprangen Steinchen. Übrigens war an dem Auto auch der grüne Lack abgesprungen, und die gelbe Firmenaufschrift war kaum mehr zu sehen. Und dabei sollte Deutschland auch noch zahlen? Dieser Gedanke machte mich schwindlig. Das bedeutet für uns arme Schlucker, daß wir Jahr und Jahr zu Boden gedrückt bleiben, keinen neuen Anzug! Mein guter Anzug war vor meiner Militärzeit gekauft, im Jahre 1912.

»Extrablatt! Extrablatt!« schrie einer.

»Ach, die haben uns so oft betrogen!« sagte eine Frau zu ihrem Mann. »Immer Sieg, hieß es. Und wir dummen Weiber haben das geglaubt! Weil ihr uns aber auch nie die Wahrheit geschrieben habt!«

»Extrablatt! Schießerei auf dem Leipziger Platz!«

Ich winkte dem Mann und kaufte ein Blatt für fünf Pfennig.

»Auf dem Leipziger Platz kam heute mittag ein Personenauto in großer Fahrt aus der Jakobstraße und hielt mitten auf dem Platz. Es war reger Verkehr, wie immer um diese Tageszeit. Die Menschen blieben verwundert stehen, als plötzlich die Insassen des Wagens nach allen Seiten Schüsse abgaben und dann ebenso rasch abfuhren, wie sie gekommen waren. Soweit bisher feststeht, ist kein Verlust zu beklagen, aber einiger Sachschaden an Fenstern angerichtet worden. Für die Schießerei fehlt noch die Erklärung. Da das Auto ohne Nummer fuhr, fehlt jede Erkennungsmöglichkeit.«

Als ich in die Kaserne zurückkam, stand eine Gruppe auf dem Gang und diskutierte über den Fall.

»Ich sage dir, das sind einfach Verrückte!«

»Ach, Quatsch! Das ist die spartakistische Methode. So machen die's!« sagte ein ältlicher Mann mit Schnauzbart.

»Ihr seid wirklich dumm!« schrie ein langer Schwächlicher dazwischen. »So was machen nur die Anarchisten, Spartakus macht so was nicht! Die wissen doch, was sie wollen!«

»Du bist wohl gar so einer?«

»Nu, denkst du etwa, daß ich Sozialdemokrat bin und mir in die Hosen mache, wenn ich 'n Offizier sehe?«

»Ja, was wollt ihr denn eigentlich? Ihr wollt alles übers Knie brechen!« sagte der Schnauzbärtige verächtlich.

»Schluß mit dem Kapitalismus wollen wir! Und fort mit der Sozialdemokratie, die uns verraten und in den Krieg gehetzt hat! Ebert und Scheidemann sind die größten Lumpen und Betrüger!«

»Nu spuck mal nicht so dicke Töne! Die können doch noch mehr wie du dürrer Hund!«

Der Ton des Sozialdemokraten war so höhnisch, daß ich ihm am liebsten ein paar reingehauen hätte.

»Ihr habt die Offiziere wieder freigelassen«, schrie der Lange in höchster Erregung und fuchtelte mit den Händen, »die wir festgesetzt hatten. Da kam euer Soldatenrat an und winselte uns was vor: ›Ach, die Offiziere sind doch gar nicht so schlimm! Bedenkt doch, die haben Familie!‹ Was gehn uns die Familien von denen an! Die haben sich im Kriege auf unsere Kosten vollgefressen, und unsere Frauen haben gehungert. Jetzt sollen die mal hungern. Aber so seid ihr Schlappschwänze. Da hatten sie, damals am 9. November, sich so 'n Major auf der Straße gegriffen, Achselstücke runter und Säbel abgenommen. Aber wie wir den Lumpen in das Festungsgefängnis reinstecken wollten, da hieß es: ›Ach, der sagt doch schon gar nichts mehr!‹ Natürlich sagt der nichts mehr, solange wir ihm die Faust unter die Nase halten. Aber hinterher wird der sich rächen! Ihr habt die Offiziere freigelassen, damit sie die Gegenrevolution organisieren!«

»Nu mach aber 'n Punkt! Bei dir ist es hier oben nicht richtig. Bist wahrscheinlich mal verschüttet worden.«

Einige lachten. Aber zwei junge Kerle mit roten Kokarden zogen den Dürren zur Seite und besprachen etwas.

Einer rief mich in die Schreibstube. Vor der Tür stand wieder eine Schlange in Halbzivil. Die warteten auf ihre Papiere und das Entlassungsgeld, fünfzig Mark jeder Mann.

Ich drängte mich an ihnen vorbei. Der Hauptmann stand an einen Tisch gelehnt und sagte jedem, was er zu tun hätte, wenn er Versorgungsansprüche stellen wollte.

»Ja«, sagte er, als er mich sah, »kommen Sie mal heraus!« Er führte mich in den Waschraum. Da sah es aber aus! Zigarettenstummel am Boden in Pfützen von Seifenwasser, die Tische umgestürzt und eine Fensterscheibe zerbrochen. Die andern Fenster waren voll Spinnweben und Staub. Der Hauptmann sah sich erstaunt um.

»Wir haben eben Nachricht bekommen, daß die Kommunisten für heute abend einen Angriff auf die Kaserne planen. Ich habe Entlassungen vorzunehmen und kann mich nicht um die Organisierung der Verteidigung kümmern. Gehen Sie mal in die Reviere des Bataillons und ordnen Sie an, daß alle Mann dableiben.«

»Die werden mir aber nicht gehorchen, besonders nicht bei den fremden Kompanien, wo sie mich nicht kennen.«

Er sah mich nachdenklich an. »Da haben Sie vielleicht recht. Ich werde mal mit dem militärischen Kasernenvorsteher sprechen.«

Wir gingen zusammen die Treppe hinauf in den nächsten Stock, und er klopfte an der Mitteltür.

»Herein!« brüllte es innen, daß es noch draußen dröhnte.

Als der Hauptmann die Tür öffnete, sprang drin ein Feldwebelleutnant in die Höhe. »Herr Hauptmann befehlen?«

»Seien Sie uns doch behilflich, die Mannschaften in Bereitschaft zu halten.« Der Hauptmann, der selbst groß und breit war, sah neben dem andern klein und schmächtig aus.

»Das will ich schon machen! Die will ich schon an die Hammelbeene nehmen, das verlauste Pack! Die wollen wir schon auf Draht ziehen, die roten Bürschchen!« Er ging mit großen Schritten zur nächsten Tür, riß sie auf und schmiß sie hinter sich zu. Unterdessen ging ich in die Stuben unserer Kompanie. Drei saßen beim Skat und droschen so auf den Tisch, daß ich mir ansah, ob ihnen nicht schon die Handballen geschwollen wären.

»Bereitschaft!« sagte ich.

»Meinetwegen«, murmelte einer, die Zigarette im Munde, »wenn man uns beim Skat nicht stört, ist es uns egal, ob das Bereitschaft heißt.«

In der nächsten Stube traf ich einen jungen Unteroffizier, der sich gerade den Mantel anzog. Der sah mich böse an. »Fällt mir gar nicht ein, dazubleiben!«

»Sie sollten aber als Unteroffizier ein gutes Beispiel geben. Nach Ihrer Uniform sind Sie auch aus besserer Familie!«

»Und Sie?« brüllte er mich an. »Sie verkaufen sich der Reaktion!« Bevor ich mir noch klar war, was er meinte, war er schon zur Tür hinaus.

Falbel kam herein. »Kann ich Ihnen helfen?«

Wir hatten schließlich an zwanzig Mann zusammen. Die meisten kamen ja kaum mehr in die Kaserne, und geregelter Dienst hatte völlig aufgehört.

Der Hauptmann gab mir jetzt den Auftrag, die Maschinengewehre zur Verteidigung bereitzustellen. Dazu ging ich auf die Kasernenwache. Die Wachtstube war merkwürdig leer. Am Boden lagen Papier und Zigarettenstummel.

»Wo sind Ihre übrigen Leute?« fragte ich den wachthabenden Unteroffizier.

»Die werden wohl bald wiederkommen«, antwortete er verlegen.

»Aber wo sind sie denn?«

»Einen habe ich fortgelassen, weil er noch etwas einkaufen wollte, bevor die Läden zugemacht werden.«

Ich merkte, hier war nichts zu wollen. Der Mann hatte vollkommen die Macht verloren. Ich ging wieder aus der Wachtstube fort und überlegte mir, was ich tun sollte. Zwei Mann und der Unteroffizier waren da. Auf dem umzäunten Waffenplatz stand kein Posten, und zum Tor ging aus und ein, wer wollte. Ich war ja auch gar nicht Vorgesetzter der Wache. Ich ging zum Feldwebelleutnant.

»So ein Lausepack!« schimpfte der. »Da will ich aber mal hineinfunken!« Er rannte zur Wache vor. Von allen Kompanien riefen sie mich. Die Feldwebel waren ratlos und fürchteten sich vor dem Angriff der Kommunisten. Ich lief überall hin und redete ihnen gut zu und erklärte jedem einzelnen, wo sie die Maschinengewehre hinstellen sollten. So hatte ich bis zehn Uhr abends tatsächlich eine Art Kasernenverteidigung zustande gebracht. Was freilich die andern Regimenter machten, das wußten wir nicht. Die Offiziere waren alle nach Hause gegangen. In der Unteroffiziersstube unserer Kompanie saß Falbel müde am Tisch. Wir waren das Hauptquartier und wußten wohl allein, wie schwach wir waren, wenn wir ernstlich angegriffen würden.

Ich setzte mich neben ihn. Im Trubel hatte ich vergessen, mir Brot und Zukost aus der Küche zu holen, und schämte mich, Falbel anzubetteln.

»Was machen wir?« fiel mir plötzlich ein. »Wenn ich in meine Stube gehe zum Schlafen, wird mich niemand finden. Ich muß hierbleiben.«

»Wir legen uns auf den Tisch«, schlug Falbel vor. »Der ist groß genug.«

Wir zogen die Röcke aus und deckten uns mit den Mänteln zu. Es war leidlich warm in der Stube. Ich konnte nicht schlafen vor Hunger. Es saß auch eine Angst in mir. Wie soll das weiter werden? Ich bin hier Vorgesetzter, und dabei gehorcht niemand mehr.

Auf dem Flur kamen laute Schritte. Ich richtete mich auf. Vielleicht eine Nachricht? Falbel atmete gleichmäßig. Ich ging hinaus. Der Mann trat in eine Stube, kam dann wieder heraus und ging in den Schlafsaal. Von dort schleifte er einen Strohsack herüber, denn dort war es zu kalt. Ich legte mich wieder neben Falbel auf den Tisch und schlief unruhig.

Manchmal horchte ich hinaus. Aber nichts geschah während der ganzen Nacht.

Am Morgen trank ich in der Unteroffiziersküche dünnen Kaffee. Die Brotausgabe hatte ich gestern verpaßt, jetzt gab es nichts mehr. Hungrig und müde schlich ich mich in meine Stube und saß unentschlossen am Tisch, vielleicht über eine Stunde. Auf dem Gang draußen liefen sie herum und sprachen laut.

Es klopfte, und herein kam Mehling – mit Vizefeldwebelabzeichen! »Herr Feldwebel«, sagte er.

»Aber das sind Sie ja selber?« Ich betrachtete mir noch immer verwundert sein Portepee.

»Aber nicht unter uns!« lachte er und wurde merklich rot in seinem hellen Gesicht. Da hatte er sich wohl selbst zum Vizefeldwebel gemacht? »Ich möchte mich verabschieden«, sagte er.

»Was? Wohin! – Sie sind doch noch nicht zwanzig Jahre und können daher gar nicht entlassen werden?«

»Ich gehe ins Baltikum gegen die Polen oder die Bolschewiken oder was da ist. – Und ich wollte Herrn Feldwebel sagen: hier wird's windig! Die Offiziere sollen gezwungen werden, die schwarzrotgoldene Kokarde zu tragen. Wir haben beim Regimentssoldatenrat einen ganz wilden Kerl, den Lusche. Der will die Offiziere aussperren, wenn sie nicht mehr gehorchen.«

Ich hörte gar nicht richtig darauf. »Glauben Sie wirklich, es wird nicht herauskommen, daß Sie sich selbst zum Vizefeldwebel gemacht haben?«

Er wurde verlegen. »Man muß die Nase in den Wind halten! – Zu verlieren habe ich nichts!«

Da verstand ich plötzlich, was er für ein armer Kerl war, faßte seine Hand und wußte nichts zu sagen als: »Leb wohl!«

Als er draußen war und ich das Erfurter Programm sah, faßte mich eine Unruhe. Sollte ich ihm nachlaufen und ihn bitten, die Abzeichen wieder abzumachen? Aber was nützte das? Wer kannte seine Verhältnisse? Und konnte ich sie ändern? Übrigens: ins Baltikum? Führt denn Deutschland dort drüben Krieg? In den Zeitungen steht natürlich wieder nichts!

Ein Schreiber kam und rief mich zum Kompanieführer.

Der Hauptmann und der Leutnant von Boehm waren in Zivil. »Man verlangt von uns«, lächelte er, »daß wir die schwarzrotgoldene Kokarde tragen. Das ist aber eine unbillige Forderung. Denn wir Offiziere haben uns der Regierung schriftlich zur Treue verpflichtet. Und trotzdem verlangt man von uns etwas, was man von der Mannschaft nicht verlangt, nämlich die Judenkokarde zu tragen. Daher werden wir in Zivil Dienst tun, bis die anstößige Forderung zurückgezogen ist. Wenn Sie, lieber Renn, von den Mannschaften gefragt werden, können Sie ihnen das wiedersagen.«

Unterdessen kam draußen auf dem Flur die Kompanie nur sehr langsam zusammen. Fast alle rauchten. Der Feldwebel ging in die Stuben hinein, um sie zum Antreten zu überreden. Er hatte sich schon einen viel milderen Ton angewöhnt.

Schließlich waren alle da und standen auch beinahe in grader Linie.

»Stillgestanden!« kommandierte er.

Einige standen stramm, andere lachten.

Die beiden Offiziere in Zivil hatten schon darauf gewartet und schritten heran.

»Die Kompanie zieht morgen auf Wache«, sagte der Hauptmann. »Elf Mann sind heute zum drittenmal nicht zum Dienst erschienen. Ich muß nunmehr Tatbericht einreichen.«

»Kotz!« brüllte einer auf dem linken Flügel.

Einige lachten absichtlich laut.

»Tatbericht gibt's nicht mehr!« rief der auf dem linken Flügel wieder.

»Ich reiche Tatbericht ein«, sagte der Hauptmann ruhig,

»denn die Militärgesetze sind noch in Kraft. – Ferner mache ich – was eigentlich nicht nötig wäre! – darauf aufmerksam, daß beim Antreten nicht geraucht werden darf!«

Unter lautem Murren und Schimpfen der Mannschaften teilte der Feldwebel die Wachen für morgen ein.

Als Nachfolger Mehlings wurde Falbel gewählt. Aber gleich darauf kam die Nachricht, daß er in den Soldatenrat des Regiments gewählt wäre, und da mußte die Kompanie noch einmal wählen, diesmal den Ullmann, einen kleinen kräftigen Menschen mit einem freundlichen Gesicht.

Falbel kam zu mir in die Stube. »Es werden Sicherheitskompanien angeworben, als Wachttruppe, weil man sich auf die Kompanien des alten Heeres nicht mehr verlassen kann. – Wir wollen Sie als Führer für die erste Kompanie vorschlagen. Wie stellen Sie sich dazu?«

»Selbstverständlich mache ich da mit!«

»Gut. – Haben Sie das Erfurter Programm gelesen? – Na, ist das nicht gut?«

»Hm – die Sätze im ersten Teil laufen doch auf eine Enteignung der Fabrikbesitzer und anderer solcher Geister hinaus. – Aber dann, bei den einzelnen Forderungen, habe ich mich einfach geärgert. Allgemeines gleiches Wahlrecht?«

Er sah verstimmt zu Boden. »Ja, unser Programm ist verflucht verwässert! Deshalb gehöre ich auch zu den Linken!« – Er lief eilig hinaus.

Als ich neulich den Falbel am Abend fragte, was denn der Sozialismus wollte, da war ich schon bereit gewesen, da mitzumachen. Aber Linke und Rechte? – Übrigens war heute Weihnachten. Ich ging in die Stadt. An vielen Stellen wurden Leuchtkugeln abgeschossen. Sonst war nichts los.

Wir traten zur Wache an. Es war ziemlich gute Ordnung. Ich sollte nach der Hauptwache. Dort waren früher immer nur Offiziere als Wachthabende gewesen. Aber weil man ihnen nicht traute, ließ die neue Regierung keine mehr dahin. Ich bekam etwa vierzig Mann, von denen ich nur zwei kannte, von Flandern her. Die übrigen waren Achtzehnjährige, die schon in der

Auflösungszeit ausgebildet worden waren. Sie schwatzten beim Antreten durcheinander und rauchten.

Ich ließ sie Gruppenkolonne formieren. Viele standen dabei an falschen Stellen, weil es ihnen Spaß machte oder weil sie nicht wußten, wie man zur Kolonne einschwenkt. Das kann ja gut werden! dachte ich und ließ abmarschieren.

Auf der Straße hörte ich hinter mir rufen und sah mich um. Ein Soldat kam hinter uns hergerannt und winkte. Er war ganz außer Atem. Ich ließ halten. »Herr Feldwebel!« keuchte er. »Sie möchten hier warten.«

»Worauf denn?«

»Die Arbeiter von Pirna sind im Anmarsch, um Otto Rühle zu befreien! Der sitzt im Landgericht!«

Die Pirnaer Arbeiter waren als radikal bekannt. Angeblich standen sie unter spartakistischem Einfluß. Wir warteten. Nach einiger Zeit kam ein Militärlastauto.

»Wohin sollt ihr uns denn bringen?«

»Nach dem Landtag.«

»Und wer zieht auf die Hauptwache?«

»Weiß ich nicht.« Der Fahrer stieg ab und machte hinten die Klappe herunter. Alle kletterten vergnügt hinauf. »Hoch Liebknecht!« schrie einer.

Dann brüllten sie alle im Chor: »Hoch Liebknecht!«

Frauen machten die Fenster auf und guckten. Ein dicker Mann ging leise schimpfend in sein Haus. Es war ja auch allerhand, daß die Soldaten, die gegen die Spartakisten schützen sollten, den Spartakusführer hochleben ließen. Ich ließ sie schreien. Was sollte ich auch tun?

Ich setzte mich vorn zu dem Fahrer, und das Auto holperte mit seinen Eisenrädern los. Es klapperte so ohrenbetäubend mit Ketten oder was das war, daß ich nicht hörte, was hinten vorging, wo die vierzig Soldaten dicht gedrängt standen. Es schien mir, daß sie den Leuten auf der Straße etwas zuriefen. Alle blieben stehen und sahen uns nach.

Wir fuhren am Kriegsministerium vorbei, über die Brücke, und hielten vor dem Landtagsgebäude. Von vier hohen Masten hingen schlaff lange Fahnen herunter, zwei rote und zwei schwarzrotgelbe.

Ich stieg ab und ging hinein.

»Was wollen Sie?« fragte der alte Pförtner mißtrauisch.

»Wir sollen hier nähere Anweisungen erhalten, von wem, weiß ich nicht.«

»Bitte, gehen Sie ins Zimmer 35, erster Stock.«

Zimmer 35 hatte eine hohe braune Tür.

Ich klopfte. Drinnen hörte ich eine Stimme, wußte nicht, ob sie »Herein!« rief, und öffnete. Vor mir stand mit gekreuzten Armen und düstern Blicken ein Matrose. Quervor, an einem mächtigen Schreibtisch, telefonierte ein breiter Mann in einem Anzug, der um die Schultern spannte. Er sprach in die Muschel und beobachtete mich dabei. Zwischen uns ging ein Herr mit eleganten Bewegungen auf und ab, eine Ledertasche unter dem Arm. Der Breite legte den Hörer ab und fragte mit halb zugekniffenen Augen: »Was wünschen Sie?«

»Ich bin mit vierzig Mann da und soll hier nähere Anweisung bekommen.«

»Haben Sie Maschinengewehre mit?«

»Nein – und die würden auch nicht viel nützen, denn wir haben keine einzige Patrone.«

»Weshalb nicht?«

»Man hat dem Regiment vor einigen Tagen die Munition abgenommen.« – »Ja, warum denn?«

»Ich denke, aus Mißtrauen gegen die Offiziere.«

Der elegante Herr lachte höhnisch auf.

Der Breite flüsterte mit dem Matrosen.

Der Herr trat dicht an mich heran. »Hier weiß keiner, was er will. Und keiner traut dem andern.«

Ich sah ihn erstaunt an. Wer war denn das?

»Ach«, lachte er mit dünnen Lippen, »Sie halten mich wohl für einen von den neuen Leuten? Nein, ich bin Regierungsrat Moser.«

Der Breite wendete sich an mich. »Das beste ist, Sie gehen in den Marstall.«

»Und was soll ich dort?«

»Als Bereitschaft. Wir werden unterdessen sehen, für Sie Patronen zu bekommen.«

»Wo soll ich Posten aufstellen?«

»Nur zu Ihrer eigenen Sicherung.«

Als ich aus dem Landtag herauskam und zu dem Chauffeur einsteigen wollte, rief einer von hinten übermütig: »Nu, kommen sie?«

»Man weiß noch nichts.«

Wir ratterten weiter, über einen Platz und durch eine Straße und waren bald da. Der Marstall war ein riesiges Viereck, mit einem breiten Tor in der Mitte. Gegenüber waren Anlagen.

Ein Mann in der Uniform der Hofbeamten kam heraus und zeigte uns den Raum, wo wir schlafen könnten. Darin lag reichlich Stroh. »Sie selbst können ja in der Pförtnerstube sitzen.«

Ich befahl, daß die erste Gruppe einen Posten ans Haupttor stellte, und ging mit den übrigen Gruppenführern, um zu erkunden, wo wir noch Posten aufstellen müßten. Der große Hof war rings umschlossen. Wir brauchten nur noch einen Patrouillierposten hinter der Reithalle.

Auf dem Rückweg zur Pförtnerstube sah ich, wie etwa zehn Mann meiner Bereitschaft zum Tor hinausgingen. Der Posten sagte ihnen nichts. Vom großen Schlafraum in der Ecke des Hofes kamen noch mehr und wollten wohl auch fort. Ich trat ihnen in den Weg. »Wohin?«

Einer ließ sich gleich einschüchtern. »Ich wollte mir Kuchen holen.«

»Kuchen? Wo soll es denn Kuchen geben jetzt in Deutschland?«

Er lachte verlegen und wußte nichts zu antworten.

»Wozu stehen wir überhaupt hier?« sagte ein anderer. »Patronen haben wir nicht. Was sollen wir denn da machen?«

»Der Arbeiter- und Soldatenrat will Patronen schicken«, sagte ich, wußte aber gar nicht, ob das der Arbeiter- und Soldatenrat war, der uns hierhergeschickt hatte.

Sie waren einen Augenblick still. Dann sagte einer: »Herr Feldwebel, die Kameraden haben doch ihre Mädel zur Hauptwache bestellt. Und denen müssen sie doch sagen, daß sie nicht drüben, sondern hier sind.«

»Gut. Ihr könnt hinaus. Aber ich schreibe mir den Namen von jedem einzelnen auf und dazu die Zeit, wann er zurück sein muß!«

Ich sah, das paßte ihnen nicht. Aber ich blieb stehen, und als sie nichts zu entgegnen fanden, sagte ich dem Posten: »Sie lassen niemand ohne Ausweis durch! Wenn Sie nicht wissen, was Sie tun sollen, rufen Sie mich!«

In der Pförtnerstube fand ich ein paar Bogen von schlechtem Kriegspapier. Ich schrieb auf ganz kleine Zettelchen Ausweise und machte mir eine Liste, wann sie zurück sein mußten. Plötzlich hörte ich lautes Schimpfen. Durchs Pförtnerfenster sah ich, daß der Posten tatsächlich niemanden durchließ, obwohl ich gar nicht ernstlich damit gerechnet hatte. Jetzt kamen wirklich alle herein und baten um Ausweise. Der eigentliche Pförtner saß am Tisch, rauchte seine lange Pfeife mit dem Porzellankopf und sagte, als einmal niemand in der Stube war: »Ja, wir haben hier Zeiten erlebt! Hier waren schon öfters Wachen. Aber eine Unordnung war das!«

Ein langer Vizefeldwebel mit einer roten Binde kam herein, grüßte und begann zu schwatzen. Allmählich wurde mir klar, daß er der Führer von zwei Panzerautos war, die auch im Marstall standen. Er, mit wenigen Mann, lag in Dauerbereitschaft. Er rechnete sich schon zu den Beamten des Marstalls und schien es als guten Lebensposten zu betrachten, seine sozialdemokratische Regierung mit den Panzerautos zu bewachen.

Nachmittags um vier kam ein Lastauto mit zwei Maschinengewehren und Patronen für uns. Ich meldete das telefonisch der Kommandantur. Drüben sprach einer, der sich Volksbeauftragter nannte, und erkundigte sich sehr genau nach den Verhältnissen bei uns.

Als es dunkel geworden war, schienen besonders viele mit ihren Mädels in den Anlagen gegenüber spazierengehen zu wollen. Aber da alle pünktlich zurückgekommen waren, ließ ich sie für kurze Zeit hinaus. Außerdem sagte ich mir: die Spartakisten müßten schon längst da sein, wenn sie überhaupt kommen.

Um sechs Uhr kam ein Mann herein mit einem Unteroffiziersrock von der Artillerie, ohne Achselklappen, und mit einer braunen Schlappmütze. »Ich bin der Beauftragte der Kommandantur Kupfer. Wie steht es auf der Wache?« Er zeigte seinen Ausweis.

Ich meldete ihm militärisch. Das machte ihn verlegen, und er nannte mich Herr Feldwebel.

»Ich sehe«, sagte er, »bei Ihnen ist ausgezeichnete Ordnung. Kennen Sie übrigens den Leutnant Herling von Ihrem Regiment? Kann man ihn auf Wache schicken, ohne daß er Dummheiten macht?«

»Wie meinen Sie, Dummheiten?«

»Ich meine, ist er ein richtiger Offizier, der gleich die Gelegenheit wahrnimmt, um – nu, sagen wir, um die Macht der Offiziere wiederaufzurichten?«

»Dazu kenne ich ihn nicht genug.« Mir gefiel der Leutnant Herling persönlich gar nicht, aber ich wußte nichts gegen ihn.

»Na, gute Nacht!« Er zog seine Mütze und ging.

Ich fing mein Abendbrot an zu essen. Da läutete das Telefon.

»Hier Bereitschaft Marstall.«

»Hier Kommandantur. Ist es bei Ihnen ruhig?«

»Vollkommen ruhig.«

»Vor der Redaktion der Volkszeitung sammeln sich in drohender Weise Menschen an. Halten Sie sich bereit, unter Umständen mit einem starken Stoßtrupp einzugreifen!«

Ich lief aus der Pförtnerstube hinaus, um sofort den Stoßtrupp einzuteilen. Da fiel mir ein: was ist denn die Volkszeitung für eine Partei? Wenn die sozialdemokratisch ist? Ich verstand ja nicht, was das für ein Streit zwischen Sozialdemokraten und Spartakisten war, aber besser war es schon, vorsichtig zu sein. Ich rief also nur die Gruppenführer zu einer

Besprechung in die Pförtnerstube und sagte ihnen die Sache. Sie hörten es sich ruhig an. Ich erfuhr dabei, daß die Volkszeitung wirklich das Blatt der Sozialdemokraten war. Die Gruppenführer hatten gar kein Bedenken gegen den Auftrag.

Nach einer Stunde rief die Kommandantur wieder an.

»Die Menschen haben sich zerstreut. Sie haben nur Hetzreden gegen die Sozialdemokratie gehalten.«

Am Morgen gab ich telefonisch die Frühmeldung an die Kommandantur. Meine Leute waren ruhig und warteten auf die Ablösung.

Um elf kam der Kommandanturbefehl mit einer endlosen Aufzählung von Einzelheiten über die Wachen und die Ablösungen. Von der Bereitschaft Marstall stand aber kein Wort darin, und wir waren doch die stärkste und kampfkräftigste Wache der ganzen Stadt.

Ich rief also die Kommandantur an. »Bitte den Beauftragten Kupfer!«

»Der hat 'ne Besprechung!«

»Ja, aber ich muß doch wissen, ob wir um zwölf ab sollen? Im Kommandanturbefehl sind wir vergessen!«

»Einen Moment!«

Ich hörte Stimmen und schallende Tritte.

»Sprechen Sie noch?« fragte das Telefonfräulein.

Endlich Schritte. »Sind Sie noch da?«

»Jawohl.«

»Einen Augenblick. Der Beauftragte Kupfer kommt gleich.«

»Hier Beauftragter der Kommandantur Kupfer. Sie müssen unbedingt noch einen Tag im Marstall bleiben. Aus verschiedenen Städten sind Meldungen von Kommunistenunruhen eingetroffen.«

»Und wie denkt man sich das mit unserer Verpflegung?« fragte ich ärgerlich, denn das konnte ja einen Aufstand bei meinen Leuten geben.

»Das müssen Sie schon mit Ihrer Truppe regeln.«

Ich rief also unser Bataillon an. Nach einigem Hin und Her versprachen sie, eine Feldküche zu schicken.

»Wann kann die da sein?«

»Nicht vor drei Uhr.«

Ich ging auf den Hof und rief die Bereitschaft zusammen. »Der Beauftragte der Kommandantur hat mir eben mitgeteilt, daß wir heute nicht abgelöst werden können.«

»Können die sich das nicht früher überlegen?«

»Die Feldküche kommt um drei Uhr.« Diese Nachricht wirkte sichtlich besänftigend. Als ich hatte wegtreten lassen, kam aber einer nach dem andern.

»Ich habe meine Uhr bei ’n Uhrmacher gegeben, die soll um fünf Uhr fertig sein.«

»Ist denn das so weit von hier?«

»‘ne halbe Stunde.«

»Gut. Sie kriegen anderthalbe Urlaub.«

Er war zufrieden.

»Herr Feldwebel, nu wartet doch mein Mädel von fünf ab vor der Kaserne«, sagte ein anderer mit einer Art kindlichem Trotz.

»Und ...?« Ja, was sollte ich ihm sagen? Eine Ablehnung hätte bei unsern Zuständen nur Widerstand hervorgerufen. »Können Sie sie nicht woandershin bestellen?«

»Ja, wenn ich jetzt ’ne halbe Stunde Urlaub kriege, kann ich sie hier vors Tor bestellen.«

Unter lauter solchen Verhandlungen verging der zweite Tag und die Nacht. Zu Mittag, schon kurz nach zwölf, riefen ein paar, die am Tore standen: »Dort kommt die Ablösung! Und die haben ’n Offizier. Offiziere sollen doch nicht auf Wache!«

Es war der Leutnant Herling, ein kleiner, magerer Mensch mit kalten Augen.

Als er hereinmarschiert war, kam er mit einem Lächeln auf mich los, das mir nicht gefiel. Nicht hochmütig war es, sondern da schien mir eine Absicht dabei zu sein.

Wir gingen nun zusammen die Posten ab. An einer Stelle, wo wir allein waren, hielt er mich an. »Sie wollen doch auch beim Militär bleiben?« fragte er, redete aber gleich weiter. »Ich möchte auch dableiben! – Aber ich muß vorsichtig sein, weil ich Reserveoffizier bin und die aktiven Offiziere natürlich die Leutnantsstellen für die Aktiven offenhalten wollen. – Wie, denken Sie, wird der Streit zwischen Soldatenrat und Offizieren auslaufen?«

Jetzt erst sah ich, daß er die schwarzrotgoldne Kokarde trug. »Das weiß ich nicht.«

Er sah mich von der Seite an und schien mein Mißtrauen bemerkt zu haben. »Na«, er klopfte mir auf den Arm, »wir müssen zusammenhalten, alle, die gegen die Reaktion sind.«

Nach der Ablösung stiegen wir auf die Elektrische. Natürlich faßte uns eine einzige gar nicht. Früher mußten wir zur Kaserne zurückmarschieren. Aber jetzt fuhr alles. In den Straßenbahnwagen waren die Polster zerrissen. Ein Herr saß drin, gut angezogen, nur schien er mir unter dem hochgeschlagenen Mantelkragen keinen Kragen zu haben, vielleicht sogar kein Hemd. Sicher war das ein Rentner, der durch die Teuerung sein Letztes aufgezehrt hatte und noch einen Schein seiner früheren Lebensführung wahren wollte.

An dem grauen Steinkasten unserer Kaserne stiegen wir ab. Das Tor konnte nur zur Hälfte aufgemacht werden. Hinter der andern lagen Stacheldrahthindernisse.

Ich meldete mich beim Feldwebel zurück.

Der sah mich ärgerlich an. »Wissen Sie schon, was in Ihrer Abwesenheit hier in der Kaserne passiert ist? – Der Soldatenrat hat der Kasernenwache befohlen, keinen Offizier in Zivil hereinzulassen. Aber es kam auch keiner. Wie wir dann erfuhren, streiken die Offiziere. – Davon hätte mal früher einer sprechen sollen: Die Offiziere streiken! Man hätte gesagt: Du bist verrückt!«

»Aber wer führt dann die Kompanie?«

»Ich gehe zu Herrn Hauptmann in die Wohnung, und er ordnet den Dienst auf diese Weise an. – Aber das unter uns! Und ich fürchte, das wird noch üble Folgen haben! Sie haben heute schon das Kasino und zwei Offizierswohnungen geplündert. Der Feldwebel von der zweiten Kompanie hat sich zwar vor die Tür gestellt, aber sie haben ihm gesagt: Wir tun

Ihnen nichts, aber lassen Sie uns hinein! Da hat er natürlich auch nichts weiter machen können. – Und ich fürchte, sie werden die Offiziere überhaupt nicht wieder herlassen, wie das schon an andern Orten geschehen ist.«

Ich erzählte ihm von der Wache.

»Unter uns«, sagte er, »mir kommt es so vor, als ob jetzt hier alles mögliche gespielt wird. Da drüben bei der dritten Kompanie haben sie eine Soldatenratswahl gehabt – das war vor drei Tagen. Da erschien auf einmal einer – wie der sich eigentlich zur Kompanie geschmuggelt hat, das weiß niemand. Es soll ein Rechtsanwalt sein. Der hat zehntausend Zigaretten unter die Kompanie verteilt, und da haben sie ihn zum Soldatenrat gewählt. – Daß die Landser so was gar nicht merken! Sonst sind sie doch wer weiß wie radikal! – Und wissen Sie, was der Rechtsanwalt heute ist? – Bataillonssoldatenrat ist er! Das muß ein gerissener Kerl sein!«

»Wie heißt er denn?«

»Jaede heißt er, Dr. Jaede.«

Ich hatte noch mehrmals Wache in diesen Tagen. Einmal war ich mit zwei Zügen und vier Maschinengewehren im sogenannten Gesamtministerium. Nichts war vorbereitet. Sie öffneten uns einen Sitzungssaal mit einem langen Tisch mit grünem Fries drauf und bequemen Polsterstühlen. Ich mußte herumlaufen, um zu sehen, wo ich meine Posten aufstellte und die Maschinengewehre hinbrächte. Das Gebäude hatte drei Haupteingänge mit breiten Treppen und Empfangshallen. Erst mußte ich mir über den riesigen Bau klarwerden. Als ich zurückkam, saßen sie am Tisch und hatten ihr Brot und ihre Margarine auf dem grünen Tuch liegen. Das hatte schon Flecke. Von einem Stuhl war ein Stück des Rückenpolsters herausgeschnitten. Das graue Werg hing heraus. Die Mannschaften waren von fremden Kompanien. Ich kannte sie nicht und mußte mich an die Soldatenräte halten, und die versprachen auch, daß sie aufpassen wollten.

Gegen Abend kam ein Wagen mit Stroh an. Die Soldaten stürmten die große Treppe hinunter und schleppten es in unsern Saal. Der Kutscher mußte um sein Stroh kämpfen, denn wir sollten nur zehn Bündel haben. Die übrigen waren für andere Bereitschaften. Jetzt lagen auf allen Gängen Strohhalme. Die Ministerialbeamten gingen zwischen uns von Büro zu Büro und schwiegen.

In der Nacht konnte man nicht schlafen. Das Licht brannte im Saal, und immer wieder fingen ein paar an zu witzeln und zu meckern.

Am Morgen hatten sie eine Unterhaltung gefunden. Sie stiegen unter das Dach. Eine Eisentür mit der weißen Inschrift »Wäscheboden« hatte sich als offen erwiesen.

»Da oben ist ein ungeheurer Trichter«, erzählten sie, »mindestens fünf Meter im Durchmesser!«

Das wollte natürlich niemand glauben. Aber es war so. Das Dach war, um von ferne wie eine Kuppel zu wirken, unnötig hoch gebaut und auf riesige eiserne Stützen gestellt. Nun war aber in der Mitte darunter ein Saal mit Oberlicht. Damit der einigermaßen hell wurde, hatte man zwischen der Fenstergalerie des Daches und dem Oberfenster des Saales den riesigen Trichter gesetzt, der innen weiße Flächen hatte. Die Soldaten standen oben auf der Galerie und starrten verständnislos in den Riesentrichter. Unterdessen hatten einige einen Aufgang noch höher hinauf gefunden. Auf der höchsten Spitze saß eine goldene Königskrone. In der konnte man sitzen und sich die Stadt, den gewundenen Fluß und die Brücken mit den wimmelnden Menschen ansehen. Da der Aufgang eng war, standen sie an der Treppe Schlange, um immer zu dritt hinaufzusteigen.

Ich hatte unten etwas Ruhe, während sie oben waren.

An einem Morgen kam der Feldwebel zu mir. »Der Minister Jacob hat sich für neun Uhr angemeldet, um den Leuten eine Aufklärungsrede über die Revolution zu halten. Ich war eben drüben in der Exerzierhalle. Es ist noch kein Mensch da. Diese Bande kommt nicht einmal, wenn einer von ihren Genossen spricht! – Gehen Sie doch noch mal durch die Stuben, daß wenigstens einige Leute kommen! – Ich habe keine Zeit.

Wir sind ans Tor vor bestellt, um eine Regierungskommission zu empfangen, die sich für heute zur Untersuchung der Streitfrage zwischen Soldatenrat und Offizieren angesagt hat.«

In den Stuben traf ich ganz wenige Leute. Wo die nur die Nächte zubrachten? Jede Nacht bei einem Mädel, das ist doch zuviel!

Als ich in die Exerzierhalle kam mit ihren großen Fenstern voll Staub und Spinnweben, traten einige zehn Mann hin und her, und ein Zivilist in einem ziemlich abgetragenen Mantel ging abseits auf und ab. Der kam auf mich zu und machte eine Verbeugung. »Jacob ist mein Name.« Himmel! Das war der Minister! »Glauben Sie, daß noch mehr Leute kommen werden, Herr Feldwebel?«

»Ich glaube nicht, Herr Minister. Ich bin eben durch die Reviere unseres Bataillons gegangen, und da war fast niemand.«

»Das ist sehr bedauerlich! – Wie ist bei Ihnen die Disziplin?«

»Schlecht, Herr Minister. Man kann nur mit Überredung noch einiges erreichen.«

»Die Revolution hat üble Folgen gezeitigt. Ich als Sozialist bedauere das am meisten. Es wäre besser gewesen, es ohne Umsturz zu machen, aber leider überstürzte sich dann alles in dieser häßlichen Weise. – Bitte, rufen Sie mir doch die Leute zusammen!«

Er begann sehr ruhig von der Notwendigkeit der Disziplin zu sprechen. Die Landser hörten ihm völlig ohne Anteilnahme zu. Es war auch kein Schwung in seiner Rede. Nach der kurzen Ansprache kam er wieder zu mir. »Wenn ich Ihnen Ihre Stellung als Vorgesetzter erleichtert habe, so ist mein Zweck erreicht.«

»Danke«, sagte ich, weil ich nicht wußte, was ich sonst dazu sagen sollte.

Vor der Exerzierhalle traf ich Falbel und fragte ihn nach dem Minister Jacob.

»Ja, das ist einer unserer fähigsten Köpfe! Er hat sich vor allem in die Fragen des Strafrechts hineingearbeitet.«

»Offen gestanden, ich fand seine Rede traurig!«

»Na ja, er ist schon etwas zu gemäßigt. – Übrigens: jetzt ist die erste Sicherheitskompanie soweit aufgestellt. Sie werden als Führer vorgeschlagen.«

Ein Bataillonsschreiber meldete mir: »Herr Feldwebel möchten so bald als möglich zu Herrn Major in die Wohnung kommen.«

Was sollte denn das? In die Wohnung?

Es hatte begonnen zu schneien. Ein Radfahrer mühte sich mit seinem Rade. Anstatt Gummischläuche, die es ja nicht mehr gab, hatte er Kränze von kurzen Spiralen um die Felgen. Da drin setzte sich immer Schnee fest und bildete einen solchen Wulst, daß er ihn alle paar Schritt abschlagen mußte, um nur vorwärts zu kommen.

Der Major führte mich in ein kleines Arbeitszimmer, das ungeheizt war. »Der Regimentssoldatenrat hat Sie als Kompanieführer für die neu zu errichtende Sicherheitskompanie in Vorschlag gebracht. Der Regimentskommandeur ist einverstanden, daß Sie gewählt werden, jedoch möchte er die Kompanie später mit Offizieren besetzen. Ein Wahlführer ist natürlich nicht ohne weiteres zu beseitigen. Deshalb möchten wir Ihr Einverständnis haben, daß Sie zurücktreten, wenn ein Offizier an Ihre Stelle käme. Wie stellen Sie sich dazu?«

»Wenn er gewählt wird, trete ich selbstverständlich zurück. Wenn er aber nicht gewählt ist, dann kommt es darauf an, was die Kompanie sagt.«

»So? Was die Kompanie sagt? – Es können auch noch andere Verhältnisse eintreten. Vorläufig lassen Sie sich also wählen! – Wissen Sie, welche Entscheidung heute die Regimentskommission getroffen hat? – Die Offiziere sollen wieder in Uniform Dienst tun. Dafür ist die Forderung, die schwarzrotgoldne Kokarde zu tragen, von den Sozialdemokraten als unbillig zurückgezogen worden. Damit sind die Schwierigkeiten vorläufig beseitigt. – Ich verlasse morgen das Regiment und gehe zum Grenzschutz. Ihnen wünsche ich ein gutes Fortkommen.«

Daß gerade der fortging, tat mir leid. Er war ein alter Frontsoldat, mit dem man hatte reden können. Und den neuen Oberst kannte ich noch nicht.

Auf dem Rückweg kam ich bei Meister Grasserts Wohnung vorbei und ging hinauf, ob sein Sohn da wäre. Seine Schwester, die Hilde, öffnete mir.

»Dietrich!« rief sie. »Der Ludwig ist da!«

Er kam rauchend auf den Vorsaal. »Komm herein! – Da, rauch!« Er legte sich aufs Sofa, die Hand unter dem Kopf. Mit der andern hielt er die Zigarette. Er hatte tiefe Ringe unter den Augen und sah erregt aus. »Wie sieht es in Deutschland aus, seitdem wir uns nicht mehr gesehen haben! – Was denkst du, kommt es noch schlimmer?«

»Du solltest nur sehen, wie sich das Heer auflöst!«

»So weit haben das nun die verfluchten Sozialisten gebracht! Werden sie uns noch alles wegnehmen? – Ich wollte mich eigentlich nach dem Kriege selbständig machen, aber so? – Man schmeißt vielleicht sein Geld in ein Unternehmen, das sie einem dann fortsozialisieren!«

»Die Kleinbetriebe sollen, glaube ich, nicht sozialisiert werden.«

»Aber sie wollen uns Handwerker totmachen! Ich hasse diese Hunde! – Und wir sind so dumm, daß wir uns fügen! Organisieren sollten wir uns, wie sie es tun! – Weißt du«, fuhr er höhnisch auf, »manchmal denke ich, der liebe Gott hätte es unterlassen können, Menschen zu erschaffen, die nichts als Dummheiten aushecken und ihre dreckigen Schnauzen in alle Sachen stecken!«

»Glaubst du denn an den lieben Gott?«

»Man muß schon!« sagte er gequält. »Wenn wir auch noch unsern Glauben aufgeben, dann können wir gleich uns selber aufgeben!«

Ich suchte nach einem Vorwand, um recht bald wieder fortzukommen.

Am folgenden Morgen kam der Leutnant von Boehm allein zum Antreten, weil der Hauptmann beurlaubt war. Die Kompanie war auf dem Gange angetreten.

»Tut die Zigaretten weg!« schrie er.

Einige warfen sie auf den Boden und traten sie aus. Andere rauchten weiter.

»Ullmann!« rief er.

»Herr Leutnant?«

»Es ist Ihre Aufgabe als Vorsitzender des Soldatenrats, hier Ordnung zu schaffen!«

»Tut eure Zigaretten weg!« sagte Ullmann ruhig. »Das gehört sich nicht!«

Einer rauchte noch immer weiter. Ullmann ging zu ihm hin.

»Du mußt doch Vernunft annehmen! Das geht nun mal nicht!«

»Die Zigarette will ich wegtun, aber auf Wache ziehe ich nicht!«

»Bist du denn verrückt geworden ...?« Er verhandelte weiter mit ihm. Auch dem Feldwebel erklärten zwei, sie zögen nicht auf Wache. Einige trugen rote Kokarden. Ein paar gingen in die Stuben, so daß ein anderer Soldatenrat sie wieder holen mußte.

Nach einiger Zeit hatte der Feldwebel doch die Wachen eingeteilt.

Boehm gab bekannt, daß der Hauptmann im Einvernehmen mit dem Soldatenrat den Gefreiten Münzer mit zwei Tagen mittlerem Arrest bestraft hätte, weil er vier Tage nicht zum Dienst erschienen wäre.

Halblaute Rufe auf beiden Flügeln.

»Herr Hauptmann hat mich ferner beauftragt«, sagte Boehm mit erhobener Stimme, »bekanntzugeben, daß acht Mann vor zwölf Tagen zur Kompanie versetzt wurden und noch immer nicht erschienen sind. Gegen diese ist Tatbericht eingereicht.«

Einer dicht vor mir stampfte mit dem Fuß auf und redete erregt mit seinen Hinterleuten.

»Ruhe!« brüllte der Leutnant.

Es wurde gelacht.

»Es geht das Gerücht, daß die Offiziere keine vollziehende

Gewalt mehr hätten, sondern der Soldatenrat. Dieses Gerücht ist falsch! Die Offiziere haben die ganze Gewalt! Und die Vertrauensleute sind ihnen nur zur Hilfe beigegeben!«

In der Kompanie war es auf einmal still. Das war ja eine glatte Lüge!

Ullmann trat einen Schritt vor. »Gestatten Herr Leutnant, daß ich auch etwas bekanntgebe?«

»Nein!« sagte Boehm und wollte gehen.

»Dann werde ich es ohne Herrn Leutnants Genehmigung tun. Ich gebe bekannt, daß heute eine Demonstration gegen die Offiziere stattfindet, weil sie sich alles mögliche herausnehmen! Treffpunkt um drei Uhr an der Grünen Tanne. – Ich erwarte, daß die ganze Kompanie erscheint!«

»Kommen Sie mit!« sagte Boehm zu mir.

Ein Mann kam uns nachgerannt und stellte sich stramm hin. »Herr Leutnant, die Leute sagen, es gäbe keinen Kaiser mehr, und da wäre auch der Fahneneid ungültig, und niemand könnte zur Wache gezwungen werden.«

»Unsinn ist das!« fuhr ihn Boehm an. »Dann wäre doch gar kein Dienst mehr möglich!«

»Nichts für ungut, Herr Leutnant!« sagte er treuherzig. »Ich habe nur sagen wollen, warum die Leute so sind. Ich denke nicht so!«

Wir gingen in die Schreibstube.

»Was ist zu tun?« fragte der Leutnant halb den Feldwebel, halb mich. Wir schwiegen beide.

»Glauben Sie, daß man seinen Standpunkt durchdrücken kann?« Er glaubte also selbst nicht an seine Macht und war sogar so dumm, seinen Zweifel vor den Schreibern zu sagen, die das natürlich gleich in der Kompanie weitererzählten!

»Herr Leutnant sollten mit dem Herrn Bataillonsführer darüber sprechen«, sagte der Feldwebel.

Der Leutnant schüttelte unwillig den Kopf.

Er hatte also versucht, ganz allein einen Putsch zu machen?

Eine Stunde später wurde ich ins Regimentsgeschäftszimmer gerufen. Dort traf ich keinen der Offiziere, nur die drei Leute des Soldatenrats.

»Darf ich vorstellen?« sagte Falbel. »Vizefeldwebel Renn, Genosse Lusche, Herr Jaede.« Was? Jaede war jetzt durch seine Zigarettenverteilung sogar in den Regimentssoldatenrat gekommen? Und die beiden Sozialdemokraten sagten dazu nichts?!

Lusche, ein kleiner Mensch gegen Vierzig, mit wenigen ungewaschenen Haaren, fuhr auf mich los. »Was ist heute bei Ihnen vorgefallen?«

Dieser Ton ärgerte mich. »Fragen Sie doch die Vertrauensleute! Mich geht das nichts an!«

Lusche wandte sich ab und wieder rasch zu mir. »Wir wissen schon alles. Aber wer soll die Kompanie führen, bis der Hauptmann wiederkommt? – Boehm ist des Dienstes enthoben, bis das eingeleitete Verfahren beendet ist. Natürlich fliegt er!«

»Wer die Kompanie führen soll, ist nicht meine Angelegenheit!«

»Aber seien Sie doch nicht bockbeinig!« rief er und ergriff meine Hand. »Ich meine, ob der Kompaniefeldwebel zuverlässig ist?«

»Der ist ein richtiger Feldwebel. Sie wissen selbst, was Sie davon zu erwarten haben!«

»Sagen Sie, weshalb sind Sie nicht Sozialist?«

»Weil mir die Partei nicht gefällt!«

»Aber sehen Sie mal«, er zog mich am Arm auf ein Fensterbrett, »für einen Sozialisten von Kopf, von Geist bieten sich jetzt alle Möglichkeiten! Alles steht Ihnen offen! Ich meine es ja nur gut mit Ihnen! Falbel hält große Stücke auf Sie!«

»Nein, nein, ich mag nicht!«

»Ach, so schnell kann man sich da nicht entscheiden! Wir vergessen Sie nicht!«

Als ich draußen war, fragte ich mich: Was wollten die Kerle eigentlich von mir? Mich nur beriechen? – Und der Jaede hat gar nichts gesagt, nur geguckt!

Am Nachmittag, als ich gerade ausgehen wollte, klopfte es. Das war Jaede. »Ach, Sie wollten gerade fortgehen?«

»Ich hatte kein bestimmtes Ziel. Kommen Sie herein!«

Er hatte ein feines, schmales Gesicht und etwas starre blaue Augen. »Ich möchte Sie gern fragen – ich habe Sie heute zum erstenmal gesehen. Nach Falbels Schilderung hatte ich Sie mir ganz anders vorgestellt. – Lusche und Falbel merken ja nichts!« Das sagte er wegwerfend, was mich ärgerte. »Wie kommen Sie zur Freundschaft mit Falbel?«

»Das ist keine Freundschaft. Er ist nur der einzige hier, mit dem man überhaupt reden kann.«

»Ach so! – Und auf welches Ziel gehen Sie?«

Ich nahm an, daß er mich über etwas aushorchen wollte, und antwortete: »Bald vom Militär fortzugehen.«

Er rauchte hastig. »Wissen Sie, wie ich in diese Verhältnisse gekommen bin?«

»Ich habe nur gehört, daß Sie durch Verteilen von Zigaretten an die Mannschaften in den Soldatenrat gewählt worden sind.«

»Wie finden Sie das?«

»Geschickt von Ihrer Seite, und traurig von der andern.«

»Wissen Sie auch, daß ich auch mit dem Oberst verhandle?« Er sah mich an, wie diese Offenheit wirken würde. Aber gerade das machte mich kalt.

»So?« sagte ich. »Dann werden Sie wohl auch den Oberst als Werkzeug gebrauchen!«

»Es ist mir sogar gelungen, ihm Geld zu geben«, lächelte er vertraulich.

»Er hat sich bestechen lassen?« fragte ich, nun wirklich überrascht.

»Ja und nein«, sagte er und neigte den Kopf mit gespitzten Lippen zur Seite. »Wissen Sie, das ist mir ganz unverständlich an diesen aktiven Offizieren: Für sich würden sie nie etwas nehmen – wenigstens die meisten –, aber für den Offiziersunterstützungsfonds ohne weiteres. In der Wirkung ist das aber ganz das gleiche. Die Offiziere sind so gutgläubig, anzunehmen, das geschähe aus lauter Liebe zum Offiziersstand und zu seiner feudalen Weltanschauung. Wissen Sie, weshalb ich kam?« Er beobachtete mich wieder.

»Vermutlich wollten Sie sehen, ob ich nicht irgendwie zu gebrauchen wäre!« entgegnete ich gereizt.

»Ja, vielleicht. – Aber eigentlich wollte ich nur wissen, was Sie für ein Mensch sind. Wenn ich einen neuen Typ sehe, da möchte ich immer wissen, wer das ist.«

»Und wissen Sie jetzt genug?«

»Ja, ich glaube.« Er stand auf. »Wir sehen uns wohl noch bei Gelegenheit.« Ich ging in der Stube auf und ab und überlegte mir, was der Besuch denn bedeutete. Ich konnte mich nicht so wichtig finden, daß dieser gerissene Kerl zu mir kam.

Die Zustände wurden immer toller. In einer Woche waren allein in unserer Kompanie zweiundzwanzig Schränke erbrochen worden. Ich mußte immerfort Durchsuchungen machen. Die Leute öffneten mir dann ihre Schränke mit einer Bereitwilligkeit, die ihnen sonst ganz fremd war, und standen grinsend dabei, wenn ich durchsuchte. Ich wußte ja, wie es mit dem Aufbrechen der Schränke war. Sie verkauften ihre ganzen Sachen: Röcke, Decken, Mäntel, Stiefel. Dann erbrachen sie ihren eigenen Schrank und behaupteten, alles wäre gestohlen worden. – Und ich mußte zu ihrem Gespött dann durchsuchen!

Jetzt führte der Leutnant Herling unsere Kompanie, der beim Militär bleiben wollte, obgleich er Reserveoffizier war. Er suchte die Mannschaften durch Nachgiebigkeit zu gewinnen. Aber sie machten sich gar nichts aus ihm.

Falbel kam einmal zum Antreten. »Das sind ja unglaubliche Zustände! Soll ich mal den Leuten etwas sagen, Herr Leutnant!«

»Ja, bitte.«

»Glaubt ihr denn«, rief Falbel in die Kompanie hinein, »die Revolution rechtfertigt alles? Ihr seid eine zuchtlose Horde, weiter nichts! Tretet ordentlich an! Tut die Zigaretten weg!«

»Was haben wir mit dir zu tun?«

»Ich gehöre zum Regimentssoldatenrat, das habt ihr mit mir zu tun!«

»Wir wollen entlassen sein!«

»Denkt ihr denn, ich könnte euch entlassen? – Ich will euch mal was sagen: Ihr beschwert euch über zu hohe Strafen für eure Zuchtlosigkeit! Wenn das aber hier nicht anders wird, dann greifen wir vom Regiment aus ein! Dann gibt's andere Strafen, da werdet ihr euch wundern!«

»Entlaßt uns nur, dann seid ihr uns los!«

»Hört euch den Dreck nicht an!« schrie ein anderer. »Ich trete weg!« Er ging in seine Stube. Die meisten machten es ihm nach. Nur ein paar blieben. Von denen stand einer stramm, weil das Kommando »Rührt euch!« begreiflicherweise vergessen worden war. Dem Leutnant blieb nun nichts anderes mehr übrig, als auch für die Übriggebliebenen das Wegtreten zu befehlen.

»Daß es so schlimm wäre, hätte ich nicht gedacht«, sagte Falbel. Er kam zu mir. »Ich möchte Sie einmal der neuen Kompanie vorstellen, bevor Sie gewählt werden.«

Als wir ins Revier der Sicherheitskompanie kamen, grüßten uns mehrere sehr stramm. Ich hatte mich dessen so entwöhnt, daß es mir fast wie eine Verhöhnung vorkam.

In der Schreibstube stand ein Glatzkopf mit ein paar Büscheln von weißen Haaren auf und gab uns die Hand. »Das ist der Kompaniefeldwebel«, sagte Falbel. Der Alte sah aus, als wäre er gegen Sechzig. Ein bißchen sehr alt!

Wir gingen dann zum Antreten der Kompanie. Hier wurde sogar stillgestanden und gemeldet.

Ein anderer Mann mit weißen Haaren gesellte sich zu uns. »Ich bin der Soldatenrat Albert.« Er sah mich prüfend an. Sein Blick war nicht angenehm. »Hier herrscht doch Ordnung! Aber es sind auch alle gewerkschaftlich organisiert!«

»Muß man das hier sein?« fragte ich den Falbel.

»Eigentlich ja. Aber wenn jemand als zuverlässig bekannt ist, wird nicht weiter danach gefragt.«

»Sind Sie bereit, sich wählen zu lassen?« fragte der Soldatenrat.

»Ja, ich habe die Erlaubnis des Regimentskommandeurs. – Aber ich bin nicht Sozialist.«

»Das tut nichts, wenn Sie nur nichts gegen den Sozialismus unternehmen. – Hört mal her!« rief er. »Ich stelle euch hier den vom Regimentssoldatenrat als Kompanieführer vorgeschlagenen Vizefeldwebel Renn vor!«

Die Freiwilligen sahen mich ruhig an. Sie waren meist über Dreißig. Einige hatten noch Unteroffiziers- und Vizefeldwebelabzeichen von der Entlassung her an der Uniform.

Auf dem Rückweg sagte ich zu Falbel: »Mir scheint, ich bin da in eine sozialdemokratische Parteigruppe hineingeraten?«

»Ach, die Suppe wird nicht so heiß gegessen!«

Noch am selben Nachmittag erfuhr ich, daß ich zum Kompanieführer gewählt wäre.

Ich wollte eben ausgehen, als ein Bote vom Oberst kam, ich sollte zu ihm in die Wohnung kommen. Schon wieder so etwas? Obwohl ich ihn nicht kannte, mißtraute ich ihm. Ich mußte dazu in eins der Villenviertel. Im ersten Stock an einer breiten Glastür war das Messingschild »von Rameau de Naselle«. Auf mein Klingeln kam ein Stubenmädchen in Schwarz mit einem winzigen weißen Häubchen. Sie schien schon Bescheid zu wissen und ließ mich in ein Zimmer mit vielen Teppichen und Bildern. Zu meiner Überraschung lehnte Jaede, der Soldatenrat, in elegantem Zivil an einem hohen Polsterstuhl. Der Oberst saß bequem in hellgrauer Litewka an seinem Schreibtisch. Er hatte einen großen Kopf mit glänzender Glatze. »Ich habe Sie hierher rufen lassen, weil wir im Geschäftszimmer nicht ungestört sprechen können. – Es kommt mir darauf an, den Hauptmann von Ellmenreich, den Sie wohl dem Aussehen nach kennen, in eine sichere Stellung zu bringen, denn er hat Familie und gar kein Vermögen. Sie könnten dazu behilflich sein, und zwar so, daß Sie Ihre Wahl zum Kompanieführer nur annehmen, wenn er zum Bataillonsführer gewählt wird.«

»Wie soll ich das machen, Herr Oberst?«

»Ich sehe keine Schwierigkeiten.«

»Ich habe mich ohne Bedingung zur Wahl stellen lassen!«

»Deshalb brauchen Sie doch die Wahl nicht ohne Bedingung anzunehmen!«

Jaede lächelte ein wenig. Ich war wütend. So ein Beschiß! Was soll man dazu überhaupt sagen?

»Leuchtet Ihnen das nicht ein?«

»Nein, Herr Oberst. Vor allem glaube ich, daß diese Forderung nur dazu führen würde, die Mannschaften noch mehr gegen die Offiziere einzunehmen. Und dann wird Herr Hauptmann von Ellmenreich ganz sicher nicht gewählt!«

»Das ist nicht Ihre Sorge! – Machen Sie's nur so und melden Sie mir persönlich, wie es ausgefallen ist! Auf Wiedersehen!«

Er entließ mich mit einer Bewegung seiner runden weißen Hand. Ich war draußen, bevor ich mir noch klar darüber war, in welche dumme Lage ich so kommen mußte. Wütend ging ich zurück zur Kaserne.

Dort traf ich den Soldatenrat Albert von der Sicherheitskompanie auf dem Gang. »Ich höre, daß ich zum Kompanieführer gewählt bin. Aber ich kann die Wahl nicht annehmen, wenn nicht der Hauptmann von Ellmenreich zum Bataillonsführer gewählt wird.«

»Was geht uns der Hauptmann an?« sagte Albert mit giftigem Blick. »Nehmen Sie die Wahl an oder nicht? – Wir geben Ihnen drei Tage Bedenkzeit. Aber kommen Sie dann nicht wieder mit Bedingungen!«

Da haben wir's! Jetzt mag der Oberst mit seinen Winkelzügen sich überlegen, wie er seine Dummheiten wiedergutmacht! Es ist recht gut, daß ich seinen Auftrag so schlecht ausgeführt habe! – Leider nützt mir das nichts für die Erniedrigung, die er mir damit bereitet hat!

Ich schloß mich in mein Zimmer ein, setzte mich, stand auf und ging hin und her. Kommt es denn den Offizieren darauf an, sich aus mir einen erbitterten Feind zu machen? Gut! Wir werden sehen!

Am Morgen schrieb ich meiner Mutter, daß ich sie einmal wiedersehen möchte. Ob sie nicht in die Stadt käme. Dann ging ich zum Oberst.

Er ließ mich eine Zeit auf dem halbdunklen Korridor warten. Er kam eben aus dem Bade. Ich meldete ihm das Vorgefallene.

»Das haben Sie aber auch dumm gemacht! Doch nicht gleich mit der Tür ins Haus fallen!«

Ich schwieg und betrachtete seine ärgerliche Handbewegung. Es war doch zuviel verlangt, daß ich seinen Befehl, der mich bloßstellte, auch noch mit Hingebung ausführte!

»In den drei Tagen Bedenkzeit muß natürlich etwas geschehen«, sagte er. »Ich werde Ihnen noch Nachricht zukommen lassen.«

Ich ging zum Antreten meiner alten Kompanie, denn ich gehörte auch noch zum alten Heere, nicht nur zur Sicherheitstruppe.

Heute war der Hauptmann vom Urlaub wieder da. Ich hatte gedacht, er würde erstaunt sein, wie disziplinlos seine Kompanie während seiner Abwesenheit geworden war. Gestern hatte einer dem Leutnant, der vor ihm stand, über die Schulter weg zum Fenster hinausgespuckt. Aber heute war die Kompanie ganz ruhig und trat sogar beinahe ordentlich an. Ich fragte den Ullmann, wie das käme.

»Morgen wird ein weiterer Jahrgang entlassen«, sagte er. »Da werde ich auch das undankbare Amt des Soldatenrats los. Ich bin Steinbrucharbeiter. Aber ich kann nur sagen: Lieber neun Stunden im Steinbruch als den Mist hier!«

Der Nachfolger Ullmanns als Vorsitzender des Soldatenrats war ein schlanker junger Mann mit klugem, feinem Gesicht. Er war der zukünftige Erbe des großen Kaufhauses an der Kaiserstraße. Wie kam die Kompanie nur dazu, ausgerechnet einen Großkapitalistensohn zu wählen! Er tat nicht einmal so, als ob er revolutionär wäre, und ging am liebsten jeder Entscheidung aus dem Wege.

Falbel kam zu mir. »Wir wollen Sie als Bataillonsführer aufstellen.«

»Machen Sie keinen Unsinn!«

»Das ist doch kein Unsinn! Sie haben die Fähigkeiten dazu.

Sie sind schon den Sicherheitskompanien zur Wahl vorgeschlagen und werden sicher gewählt.«

»Ich muß aber den Oberst erst um Erlaubnis fragen, denn ich gehöre noch zum alten Regiment.«

»Lassen Sie sich doch entlassen und bei der Sicherheitstruppe neu anwerben!«

»Ja, können Sie das nicht veranlassen, daß ich aus der verfluchten Abhängigkeit von den Offizieren herauskomme?«

»Gut! – Übrigens, seien Sie nicht zu vertraulich mit dem Soldatenrat Albert! Der scheint selber Bataillonsführer werden zu wollen und agiert daher gegen Sie. Er hat aber nicht die Fähigkeiten dazu.«

Ich machte mich zum Oberst auf den Weg. Nicht weit von der Kaserne kam er mir entgegen. Ich meldete ihm die Absicht der Sicherheitstruppe, mich zum Bataillonsführer zu wählen.

»Nicht ausschlagen!« rief er. »Das paßt mir vorzüglich! – Aber auch nicht annehmen! Erst einmal nehmen Sie die Kompanieführerwahl an! Damit sitzen Sie bei der Sicherheitstruppe drin, und wir haben jemand dort! Wegen der Bataillonsführerwahl bitten Sie um Bedenkzeit, nicht unter fünf Tagen.«

»Und wie soll ich die Bedenkzeit begründen? Das Bataillon wird sagen: Wenn du dich zum Kompanieführer hast wählen lassen, weshalb nicht auch zum Bataillonsführer!?«

»Sagen Sie doch, ich fühle mich zu jung und unerfahren, um ein Bataillon zu führen.«

Das war ja wieder eine Zumutung! »Wenn ich mich aber für unfähig halte«, sagte ich wütend, »dann kann ich nur rund abschlagen! Eine Bedenkzeit hat dann keinen Sinn!«

»Ach, machen Sie's nur so! Die Leute denken nicht so weit!« Er rieb sich die Hände.

Ich suchte nach Worten, um ihm zu beweisen, wie unmöglich sein Befehl wäre, kam aber dabei nur noch mehr in Wut und fand gar nichts.

Ich suchte den Falbel auf. »Ich nehme die Kompanieführerwahl an. Wegen der Bataillonsführerwahl soll ich um Bedenkzeit bitten.«

»Sehr erfreulich! Der Jaede scheint also doch etwas beim Oberst erreicht zu haben!«

Ich war sprachlos. Falbel bildete sich also ein, daß der Jaede für den Soldatenrat beim Oberst schiebt? Und dabei weiß er, mit welchen Mitteln Jaede in den Soldatenrat gekommen ist!

»Aber«, sagte Falbel plötzlich, »mit der Annahme der Kompanieführerwahl gehören Sie doch zur Sicherheitstruppe und können sich also auch zum Bataillonsführer wählen lassen!«

»Nein, ich unterstehe auch noch dem Regiment. Und daher«, ich sagte das recht deutlich, damit er es genau verstünde, »muß ich Ihnen die Bedenken sagen, die mir der Oberst eingegeben hat. Nämlich, ich bin zu jung und unerfahren!«

»Ach, da kann ich Ihre Bedenken zerstreuen! Sie haben ungewöhnliche Fähigkeiten! – Aber ich muß zu einer Besprechung!«

Ich sah ihm verblüfft nach. Wie sollte ich ihm das noch deutlicher unter die Nase schmieren!

An der dunklen Ecke, wo die Treppe abbog, stand eine Frau und beobachtete uns. Das war meine Mutter. Sie hatte also meinen Brief schon bekommen und sich auch gleich auf den Weg gemacht. Ich führte sie schweigend in meine Stube. Sie setzte sich auf den Stuhl, ich mich aufs Bett.

»Na, Junge, laß dich mal ansehen! Dein Brief hat mir rechte Freude gemacht. Weißt du, Mütter freuen sich immer, wenn ihre Kinder sie sehen wollen!«

»Mutter, du hast ja schon etwas gehört, wie ich mit dem da gesprochen habe. Soll ich dir alles erzählen?«

»Aber, Junge, natürlich sollst du das! Das will ich doch wissen!«

Als ich damit fertig war, sagte sie: »Ich verstehe ja zuwenig vom Militär, um zu wissen, was du zu tun hast. Aber mir scheint, du solltest hier fortgehen, denn die Leute haben keinen Anstand!«

»Ja, vom alten Militär will ich auch fort, denn du hast ganz recht, die Offiziere haben keinen Anstand! Aber bei der Sicherheitstruppe, da haben sie mich doch gewählt. Da muß ich schon bleiben!«

»Und dann kommst du erst mal zu uns! Du siehst sehr mager aus. Bei uns gibt's immer noch was zu essen!«

Ich war traurig und schüttelte den Kopf.

»Willst du denn nicht zu deiner Mutter kommen?«

»Zu dir schon, aber nicht zu den andern.«

Sie packte meinen Kopf. »Sei nicht dumm! Du brauchst ja niemand was zu erzählen.«

»Aber die fragen so viel!«

»Na, das wird sich schon finden. – Da hab ich dir ein gutes Bauernbrot mitgebracht. Ich weiß doch, was du gern ißt – und ein Stück Butter.«

Ich fühlte mich weich werden, wollte aber nicht. Sie verstand mich wohl und sah mich gut an. Ich begleitete sie, ging mit ihr in die Läden einkaufen und brachte sie auf den Bahnhof.

Tags darauf ließ mich der Oberst wieder in seine Wohnung kommen.

»Der Soldatenrat macht mir erneut Schwierigkeiten. Deshalb will ich ihm auch Schwierigkeiten machen! – Erstens kann ich Ihre Entlassung aus dem Verband des alten Regiments jetzt nicht genehmigen. Und zweitens lehnen Sie Ihre Wahl als Bataillonsführer ab!«

Das war doch zuviel. »Zu Befehl!« brüllte ich und ging ohne ein weiteres Wort hinaus und sofort zu Falbel: »Der Oberst genehmigt meine Wahl zum Bataillonsführer nicht und will mich auch nicht entlassen!«

»Gut! Gut!« sagte Falbel wild. »Das wollen wir schon quittieren!«

Das war früh um neun gewesen. Gegen elf ging ich zur Sicherheitskompanie, um zu erklären, daß man mir verboten hätte, die Wahl anzunehmen. Ich fand sie fertig zur Wache angetreten, und der Soldatenrat Albert hielt gerade eine Rede: »... Und deshalb wird vorläufig der Regimentssoldatenrat Falbel die Führung unseres Bataillons übernehmen. Morgen gleich nach dem Einrücken wollen wir eine Kompanieversammlung abhalten, in der die Wahl als erster Punkt auf der Tagesordnung steht.«

Der eine der Zugführer trat vor und sagte mit lauter, rauher Stimme: »Ich kann Herrn Albert nur beistimmen: Man sucht uns zu betrügen. Die neugeschaffene Truppe zu unterminieren! Ich für meine Person lehne jeden Offizier ab, und auch, was von den Offizieren kommt!«

»Das kann auch auf der Wache besprochen werden«, sagte der alte Feldwebel. »Die Wachen müssen jetzt hinunterrücken!«

Der Soldatenrat und der Zugführer kamen zu mir.

»Sie haben nicht ehrlich an uns gehandelt!« sagte der Zugführer mit zornigen Augen.

»Man hat nicht ehrlich an mir gehandelt!«

»Wie sollen wir das verstehen?«

»Ich habe nie verheimlicht, daß ich die Wahl nicht ohne Genehmigung des Obersten annehmen darf. Er hat mir die Annahme verboten. Da kann ich nur den Gehorsam verweigern oder, wie er es befohlen hat, ablehnen. Verlangt ihr von mir die Gehorsamsverweigerung?«

»Das klingt ja ganz anders! Ist das wahr?«

»Ja, das ist wahr!«

»Du hattest uns doch gesagt«, wandte er sich an Albert, »der Kompanieführer Renn hätte Ausflüchte gesucht und gesagt, er würde zurücktreten zum Regiment?«

»Ja, so hat man mir's gesagt«, sagte Albert, aber sah uns nicht an.

»Wer hat dir das gesagt?«

»Falbel.«

»So? – So? – Das ist ja sehr wichtig! – Die Kompanie ist sehr aufgebracht gegen Sie!« wandte er sich an mich. Unterdessen ging Albert langsam nach der Schreibstube. »Hier ist etwas nicht in Ordnung! Der Albert hat gegen Sie gehetzt, und dabei hat er selbst etwas auf dem Gewissen! – Als ich heute früh in die Schreibstube kam, da zählte er mit dem Feldwebel die

Kasse. Und den beiden schien es gar nicht recht zu sein, daß ich dazukam! – Die ehrlichen Leute sollten hier zusammenhalten!« Er sagte das rauh und drückte mir die Hand, daß sie schmerzte.

Ich antwortete nicht. Meine Lage wurde ja immer verwirrter!

»Herr Feldwebel!« kam jemand gelaufen. »Sie möchten sofort ins Regiment kommen! Dort ist ein ungeheurer Stunk!« Ich lief über mehrere Treppen und durch die Kasernengänge.

Der Regimentsadjutant stand vor der Tür des Geschäftszimmers und wartete aufgeregt auf mich. »Es handelt sich darum«, flüsterte er, »wir haben eine Meldung aufgesetzt an die Brigade wegen der Führerwahl beim Sicherheitsbataillon, und der Soldatenrat weigert sich, sie zu unterschreiben. Das wäre eine Falschmeldung! Und er wollte alle Offiziere ablehnen, wenn Sie es nicht als richtig anerkennen würden. – Hören Sie sie brüllen?«

»Ich werde nur anerkennen, was wahr ist!«

»Wahr oder nicht wahr, das ist schwer zu sagen. – Bedenken Sie, daß eine Menge unbemittelter Offiziersfamilien einfach auf der Straße sitzen, wenn sie hinausgeworfen werden! Und das hängt nur an Ihrer Unterschrift!« Er öffnete mir die Tür.

Der Oberst stand an seinem Schreibtisch, die drei Leute des Soldatenrats um ihn herum, und alle brüllten zugleich.

»Das ist eine Falschmeldung!« schrie Lusche. »Darauf steht schwere Strafe!«

»Hier muß der Wortlaut geändert werden!« sagte Jaede bestimmt.

»Da kommt Renn!« sagte der Oberst erleichtert. Die drei wichen zurück. Er nahm ein Blatt vom Schreibtisch. Seine Hand zitterte. »Ich lese Ihnen das Schriftstück vor: ›... Daraufhin lehnt Vizefeldwebel Renn seine Wahl zum Bataillonsführer ab, mit der Begründung, daß er zu jung und unerfahren sei, einen solchen Posten auszufüllen.‹ – So war es doch?«

»Herr Oberst sagte mir, daß ich zu jung und unerfahren wäre.«

»Ganz richtig. Ich sagte Ihnen das und gab Ihnen damit den ausschlaggebenden Gesichtspunkt für Ihre spätere Ablehnung.«

»Das ist faul!« sagte Falbel und wandte sich verächtlich ab.

»Herr Oberst!« schrie Lusche und drang auf ihn ein. »Ich unterschreibe das nicht!«

»Aber wenn Renn die Richtigkeit anerkennt?«

»Ich unterschreibe nur, wenn er hier drunter schreibt, daß die Meldung richtig ist!« Er tupfte mehrmals mit dem Zeigefinger auf das Blatt.

»Wie steht's, Renn?« lächelte der Oberst. Aber seine Hand zitterte. Ich überlegte: Ist die Darstellung hier nun richtig?

»Das Zögern ist verdächtig!« sagte Lusche.

»Ich habe das Schriftstück noch nicht zu Ende gehört«, sagte ich, um während der Zeit überlegen zu können.

Der Oberst las zu Ende. Sein Adjutant hielt mir noch seit vorhin ängstlich den Federhalter hin.

»Es kommt hier so heraus«, sagte ich, »als ob die Ablehnung der Bataillonsführerwahl von mir ausgegangen wäre ...«

»Aber ich bitte Sie! Ein Untergebener ist stets von seinem Vorgesetzten abhängig! Das bedarf doch keiner Erläuterung!«

Ich nahm den Federhalter, um zu unterschreiben. Aber es war doch eine falsche Darstellung! Und dieser verfluchte Oberst wollte mich nur gegen den Soldatenrat ausspielen!

Lusche sah mir erregt ins Gesicht. »Es ist falsch, nicht wahr?«

»Ich habe vorhin betont«, sagte Jaede, »der Wortlaut muß geändert und es muß eingefügt werden: nach Rücksprache mit dem Regimentskommandeur.«

»Gut«, sagte der Oberst. »Unterschreiben Sie nun, nach dieser Änderung?«

»Ja«, erwiderte ich zögernd. – Das war doch nur ein Herumschieben mit Worten! – und ich schrieb, was mir der Adjutant vorsagte: »Daß diese Meldung der Wahrheit entspricht, bestätigt ... Renn, Vizefeldwebel.«

Aber während ich das schrieb, fiel mir ein: Der Oberst

wollte ja in diesem Schreiben beweisen, daß nicht er an dieser Schiebung gegen den Soldatenrat schuld wäre, sondern ich! – Jetzt noch einmal aufhören mit Unterschreiben? Nein! Nun ist es geschehen!

Ich schrieb stumm zu Ende. Daneben bemerkte ich, wie der Oberst in seinem Schreibtisch abgewandt kramte, wahrscheinlich, um seinen Sieg nicht so offen zu zeigen. Diese Freude ging auf meine Kosten!

Lusche und Falbel starrten nach meiner schreibenden Hand. Jaede ging auf und ab.

»Warten Sie draußen auf mich!« rief der Oberst mir zu.

Ich zupfte Falbel am Ärmel. Er kam willenlos mit hinaus.

»Ich habe eine Unwahrheit unterschrieben«, sagte ich, »weil mir nicht gleich klar war, worum es ging.« Ich schämte mich, das einzugestehen, und wurde ganz heiß. Er sah mich mit großen, merkwürdig dunkeln Augen an, öffnete den Mund und schloß ihn wieder. Auf einmal kam wieder Leben in seine Züge. »Ich werde von dieser Eröffnung keinen Gebrauch machen!«

In einer Fensternische wartete ich und überlegte.

Der Oberst kam fröhlich heraus. »Kommen Sie ein Stück mit! Wir können das Weitere auf dem Wege besprechen.«

»Ich habe eine Unwahrheit unterschrieben!«

»Seien Sie ganz ruhig, wir sorgen schon für Sie!«

»Darauf kommt es mir nicht an!« sagte ich mit steigender Wut.

»Ach was! Ich will Ihnen sagen, was nun weiter geschehen wird. Falbel wird zum Bataillonsführer gewählt. Er kann als Unteroffizier nicht der Vorgesetzte eines Vizefeldwebels sein. Daher werden Sie als Vizefeldwebel von Ihrem bisherigen Kompanieführerposten zurücktreten.«

»Das werde ich nicht tun!«

»Aber Sie werden sich doch nicht einem ehemaligen Untergebenen unterstellen!«

»Warum nicht, besonders, wenn er tüchtig ist!«

»Aber das geht doch nicht! Wir haben das Dienstaltersystem im Heere!«

»Ich habe mich wählen lassen und habe damit das Wahlsystem anerkannt!«

»Aber Sie sind kein Söldner wie die andern, sondern gehören zum alten Heer!«

»Deshalb möchte ich endlich entlassen sein!«

Er sah mich erstaunt an. »Das sind augenblickliche Grillen! Bleiben Sie beim Militär, und Sie können etwas werden!«

»Ich habe mich meinem Kompanieführer verpflichtet, noch eine Zeit beim Heere zu bleiben – natürlich unter der Voraussetzung, daß man mich nicht zu Schiebungen mißbraucht! Man hat mich in übelster Weise ausgenutzt! Ich bitte um meine Entlassung!«

»Ach so! Sie treten auch von Ihrer Kompanieführerstelle zurück?«

»Nein.«

»Aber nehmen Sie doch Vernunft an! Sie können es noch weit bringen. Es sollen eine Reihe von Vizefeldwebeln zu Leutnants befördert werden. Sie könnten auf eine Kriegsschule kommen.«

Diese Bestechungsversuche brachten mich völlig aus der Fassung. »Herr Oberst«, sagte ich empört, wußte aber nicht, was ich dann sagen sollte.

Er sah mich berechnend an. »Was würden Sie tun, wenn ich Ihnen befehle, von Ihrem Kompanieführerposten zurückzutreten?«

»Dann würde ich trotzdem bleiben!«

»Also Sie wollen den Gehorsam verweigern? Wollen sich eines schweren Insubordinationsvergehens schuldig machen?«

Etwas zitterte in mir. Ich war noch nie bestraft worden. Aber das war ja kein Gesichtspunkt. »Auch dann bleibe ich!«

»Ich sehe«, sagte er mit mißbilligendem Kopfschütteln, »Sie haben eine bedauerliche Auffassung! Sind Sie sich der Gefährlichkeit Ihres Weges bewußt?«

»Der Weg soll gerade sein!« Ich sah ihm dabei in die Augen.

Er wich mit dem Blick aus. »Ich muß wirklich Ihre Auffassung bedauern! Unter diesen Umständen wollen wir Sie nicht länger halten!« Er hob seine Nase. »Sie werden morgen entlassen. Sie werden aber sehen, wohin Ihr Weg führt!« Er grüßte kalt und wandte sich um.

Am Tor traf ich Jaede, der in Zivil war.

»Ich verabschiede mich auch von Ihnen«, sagte er. »Übrigens haben Sie, wie mir scheint, vorhin nicht die Situation verstanden. Es ging gar nicht um das Hinausschmeißen der Offiziere. Das, lieber Herr Renn, hätte die Sozialdemokratische Partei ihrem wilden Vertreter Lusche schon noch ausgeredet! Ob Sie unterschrieben oder nicht, war daher ziemlich gleichgültig.«

»Und weshalb gehen Sie fort?«

»Weil hier nichts mehr zu holen ist. Die Reste der Armee werden ja entlassen. – Bis heute hieß ich Soldatenrat, von morgen an Antibolschewistische Liga!«

Er war schon im Fortgehen, wandte sich aber noch einmal um und sagte ernst: »Sie meinen es ehrlich, das weiß ich. Aber ehrlich zu sein gegenüber einer Masse, die für zehntausend Zigaretten einen von der Gegenpartei zu ihrem Vertreter wählt? – Und dann sehen Sie sich doch diese Soldatenräte an! Sie machen die Entscheidung darüber, ob sie die Offiziere hinaussetzen wollen, von der Unterschrift eines Außenstehenden abhängig! – Und das um der sogenannten Gerechtigkeit willen! – Wenn wir so rücksichtsvoll und so humanitätsduslig wären, dann hätten uns die andern längst über den Haufen gestoßen!«

Die Sicherheitstruppe

Ich ging zu Falbel und erzählte ihm von meinem Zusammenstoß mit dem Oberst.

»Na endlich! Jetzt übernimmst du gleich deine Sicherheitskompanie. Ich habe wenig Zeit, mich darum zu kümmern. Für uns ist wichtig, daß wir die neue Truppe gleich richtig aufbauen. Disziplin muß natürlich sein, aber nicht Kadavergehorsam wie früher, sondern die Freiwilligen müssen von der Notwendigkeit überzeugt sein. Du mußt dich gleich ernstlich darum kümmern, denn die Offiziere – das hast du ja am eigenen Leibe erfahren – versuchen alles, uns Knüppel zwischen die Beine zu werfen.«

Ich ging zu meiner neuen Kompanie. Zuerst wollte ich mir mal ansehen, wie das organisiert war.

In der Schreibstube saßen mehrere und kritzelten. Der alte Feldwebel mit dem Glatzkopf sah auf, nickte und schrieb weiter. Am Tisch lehnte ein kleiner Mensch mit Schnurrbart und grinste freundlich. »Ich bin der neue Soldatenrat Michal. Übernimmst du heute die Kompanie?«

»Ja. Komm mal mit hinaus.« Er sah mich erstaunt und etwas ängstlich an.

Auf dem Flur fragte ich ihn: »Neulich sagte mir der eine Zugführer, weißt du, der mit dem mächtigen Schnauzbart und der rauhen Stimme, daß etwas mit der Kasse nicht stimmte. Und der frühere Soldatenrat Albert sollte dabei nicht ganz reine Finger haben?«

»Ja, er ist fristlos entlassen worden.«

»Und der alte Feldwebel? Der hat doch die Kasse in der Hand und ist mitverantwortlich. Ich sehe aber, er sitzt noch drin.«

»Bei der Untersuchung hat sich herausgestellt, daß er sicher nicht die Absicht gehabt hat, zu unterschlagen.«

»Aber er mußte doch nachrechnen!«

»Ja, der alte Mann! Er kann nicht gut rechnen. Er ist überhaupt zu weich. Da haben wir ihn abgesetzt und seinen Sohn gewählt. Der Vater ist jetzt bei ihm Hilfsschreiber. Wir konnten ihn doch nicht auf Wache schicken. Über fünfundfünfzig ist er. Da kann er das nicht mehr aushalten.«

Das ist ja eine sonderbare Methode! dachte ich. »Was für Posten sind denn hier sonst noch gewählt?«

»Die Zug- und Gruppenführer, dann der Kammerwart, der Schießwart, der Verpflegungswart und ich.«

»Und was habt ihr Soldatenräte hier für eine Dienstvorschrift?«

»Wir haben die Vorschrift der bisherigen aktiven Truppen. Aber die paßt gar nicht für unsere Verhältnisse, weil die alte

Kompanie drei Vertrauensleute hat, die Sicherheitskompanie aber nur einen. Außerdem wird ein Befehl erst durch Gegenzeichnung gültig, während die Führer bei uns auch so befehlen können, weil's ja Wahlführer sind und keine reaktionären Offiziere.«

»Nu, seid ihr Soldatenräte noch nicht zusammengekommen und habt das mal durchgesprochen?«

»Das schon, aber das war mit den Soldatenräten der alten Armee zusammen. Und mit dem wilden Pack war doch kein vernünftiges Wort zu reden!«

»Wer ist denn Führer der zweiten Sicherheitskompanie?«

»Der Leutnant Herling.«

»Ja, den kenn ich. Er hat mir neulich bei der Wachtablösung im Marstall gesagt, daß er beim Militär bleiben wollte, obwohl er Reserveoffizier ist und die aktiven Offiziere ihn nicht wollen. Der ist also jetzt hier?«

»Ja, aber die meisten Soldatenräte trauen ihm nicht.«

»Und du?«

»Ich denke, wir können ihn gegen die Offiziere ausspielen, wenn die wieder gegen uns schieben.«

»Wir wollen mal zu ihm gehen.«

Es waren nur zwanzig Schritte zur Schreibstube der zweiten Sicherheitskompanie. Wir lagen auf dem gleichen Flur zu beiden Seiten der Treppe.

Als wir eintraten, saß der Leutnant in einer Wolke von Zigarettenrauch und redete. Uns nickte er nur zu. Dann wandte er sich wieder an seinen Soldatenrat: »Der Regimentssoldatenrat sollte endlich Schluß machen mit den Offizieren! Tore geschlossen für jeden Offizier, der nicht den roten Streifen tragen will!«

»Was für einen roten Streifen?« fragte ich.

»Sehen Sie her!« Er deutete mit der linken Hand über die Brust weg auf sein rechtes Achselstück, über das ein schmaler Tuchstreifen genäht war. »Das verlangt die Regierung von den Offizieren zu tragen. Man kann es dabei kaum sehen! – Aber die Offiziere wollen nicht und kommen schon wieder in Zivil in die Kaserne. Zu streiken wagen sie nicht mehr, aus Furcht, dann für immer ausgeschlossen zu werden!«

»Mir scheint«, sagte ich, »daß unsere Dienstverhältnisse noch nicht recht geklärt sind.«

»Wie sollen sie auch, wo man sich mit diesen aktiven Offizieren herumzanken muß, die immer noch nicht eingesehen haben, daß heute andere Zeiten sind und daß sie umlernen müssen!« Er blies zischend den Rauch seiner Zigarette gerade vor sich hin.

»Wir müssen aber unsere Verhältnisse durchsprechen und mit den übrigen Sicherheitstruppen Verbindung aufnehmen!«

»Natürlich.« Plötzlich lachte er. »Kommen Sie heute abend zu mir! Ich habe ein Mädel da, knorke, kann ich Ihnen sagen. Aus der Zentralverkaufsstelle lasse ich mir auch Wein schicken. Sie müssen kommen!«

»Ich komme«, sagte ich ärgerlich, ohne richtig darauf zu hören, und ging mit meinem Soldatenrat hinaus.

»Nu, was denkst du von dem da drin?« fragte ich.

Er sah mich ängstlich an. »Offen gestanden, da weiß man nicht, was man davon denken soll.«

»Der Leutnant kann schimpfen, aber wir müssen handeln!«

»Ja, wir müssen handeln.«

Er schwatzte mir ja nur die Worte nach! »Was bist denn du von Beruf?«

»Stenographielehrer. Ich beherrsche alle Systeme: Stolze-Schrey, Gabelsberger.«

Ja, ja! Ich hatte eine große Hochachtung vor jedem, der Stenographie konnte. Aber Soldatenrat? Da gehörten festere Leute her! Heute früh in der Kantine hatte ich ein Gespräch gehört. »Wir werden unerhört beschissen!« sagte einer. »Im Osten wird regelrecht Krieg geführt gegen Rußland. Und hast du schon was in den Zeitungen darüber gelesen? Da steht nur immer drin, daß die Polen wieder Überfälle gemacht haben. Aber daß wir richtige Armeen im Baltikum haben, davon kannst du kein Wort lesen! Nu frage ich dich, wer bezahlt denn die Truppen?«

Und wer hatte die Zigaretten des Soldatenrats Dr. Jaede bezahlt und hatte das Geld für den Offiziersunterstützungsfonds gegeben? Ob sich denn Falbel darüber klar war?

Ich lief zum Regimentsgeschäftszimmer und riß in meiner Eile die Tür auf, ohne anzuklopfen.

Drei Offiziere in Zivil und die Soldatenräte sahen sich erstaunt nach mir um.

»Sehen Sie«, rief der Major von Pfitzner und nickte den Soldatenräten zu, »da haben Sie den Renn! Fragen Sie doch mal ihn nach seinem Urteil!«

»Und Sie, Herr Major«, fuhr Lusche in die Höhe, »Sie werden sein Urteil anerkennen?«

»Na«, lachte der kleine, bewegliche Major, »für so verbohrt wie Sie, mein lieber Lusche – nehmen Sie mir's nicht übel! – halte ich den Renn nicht!«

»Ihnen fehlt auch jede Achtung vor dem gemeinen Mann – Reaktionärer Offizier! Königstreue! Kadavergehorsam! Das ist Ihr Kurs!«

»Nu, Gott sei Dank! Sie haben den sozialistischen Kurs, ich den andern! Sollen wir Lämmer sein und Ihnen für den roten Streifen auf dem Achselstück danken, der nicht unserer politischen und menschlichen Überzeugung entspricht! Aber fragen Sie mal den Renn wegen der Sache Weyhe!«

Lusche schob mir einen Stuhl heran. »Kennst du den Hauptmann von der Weyhe?«

»Ich habe ihn einmal gesehen.«

»Der ist vor vierzehn Tagen zum Kommandanten der Festung Königstein ernannt worden. Dort hat er ein so reaktionäres Regiment eingeführt, daß der Soldatenrat – das ist er hier!«, er deutete auf einen Mann in Zivil – »sich an uns gewendet hat, daß wir als Stammtruppenteil den Hauptmann ablehnen sollen. Er hat vor versammelter Mannschaft den Soldatenrat Lump und rotes Schwein genannt, wie der verlangt hat, die Meldung des Hauptmanns gegenzuzeichnen. Darauf hat der Soldatenrat erklärt, daß alle Anordnungen des Hauptmanns ungültig sind, weil sie nicht vom Soldatenrat genehmigt wären. Trotzdem hat er noch versucht, so weiterzukommandieren. Aber da ist er auf den Widerstand der Mannschaften gestoßen und hat nun erklärt, er streike. Er ist nach Dresden gefahren und seitdem nicht mehr zum Dienst erschienen. Das Dienstsiegel hat er aber mitgenommen. – Nun, sage deine Meinung.« Er streichelte meine Hand.

»Wessen Aussage ist das?« fragte ich.

»Die des Soldatenrats. Aber der ist uns als durchaus glaubwürdig bekannt!«

»Und was sagt der Hauptmann zu seiner Entschuldigung?«

»Seht ihr!« lachte der Major. »Da habt ihr das gesunde Volksempfinden! Man soll niemand in seiner Abwesenheit verurteilen!«

»Herr Major!« schrie Lusche und sprang von seinem Stuhl auf. »Warum ist der Hauptmann schon zum zweiten Male nicht zur Vernehmung erschienen! Sie wissen ganz genau, warum! Er will unsere Untersuchungskommission sabotieren! Und das ist zwischen euch Offizieren vorher verabredet worden! Aber damit kommt ihr nicht mehr durch! Für uns heißt es jetzt, wenn die Offiziere sabotieren, dann raus mit ihnen!«

Der Major suchte zu Worte zu kommen, aber Lusche überschrie ihn, und Falbel drohte: »Wenn der Hauptmann nicht fliegt, sperren wir alle Offiziere des Regiments aus!«

»Still, still!« rief der Major. Er hatte sichtlich seine Ruhe verloren und war bereit, nachzugeben. »Das ist keine Verabredung zwischen uns Offizieren, sondern der Hauptmann – na, ihr kennt ihn doch selbst! – will nun einmal der Republik nicht dienen!«

»Und wer nicht will, muß raus!«

»Ich verlange, daß erst der Hauptmann gehört wird!« sagte der eine Leutnant etwas befangen.

»Wenn er nicht fliegt, dann fliegt ihr alle und er mit!« schrie Lusche.

»Nu ja!« bemühte sich der Major, ihn zu begütigen. »Einigen wir uns doch! Ich bin der Meinung, daß der Hauptmann nicht gehalten werden kann.«

»Er muß persönlich gehört werden!« sagte der Leutnant mit beleidigtem Blick auf den Major.

»Ach, mein Lieber«, antwortete ihm der. »Sie kennen wohl Weyhe nicht. Wenn wir ihm heute seine militärische Existenz retten, wird er morgen etwas tun, was ihn völlig unmöglich macht! Und dazu ist er unverheiratet und pensionsberechtigt. Wir können auf einen solchen Querkopf keine Rücksicht nehmen, wenn es um die Existenz der Allgemeinheit geht! – Also, meine Herren Soldatenräte, wir kommen zur Abstimmung.«

»Wenn er nicht fliegt«, schrie Lusche, »dann werdet ihr sehen!«

»Wer dafür ist«, sagte der Major, unsicher lachend, »daß der Hauptmann von der Weyhe seines Postens enthoben und dem Generalkommando zur Verfügung gestellt wird, der hebe die Hand!«

Die beiden Leutnants saßen regungslos da. Nur der Major und die Soldatenräte hoben die Hand.

Unruhig wandte er sich an die Leutnants: »Meine Herren, machen Sie doch keine Geschichten! Es ist Einstimmigkeit erforderlich! Kommen Sie! Sie gefährden ja unsere Stellung!«

Zögernd erhoben sie die Hände.

»Also jetzt«, rief der Major erleichtert, »fassen wir das Protokoll ab, und dann unterschreiben wir!«

Ich zupfte Falbel am Ärmel. »Ich erwarte dich draußen!«

Er kam auch bald. »Jetzt haben wir ein Sicherheitsbataillon«, sagte ich, »aber die Verbindung zu den andern Bataillonen fehlt! Warst du schon einmal in der Kaserne drüben?«

»Nein. Ich habe auch absolut keine Zeit. Geh du mal hinüber und besprich dich mit ihnen.«

»Höre, ich hatte eben Unterredungen mit dem Leutnant Herling und mit meinem Soldatenrat. Die sehen die Gefahr nicht! Hast du schon die Freikorps im Baltikum und den Grenzschutz beachtet?«

Er sah mich düster an. »Du glaubst auch an eine Gefahr von dort?«

»Sieh dir nur an, wo die Grenzschutztruppen und die Freikorps zusammengestellt werden, in den Städten etwa? – Lies doch mal die Zeitungen, die Werbeanzeigen, die da immer drin sind! In den großen Städten können sie die Truppen nicht zusammenstellen wegen der Arbeiter, weil sie nicht erklären können, wozu diese Truppen dienen sollen! Auf den großen Gütern im Osten und in kleinen Grenzorten, wo die Leute sowieso eingeschüchtert sind, da werden die Freikorps zusammengestellt! Ob das nicht gegen uns geht?«

»Aber hast du denn gar kein Vertrauen zu unserer Partei?«

»Kannst du für eure Vertreter im Parlament eintreten? Ich halte sie für genau solche wie die andern Abgeordneten: sie reden, aber handeln nicht!«

»Darin hast du ja leider recht. Aber wir können unsre Führer doch zwingen!«

»Du, ein Soldat handelt und verläßt sich nicht auf Worte. Unsere Truppe muß eine Macht werden. Das sind wir noch nicht! Wenn die Offiziere versuchen, wieder an die Macht zu kommen, müssen wir ihnen etwas entgegensetzen können!«

»Gut, unterhandle mit den andern Bataillonen, aber sag mir über alles Bescheid! – Und sprich nicht mit dem Lusche darüber! Er meint es wirklich ehrlich, aber er ist zu hitzig und verdirbt leicht alles.«

Ich ging erst noch einmal zur Schreibstube und ließ mir eine Freiwilligenbinde geben. Die wurde am linken Oberarm getragen und war rot mit weißen Streifen an beiden Seiten. Durch die weißen Streifen wurde das revolutionäre Aussehen des Rots vollkommen aufgehoben.

Nun ging ich zu der Kaserne, in der unser Nachbarregiment lag. Nach mehrfachen Fragen kam ich zum Geschäftszimmer des Sicherheitsbataillons. Darin saßen sie auf den Tischen und rauchten. Ein Vizefeldwebel kam mit einem Blick auf meine rotweiße Armbinde auf mich zu. Er hatte das Eiserne Kreuz erster Klasse auf seinem saubern Rock und die Bataillonsführerbinde der Sicherheitstruppe und fragte höflich: »Was wünschen Sie?«

»Ich möchte mit euch einige Unstimmigkeiten unserer Dienstvorschrift durchsprechen.«

»Wir haben eben mit der Kommandantur deshalb telefoniert. In den nächsten Tagen wird eine gemeinsame Sitzung aller Sicherheitstruppenführer und Soldatenräte stattfinden. Im übrigen mache ich euch darauf aufmerksam, daß im Seuchenlazarett Aufstand ist.«

»Wo liegt das Lazarett?«

»Dort drüben.« Er zeigte zum Fenster hinaus auf ein Gebäude, in dessen Fenstern sich Männer in Lazarettkitteln zeigten. »Sehen Sie, wie die Mädel dort aus und ein gehen bei den Syphilis- und Tripperkranken? Und diese Schweine von Geschlechtskranken verlangen auch noch, daß man ihnen Ausgang gibt, damit sie ja ihre Krankheiten noch weiter verbreiten!«

»Aber wieso kann dort Aufstand sein?«

»Nu, als ihnen die Ärzte, vollkommen mit Recht, den Ausgang verboten, haben sie die Räterepublik ausgerufen. Aber wir werden ihnen diese Art von Räterepublik schon heute nachmittag austreiben! Vor der Bande fürchten wir uns nicht, wenn sie auch Gewehre und Maschinengewehre haben!«

»Wie steht ihr hier zu den Offizieren?«

»Wir haben sie aus der Kaserne ausgesperrt wegen ihrer Frechheiten. Sie haben versucht, das alte Regiment – diese Stummelkompanien mit den Achtzehn- und Neunzehnjährigen – gegen unser Sicherheitsbataillon aufzuhetzen. Aber dabei ist es so gekommen, daß die Offiziere von ihren jungen Kerlen hinausgeworfen worden sind. Die Wut war so groß, daß sie das Offizierskasino gestürmt haben. Das liegt ja bei uns nicht in der Kaserne, wie bei euch, sondern gegenüber im Park. Und bei der Gelegenheit sind auch die dortigen Offizierswohnungen erbrochen und geplündert worden. – Aber ihr habt doch einen Offizier bei eurem Sicherheitsbataillon?«

»Ja, den Herling.«

»Ihr geht also mit den Offizieren zusammen?«

»Nein, der Herling ist selbst mit den Offizieren zerfallen. Der Oberst hat von ihm verlangt, daß er als Kompanieführer zurücktritt, wie der Unteroffizier Falbel sein Bataillonsführer geworden ist. Da hat er sich geweigert zu gehorchen und ist geblieben.«

»Ich traue ihm doch nicht. Offizier ist Offizier! Er gehört zur Bourgeoisie, selbst wenn er aufsässig wird! Und ist das nicht einfach einer, der hofft, durch die Revolution was zu werden?«

»Ja, das glaube ich auch.«

»Na, sehen Sie! Und außerdem hat bei euch sogar ein Vertreter des Großkapitals durch Bestechung Regimentssoldatenrat werden können!«

»Der ist aber jetzt fort.«

»Wo nichts mehr zu holen ist!«

»Ich bin herübergekommen, um eine engere Zusammenarbeit zu besprechen.«

»Das ist uns ganz recht. Wir werden euch von allen wichtigen Vorkommnissen unterrichten, und ihr tut das auch. – Aber ein wirkliches Vertrauen können wir nicht zu euch haben, solange ihr nicht euren Leutnant hinausschmeißt!«

»Der ist aber von der Kompanie gewählt! Wir können den nicht hinausschmeißen!«

»Der Agent des Großkapitals war auch gewählt! Da müßt ihr eben eure Leute aufklären! Natürlich müssen sie selbst ihren gewählten Führer absetzen!«

Auch bei den andern Sicherheitstruppen, mit denen ich verhandelte, fand ich dieses Mißtrauen gegen Herling. Falbel, dem ich das erzählte, sagte, es wäre ganz ausgeschlossen, den Herling hinauszutun, solange man keinerlei Anlaß hätte, ihm zu mißtrauen. »Das bringt nur eine Schärfe hervor, die ein vertrauensvolles Zusammenarbeiten unmöglich macht.«

Ich sollte am Abend zu Herling kommen. Aber ich hatte einen Widerwillen davor. Mich beschäftigte auch ein neuer Gedanke: man müßte sich doch einmal klarmachen, welche Gefahren für uns auftreten konnten. Zum Beispiel kommt der Grenzschutz oder irgendein Freikorps auf einmal mit der Eisenbahn an. Wo werden die Truppen ausgeladen? Wer wird am ersten bedroht? Oder sie kommen anmarschiert. Wo stellen sie sich vermutlich zum Angriff bereit? Dazu müßte man sich einen Plan der Stadt besorgen und alle Möglichkeiten durchdenken.

Dem Herling ließ ich durch seinen Burschen sagen, ich könnte heute abend nicht. Dafür zog ich mir Zivil an. Meine Sachen waren allerdings nicht mehr schön. Sie hatten den ganzen Krieg über bei meinem Onkel gelegen, und in die Hosen waren die Motten gekommen. Das war aber hinten und ließ sich mit dem Rock verdecken. So ging ich in weitem Bogen um die Kaserne herum, um mir die Verteidigungsmöglichkeiten anzusehen. Einige Leute sahen mich an, was ich denn da herumguckte. Das machte mich verlegen und unsicher. Von solchem Herumschnüffeln hat man doch in Detektivromanen gelesen, und die Filme sind voll davon. Aber das ist eigentlich ganz anders, viel nüchterner, und die gaffenden Leute stören einen doch recht dabei. Vielleicht gaffen die auch immer so, und sonst hat man nicht darauf geachtet! Vielleicht gaffe auch ich die Leute immer so an?

Ich bekam nichts weiter heraus, als daß unsere Wachen ziemlich gut standen. Dafür waren wir gegen einen ernstlichen Angriff von Truppen mit Artillerie überhaupt nicht vorbereitet!

Am Morgen kam ein Brief für mich. Ich kannte diese krakelige Handschrift nicht.

»Werter Herr Renn! Kennen Sie mir nicht einen großen Gefallen tun, ich wäre Ihnen immer Zeit dafür dankbar. Ich bin hier im Baltikum. Wir haben keine Gewehre weil wenn sie welche ausgeben. Dann werden sie gleich an die Bevölkerung verkauft. Wir haben zwei Gefechte gehabt da sind wir ausgerissen. Die Unordnung und Disziplinlosigkeit ist noch viel größer als bei unsre alte Kompanie. Also sein Sie so gut und sprechen Sie mal mit den Feldwebel ich möchte meine Papiere haben wo drin steht wann ich Vizefeldwebel geworden bin.

Im voraus besten Dank. Ihr Ihnen stets dankbarer

Paul Mehling.«

Sollte ich ihn bei dem Schwindel unterstützen? Der Feldwebel war doch nicht so dumm? Ich mußte ihm schon abschreiben.

Heute sollte die Sitzung der Sicherheitstruppenführer und der Soldatenräte sein! Ich war voll Spannung, wie das werden würde. Bisher waren mir diese Sitzungen sehr geheimnisvoll erschienen. Ich konnte sie mir nicht vorstellen.

Auf dem Kasernenflur traf ich die anderen Führer. Alle waren gut angezogen, rasiert, hatten die rot-weißen Binden in gleicher Höhe auf dem linken Arm und drückten militärisch die Brust heraus. Wir fuhren mit der Straßenbahn in die innere Stadt und stiegen die Treppe des Landtagsgebäudes schweigend hinauf. Ich beobachtete dabei das Publikum, ob es sich nicht fragte, was für wichtige Leute da hineingingen. Aber sie fragten sich gar nichts und schienen nichts von unserer Wichtigkeit zu halten.

Ein Diener in einer dunklen Uniform wies uns in einen Saal mit großen Fenstern. Darin streckte sich ein Tisch mit grünem Tuch, auf dem Aschbecher standen. Alle begannen sofort zu rauchen. Dann kam der Beauftragte der Kommandantur und eröffnete die Sitzung. Zur Diskussion stand der Entwurf unserer Dienstvorschrift. Eine der ersten Bestimmungen der Vorschrift hieß: »Alle Freiwilligen der Sicherheitstruppe müssen Mitglieder der Sozialdemokratischen Partei und einer Gewerkschaft sein.«

Ich bat dazu ums Wort, weil ich ja beides nicht war, aber schon sprach ein anderer gegen diese Bestimmung. Der nächste, ein großer Kerl mit einer Löwenstimme, erzählte alles mögliche, wie: »Ich war auch im Felde, und jeder, der mich draußen gekannt hat ...«

Der nächste Redner sprach zwanzig Minuten darüber, daß der Vorhergehende nicht zur Sache gesprochen hätte. So zog sich die Diskussion endlos hin. Der Zigarettenrauch lagerte sich in Schichten in dem großen, hellen Raum. Wir bekamen Hunger. Das Licht mußte angedreht werden. Aber immer noch redeten einige gleichgültiges Zeug mit viel Erbitterung.

Die Sitzung dauerte über sieben Stunden. Ich verließ den Landtag mit fast unerträglichem Kopfschmerz. Es war gegen sechs Uhr abends, und ich hatte nicht zu Mittag gegessen.

Noch immer gab es kein Brot und kein Fleisch ohne Marken. Und meine Marken behielt gleich die Küche in der Kaserne zurück, von der ich die Verpflegung bekam. Aber in der Mohrenschänke sollte man markenfrei essen können. Das war ein Lokal mit niedrigen, gewölbten Decken, in dem den ganzen Tag Licht brannte. Ich setzte mich zu einem Biertrinker an den Tisch. Der sah mürrisch auf meine rot-weiße Binde und döste dann weiter.

Auf einmal schlug mir jemand auf die Schulter und ließ sich neben mir auf die Bank nieder. »Auch einer von der Bande!« sagte er schallend. »Kommst du aus der Sitzung im Landtag?«

Ich betrachtete ihn verblüfft. Er war mir völlig unbekannt, ein Mann in einem grauen Anzug mit einem merkwürdig roten, breiten Mund.

»Na, was habt ihr beschlossen? Ist der Paragraph über die Organisierung in der Sozialdemokratischen Partei gefallen?«

Alle ringsum hörten uns zu. Wer war das überhaupt? Ich suchte verlegen nach Worten.

»Du traust mir wohl nicht?« lachte er. »Ich bin der Führer des Matrosenbataillons! Nicht sehr beliebt bei der sozialdemokratischen Bonzokratie und bei den Spießern ohne Parteiprogramm!« Er zog seinen Ausweis aus der Tasche und hielt ihn mir hin.

»Ich konnte heute nicht kommen«, fuhr er unbekümmert laut fort, »weil ich eine Fehde mit meinem Oberst auszufechten hatte. Dieser reaktionäre Dummkopf wollte mir nicht erlauben, mich als Führer bei der Sicherheitstruppe wählen zu lassen! Den habe ich aber angeniest! Der Mann hatte sich tatsächlich eingebildet, daß ein Untergebener ihm nicht grob werden könnte. Ich habe ihm gesagt: ›Herr Oberst, wo steht Ihre Macht! Wollen Sie mit Ihren paar Offizieren gegen meine Matrosen vorgehen? Wenn Sie das wünschen, dann möchte ich Sie darauf aufmerksam machen, daß auch die Mannschaften Ihres eigenen Regiments hinter mir stehen, und nicht hinter Ihnen!‹ Den Oberst hat es bald zerrissen vor Wut!«

»Sollten wir nicht etwas leiser sprechen?«

»Ach, wegen der Leute hier?« Er wandte sich an den mürrischen Biertrinker. »Müssen wir nicht das reaktionäre Gesindel von Offizieren abschaffen? Die haben uns doch in den Krieg gehetzt! Und wofür? Für den Geldsack von ein paar Schmarotzern! – Warum haben wir denn noch immer kein Brot und kein Fleisch? Ununterbrochen kommen seit Monaten die Schiffsladungen in Hamburg an. Warum kriegen wir sie nicht zu sehen? Weil es einträglicher ist, die Lebensmittel markenfrei zu Wucherpreisen hintenherum zu verkaufen als zum festen Normalpreis im Laden! Und wenn wir die Schieber nicht totschlagen, geht das auch so weiter!«

Der Mürrische nickte.

Von einem anderen Tisch beugte sich einer herüber. »Ich habe an einem Tage denken gelernt. Das war 1914 beim Übergang über die Maas. Da hatte unser Oberst Belgier erschießen lassen, Männer, Frauen und Kinder. Unsere Feldküche hielt gerade davor. Und wie ich in der Nacht an dem Leichenhaufen vorbeigehe, da sehe ich, wie sich da ein Kopf darin bewegt. Das war eine Frau. Sie war ganz blutig im Gesicht. Und die Augen vergesse ich nie! Nicht etwa wütend oder furchtsam, sondern sozusagen ganz ohne Ausdruck. In dem Haufen sind nämlich viele nicht tot gewesen. Und die sind dann in der Nacht herausgekrochen. Und am Morgen haben sie auf einer Mauer gegenüber dem Leichenhaufen gesessen und haben sich so merkwürdig umgesehen. Damals habe ich angefangen nachzudenken! Es ist nie nachgewiesen worden, daß die Belgier dort wirklich geschossen haben. Jetzt glaube ich, daß es Schüsse vom andern Ufer gewesen sind, die an den Mauern abgeprallt sind. Die haben wir damals für Einwohnerschüsse gehalten. Untersucht ist es ja nicht worden, man hat einfach die Leute an die Wand gestellt, in einem dichten Haufen, und hineingeschossen, bis sie still waren, und hat sie liegen gelassen! – Später war ich dann bei den Fliegern. Da hatten wir so einen Freiherrn von ich weiß nicht mehr den Namen –, sie sagten, es wäre der uneheliche Sohn von irgendeinem Fürsten. Der hat als Staffelführer Eisenbahnwagen voll Altmaterial aus französischen Fabriken nach Deutschland verschoben und für sich verkauft.«

»Und ist nicht bestraft worden?« lachte der Matrosenführer.

»Doch, er sitzt.«

»Wenn sie ihn nicht in der Revolution befreit haben! Sie haben nämlich nicht nur die eingesponnenen Proleten befreit, sondern manchmal die gefährlichsten Burschen von der Reaktion, die es so schlimm getrieben hatten, daß selbst ihre Freunde, die Herren Richter vom Klassengericht, sie einsperren mußten! Totschlagen muß man die Reaktionäre!«

Das Gespräch ging lebhaft weiter. Der Matrosenführer gefiel mir in seinen Ausbrüchen. Aber immer gleich »totschlagen«!

Ich beobachtete die Leute rings an den Tischen. Es war nutzlos, ihnen zu predigen. Alles Kleinbürger ohne wirkliche Ansichten. Was brauchten die von den inneren Angelegenheiten der Sicherheitstruppe zu wissen, die der Matrosenführer ihnen jetzt erzählte! Recht hatte er ja, daß bei uns eine traurige Zaghaftigkeit war. Er sollte das aber lieber den Freiwilligen erzählen als den Spießern hier.

Ich ging durch die feuchtkalte Nacht nach Hause. Wenige Laternen brannten, weil es zuwenig Kohlen gab. An einer Litfaßsäule klebte ein großes neues Plakat in blutigen Farben. Ein Mensch mit bleckenden Zähnen erstach einen andern von hinten. Darunter stand:

Das ist das Gesicht des Bolschewismus!
Mord! Raub! Entrechtung! Zügellosigkeit!

Klein stand in der rechten unteren Ecke: »Antibolschewistische Liga«. Ich hatte schon in letzter Zeit Nachrichten aus Rußland gelesen, daß alle Frauen Gemeineigentum wären. Gingen vielleicht diese Nachrichten von der Antibolschewistischen Liga aus? Von Jaede und seinen Freunden? Neulich stand in der Zeitung auch etwas über spartakistische Kampfmethoden. Es wurde behauptet, sie wären ihren russischen Vorbildern gleich. Sie sind blutig und feige. Man treibt Frauen und Kinder vor die Maschinengewehre, wenn es dem Gegner gelingt, den Spartakiden auf den Leib zu rücken.

Nu, woher sollen sie denn immer gleich die Frauen und Kinder haben?

Jeden Morgen ging ich in die Schreibstube, um zu regieren, wie wir das nannten.

Der junge Feldwebel – der Sohn des Schreibers – sagte mir: »Es ist eine Verfügung da, daß unsere Truppe exerzieren soll. Aber die kommen doch heute von Wache, dann müssen sie den Nachmittag frei haben, und morgen ziehen sie wieder auf Wache. Da dürfen sie am Vormittag nur zu kleinem Dienst herangezogen werden. Und die Verheirateten wollen vor der Wache noch einmal nach Hause. Einige brauchen über eine Stunde mit der Straßenbahn bis zu ihrer Wohnung. Die möchten den Dienst so eingerichtet haben, daß sie sich am wachtfreien Morgen ausschlafen können, und dann den Kasernendienst unmittelbar vor das Antreten zur Wache gelegt haben. Nach unserer Vorschrift müssen sie aber unmittelbar vor der Wache dienstfrei gehalten werden. Was sollen wir da nun tun?«

»Gut, ich werde eine Meldung darüber abfassen. Das ist ja eine Angelegenheit, die für alle Kompanien gleich ist und die einheitlich geregelt werden muß. – Was liegt sonst vor?«

»Auf der Landtagswache sind Läuse festgestellt. Wir müssen bei der Kommandantur neues Stroh beantragen, bevor die Läuse auf die anderen Wachen weiterverschleppt werden, die eben erst entlaust sind.«

Ich rief die Kommandantur an. Der Beauftragte, den sie dort heranriefen, war sehr höflich und bat mich, auch den übrigen

Führern unseres Bataillons zu sagen, daß morgen eine Sitzung zusammen mit den Vertretern der Kommandantur und des Arbeiterrates im Landtag stattfinden sollte.

Gegen ein Uhr nachmittags gab es ein allgemeines Trampeln von Zweckenstiefeln auf dem Zementboden des Flurs. Die Wachen kamen zurück. Weil sie mit der Straßenbahn fuhren, kamen sie ziemlich früh. Der Zugführer mit der rauhen Stimme kam mit bösem Blick auf mich los. »Die Kompanie verlangt gleich nach dem Essen eine Versammlung!«

»Worum handelt es sich dabei?«

»Wir haben erfahren, daß man uns aus der Kaserne ausquartieren will. Wir sollen in die Schießstandbaracken. Da machen wir aber nicht mit! Wir müssen warme Räume haben, wenn wir von Wache kommen. In den Baracken zieht es von allen Seiten herein!«

»Davon wissen wir noch gar nichts! Ich laufe sofort zu Falbel.«

Den traf ich im Regimentsgeschäftszimmer in Beratung mit Lusche und einem dritten. Ich trug ihnen die Sache vor.

»Das hat wieder der Oberst gemacht!« schrie Lusche empört. »Der besteht darauf, daß ich entlassen werde, weil mein Jahrgang ja schon längst entlassen ist. Aber ich bleibe noch, damit er seine schmutzigen Absichten nicht ausführen kann! Die neueste Sache ist ein Versuch, das Sicherheitsbataillon aus der Kaserne zu verdrängen, um wieder allein Herr hier zu sein. Aber das soll ihm mißlingen!«

Er rief sofort den Oberst an, aber der schien diesmal wirklich unschuldig zu sein. Das städtische Wohnungsamt hatte von der Garnisonverwaltung die teilweise Räumung der Kaserne verlangt. Lusche brüllte jetzt den Garnisonverwaltungsinspektor durch den Hörer an: »Natürlich muß der Wohnungsnot ein Ende bereitet werden! Aber doch nicht auf Kosten der Sicherheitstruppe!«

Von der anderen Seite wurde längere Zeit gesprochen.

Lusche wandte sich zu mir. »Ist das wahr, daß die Sicherheitsfreiwilligen teilweise eigene Wohnung und außerdem ein Bett in der Kaserne haben?«

»Ja. Und das ist unbedingt notwendig. Wo sollten sie denn schlafen, wenn sie Bereitschaft haben und in der Kaserne bleiben müssen?«

Er brüllte wieder in den Hörer hinein: »Es gibt noch viele Wohnungen! Das städtische Wohnungsamt soll einmal in die Villen der reichen Leute an der Tiergartenstraße hineingehen. Es soll die ganze Bande in eine Villa sperren und die übrigen für Wohnzwecke requirieren! Der ehemalige Hof hat auch noch mehrere Palais und Villen, die sind sehr schön groß! Bei uns gibt's nichts!«

Ich lief zurück zur Kompanie. Dort gingen sie noch mit den Eßnäpfen umher, um sie auszuspülen. Ich lehnte wartend an einem Fenster. Da kam aus dem Waschraum ein langer Matrose heraus. Wir trugen ja alle verschiedene Uniformen und waren nur in den rot-weißen Armbinden gleich.

»Du!« rief ich ihn an. »Es liegt eine Verfügung vor, daß alle ehemaligen Marineangehörigen zum Matrosensicherheitsbataillon versetzt werden sollen.«

»Ich gehe nicht!« sagte er und sah mich mit seinem großen Gesicht fest an.

»Warum nicht?« fragte ich verwundert.

»Ich habe hier meinen Freund, und der ist Infanterist gewesen.«

»Ach so, ihr wollt zusammenbleiben? Das ist ja ganz richtig, aber ich weiß nicht ...«

»Ich gehe eher von der Sicherheitstruppe weg als zum Matrosenbataillon!« rief er mit finsterem Blick.

»Gut, ich werde mich darum bemühen, daß du hierbleibst.«

Die Kompanieversammlung fand in einer großen Stube statt. Die Freiwilligen saßen rings auf Schemeln. Der Soldatenrat leitete die Versammlung, aber ich als Kompanieführer durfte sprechen, auch ohne das Wort zu haben. Ich berichtete über die Verhandlungen mit der Garnisonverwaltung.

Plötzlich kam Falbel zur Tür hereingeschossen. »Erhöhte Alarmbereitschaft! Neue schwere Kämpfe mit den Spartakisten in Berlin! Niemand darf die Kaserne verlassen!«

»Das geht nicht!« rief ein älterer Mann. »Ich esse nicht in der Kaserne, und meine Frau wartet mit dem Essen daheim! Wir sind nicht so hoch bezahlt, daß ihr von mir verlangen könnt, daß ich hier etwas extra kaufe!«

»Das hilft doch nichts!« rief Falbel. »Wenn die Revolution in Gefahr ist!«

Einige unterhielten sich murrend.

»Falbel!« rief ich. »Geht es nicht so, daß wir allen denen, die zu Hause essen – es sind ja doch noch nicht ein Drittel! –, drei Stunden Urlaub geben! Sie haben Punkt sechs wieder hier zu sein.«

»Ja, wenn sie dann bestimmt wieder da sind, bin ich einverstanden.«

»Ich beantrage«, der Matrose erhob sich in seiner ganzen Länge, »daß die Kompanieversammlung bis sechs Uhr vertagt wird. Wer dann nicht da ist, wird mit einer Geldstrafe belegt.«

Der Antrag wurde angenommen, und alle verteilten sich rasch in die Stuben.

Einen, der sich eine neue Zeitung holen wollte, bat ich, mir auch eine mitzubringen. Ich wußte nur, daß in Berlin um das Zeitungsviertel gekämpft wurde und daß auch der Polizeipräsident Eichhorn auf seiten der Aufständischen war. Wenn so ein Mann dabei war, konnte es doch nicht nur ein Kampf von Verbrechern sein, wie sie immer behaupteten, sondern eine ernste Sache.

Der Freiwillige hatte nur eine bürgerliche Zeitung erwischt, die ein Abendblatt herausgab. Er las in seiner Stube laut vor: »›In Berlin heftige Kämpfe während der Nacht. Man erwartet eine Entscheidung. Aber der dritte Tag der Gegenrevolution von links ist vorübergegangen, ohne daß die schwere Nervenprobe von der Bevölkerung der Reichshauptstadt genommen worden ist ... Das gesamte in Berlin weilende Offizierskorps hat sich auf Ehrenwort dem Oberkommandierenden von Berlin, dem Volksbeauftragten Noske, verpflichtet. Die Regierung ist zur Bildung von Offiziersbataillonen geschritten.‹ Verflucht«, sagte er, »das muß aber schlecht dort stehen, wenn sie nur noch Offiziere zur Verfügung haben! Bei uns lassen sie sie nicht auf Wache, und dort bilden sie Offizierstruppen!« Er las weiter: »›Die Spartakusbanden versuchten, die Regierungstruppen im Reichstagsgebäude zur Übergabe zu zwingen. Sie gingen mit Maschinengewehren vor. Es entwickelte sich ein sehr lebhaftes Feuergefecht. Dazwischen wurden Handgranaten geworfen. Es gab auf beiden Seiten Verwundete und Tote. Auch ein Geschütz griff von der Dorotheenstraße her in den Kampf ein. In den Stadtteilen, aus denen die Spartakisten bis jetzt noch nicht verdrängt worden sind, greifen sie Passanten an, untersuchen sie auf Geld und Wertsachen und rauben beides. Sie haben den Grünen Weg zwischen Andreasplatz und Blumenstraße bis zur Großen Frankfurter Straße abgesperrt, um sämtliche Läden zu plündern. Das beweist, daß die Verproviantierung höchst mangelhaft ist.‹ – Solche Lumpen!«

»Du, das würden wir auch machen, wenn es gegen die Offiziere ginge, und wir hätten nichts zu fressen! Das kann ich überhaupt nicht verstehen, wie sie die Offiziere wieder bewaffnen können!«

»Wenn aber die Revolution in Gefahr ist?«

»Du, vielleicht täuschen die sich auch, und die Revolution ist von der andern Seite in Gefahr! Lies nur mal, was die Unabhängigen schreiben! Die sagen, daß Ebert und Noske die Gardekavallerieschützendivision bewaffnet haben und daß dort die allerreaktionärsten Offiziere sind! Mein Lieber, schon der alte Bebel hat gesagt: Seht euren Führern auf die Finger! Und das war doch ’n ehrlicher Genosse und mußte die andern kennen!«

Nachmittags um sechs rückten alle mit ihren Schemeln wieder in den Versammlungsraum.

Als erster Redner sprach ein älterer Mann über die Wöchnerinnenbeihilfe und Kinderzulage bei der Sicherheitstruppe. Darüber entspann sich eine hartnäckige Diskussion. Mir schien ja anderes zu besprechen viel wichtiger, aber ich wagte nicht einzugreifen, weil mir diese parlamentarische Diskussionsform mit den schrecklich vielen unnützen Worten fremd war. An die Wöchnerinnenbeihilfe hatte ich auch noch nie gedacht.

Schließlich erhob sich der lange Matrose und sagte mit unbeholfener, aber kräftiger Stimme: »Kameraden! Ihr redet von Sachen, die schon wichtig sind, aber ihr vergeßt doch darüber ganz, wozu wir da sind! Wir sind doch nicht eine Versorgungsanstalt für Arbeitslose! Wir sind eine revolutionäre Truppe und müssen bereit sein, unsere Brüder in der Arbeitskluft zu verteidigen gegen die Versuche der Reaktion, das alte Regime wiederaufzurichten. Dazu müssen wir vor allem schießen können. Aber die meisten von uns können die Maschinengewehre, die wir auf Wache haben, gar nicht bedienen! Und wenn schon, dann können sie die einfachste Ladehemmung nicht beseitigen! Ich rege daher an, daß vom Bataillon aus Kurse am Maschinengewehr eingerichtet werden!«

Er setzte sich unter beifälligem Gemurmel. Jetzt sprachen andere als vorhin bei der Kinderzulage, jüngere. Die hatten eine ganz andere Sprache, fester und leidenschaftlicher. Jetzt fühlte ich mich auch gleich wieder auf der Höhe und versprach ihnen, daß wir sehr bald mit der Ausbildung am Maschinengewehr beginnen würden, vielleicht schon morgen. Als die Versammlung geschlossen war, gingen einige zum Skat in die andern Stuben.

Der Matrose und sein Freund traten zu mir. »Die meisten hier sind gar keine Soldaten! Das sind gemietete Wachtbeamte!«

Ein anderer drängte sich zwischen uns. »Man sollte rücksichtslos sein und alle Verheirateten hinauswerfen! Auf die werden wir uns nie verlassen können, wenn es gilt, Leben und Existenz aufs Spiel zu setzen! Wir brauchen junge Kerle, die noch nicht in der Familie verbürgerlicht sind!«

Es wurde ein allgemeines Gespräch, das sich über Stunden hinzog. Der Matrose sah sich um und sagte: »Siehst du, in der ersten Revolutionszeit ist alle Ordnung zum Teufel gegangen, und auch die Kameradschaft. Aber heute fühle ich mich zum ersten Male wieder wohl. Wir ziehen wieder an einem Strick! Das macht die einigende Kraft des Sozialismus!«

Ich sah ihn an. Er war begeistert, aber das Wort Sozialismus kühlte mich ab. Ich begriff das noch immer nicht.

Die Nacht verging ohne Störung. Am Morgen waren die Zeitungen wieder voll von den Kämpfen in Berlin, aber in einer so unklaren Weise, daß man nichts verstehen konnte. Wer kämpfte eigentlich gegen wen?

Zu Mittag zog ich mit dem größten Teil der Kompanie auf Landtagswache. Es war erhöhte Alarmbereitschaft angeordnet. Wir hatten einen Maschinengewehrwagen mit. Dem gab ich eine Gruppe als Bedeckung bei. Aber auf den Straßen war gewöhnlicher Verkehr und gar nichts von Aufregung zu merken. An einer Litfaßsäule sah ich ein neues Riesenplakat gegen den Bolschewismus. Darunter stand aber nicht Antibolschewistische Liga, sondern Noske und noch zwei andere, also wahrscheinlich alles Mitglieder der sozialdemokratischen Regierung.

Im Landtag nisteten wir uns in einem großen Sitzungssaal ein. In den zweiten Stock des Turmes brachten wir ein Maschinengewehr.

Gegen Abend rief mich einer ans Telefon. Ich lief nach der Zelle.

»Hier Kommandantur. Vor der Volkszeitung sammeln sich wieder Volksmassen. Höchste Alarmbereitschaft. Ein Zug mit Maschinengewehren ist nach der Volkszeitung in Marsch gesetzt. Haltet dauernde telefonische Verbindung mit Schloß und Marstall.«

Ich rief den Marstall an. »Wie steht es bei euch?«

»Alles wohlauf! Unser Kompanieführer Prochaska ist hinüber. Der wird die Sache schon schmeißen und mit dem Gesindel aufräumen!« Er sagte das so obenhin, als wäre das eine hübsche, lustige Sache. »Warte mal!« rief er. Ich hörte ihn den Hörer weglegen und fortrennen. Nach kurzer Zeit hörte ich wieder Tritte. »Die Posten vorn am Tor haben schießen gehört! Ich schicke gleich 'ne Streife in Zivil. Schluß.«

Ich lief in den Wachtsaal.

Einer kam herein. »Der Posten auf dem Turm hört schießen, Gewehre und Maschinengewehre!«

»Schießen sie noch?«

»Mal fragen!« Er lief hinaus.

Unterdessen erklärte ich, was ich wußte. »Können wir nicht auch eine Streife in Zivil hinüberschicken?«

»Ja, ich!« rief einer. »Ich mach die Binde ab und den Rock auf. Da sieht es aus wie ein Entlassungsanzug.« Er band sich noch ein Tuch um den Hals und hatte irgendwoher eine Schlappmütze. Zwei andere wollten noch mit ihm. Aber er sagte: »Das macht man besser allein!«

Wir saßen indessen im Wachtsaal. Einige brüteten vor sich hin. Ich dachte nach, ob ich den Turmposten verstärken sollte. Währenddem hörte ich mit halbem Ohr die Gespräche. »Warum demonstrieren die nur immer wieder vor der Volkszeitung? Da steht doch fast gar nichts drin!« Ja, da hatte er recht, ein ledernes Blatt war das!

»Weil es die Zeitung unserer Regierung ist. Und die wollen sie stürzen. Aber dann kommt doch nur die Reaktion hoch!«

Ich mußte noch einen Posten aufstellen, und zwar einen Alarmposten im ersten Stock. Als ich den angewiesen hatte, rief ich wieder den Marstall an.

»Fein hat das der Prochaska gemacht!« rief der drüben. »Erst ist er mit Hurra in die Menge 'nein. Die sollen ja auseinandergeflitzt sein! Dann hat er das Gebäude der Volkszeitung besetzt und hat unten ans Tor 'n Posten gestellt. Unterdessen haben sich die Demonstranten wieder versammelt und haben versucht, den Posten in die Menge zu ziehen. Aber den Kameraden ist es gelungen, den zurückzuziehen, und sie haben das Tor zugemacht. Nu hat die Menge versucht zu stürmen. Aber da haben sie aus dem ersten Stock runtergeschossen. Im Nu war der Platz leer!«

»Hat es Verluste gegeben?«

»Bei uns nicht. Die andern sollen Verluste haben. Aber das geschieht dem Gesindel ganz recht!«

Ich ging zurück in den Wachtsaal.

Nach einiger Zeit hörten wir auf dem Gang lautes Schimpfen. Der Ausgesandte kam sehr aufgeregt zurück. »Das ist nicht zu rechtfertigen!« schrie er einen an. »Das ist einfacher Mord!«

Alle umringten ihn. Er sah sich um und rief mit empörten Augen: »Sind wir dazu angeworben, um unbewaffnete Demonstrationen zusammenzuknallen! Wenn das wirklich der Kriegsminister befohlen hat, dann sage ich, daß er ein Mörder ist! Ja, ein Mörder! Der ganze Platz vor der Volkszeitung liegt voller Toter! Da sind Anlagen mit Bänken. Da liegen sie alle! Fünfzehn Tote! haben sie mir gesagt. Und das haben welche von der Sicherheitstruppe gemacht! Einfach hineingeschossen von oben aus der Volkszeitung! Das ist Mord! Das werde ich auch dem Minister ins Gesicht sagen, daß er ein Mörder ist! Der ist für mich kein Genosse mehr!«

»Da müssen die doch ziemlich lange geschossen haben, daß es fünfzehn getroffen hat!«

»Nur fünfzehn?« fuhr er auf. »Siebzig! Fünfzehn Tote allein! Die Verwundeten hatten sie ja schon weggebracht! Wenn das überhaupt langt: siebzig! Mir hat einer erzählt, die haben einen richtigen Feuerüberfall auf die Demonstranten gemacht. Fächerförmig haben sie von oben in die Menge geschossen! Die müssen es planmäßig darauf angelegt haben, recht viele umzubringen!«

Bis in die späte Nacht wurde weiterdiskutiert. Was der Bote sagte, stimmte ja zu dem Ton des Wachthabenden im Marstall, als der mir vorhin sagte: »Die Demonstranten sollen Verluste haben. Aber das geschieht dem Gesindel ganz recht!«

Das hätten die Offiziere der früheren Zeit auch nicht anders ausdrücken können!

Wir hatten in den nächsten Tagen immer Bereitschaft. Die Zeitungen meldeten die Schießerei an der Volkszeitung wie etwas ganz Nebensächliches. In Berlin sollte der Spartakusaufstand niedergeschlagen sein.

»Eine dreiste Verdrehung!« schrieb eine Zeitung. »In der Freiheit veröffentlicht der Vorstand der Unabhängigen Sozialdemokraten einen Aufruf, der an Fälschung der Tatsachen und tendenziöser Mache das Tollste ist, was diese Partei sich bisher geleistet hat. Richtig ist nur der erste Satz, daß in Berlin der Terror herrsche. Es heißt weiter: ›Offiziere, Studenten, aufgeputschte Bourgeoisiesöhne haben in Berlin ein Willkürregiment errichtet, wie es niemals erlebt worden ist! Die Verteidiger des alten zaristischen Regimes sind durch eine verbrecherische und wahnsinnige Regierung in Berlin wieder zum Leben erweckt worden. Bewaffnete dringen in die Wohnungen friedlicher Bürger ein, nehmen Haussuchungen und Verhaftungen vor, ohne sich um die bestehenden Gesetze irgendwie zu kümmern. Alles, was unter dem schärfsten Belagerungszustand an Härte und Unmenschlichkeit geschehen ist, verblaßt hinter den Roheiten und Grausamkeiten dieser Tage, in denen eine angeblich demokratische und soziale Regierung am Ruder ist!‹«

Und wenn das doch stimmt, was die Unabhängigen schreiben?

Wir hatten eine neue Führertagung im Landtag. Der Beauftragte der Kommandantur Kupfer leitete sie. Die Familienfürsorge der Freiwilligen stand zur Diskussion. Aber schon der zweite Redner kam auf die Schießerei vor der Volkszeitung. »Wenn die Regierung meint, sich durch unnötige Blutbäder beliebt zu machen, täuscht sie sich!«

»Oho!« brüllte einer. »Das war nicht unnötig!« Er stand in seiner ganzen Länge auf. »Ja, Schwächlinge sind hier nicht zu brauchen! Wer kein Blut sehen kann, gehört nicht hierher!«

»Ich habe noch das Wort!« schrie der andere.

Der Beauftragte klingelte, verhalf ihm aber nicht zum Wort, sondern ließ den Langen weiterreden. Es war der Kompanieführer Prochaska, der damals hatte schießen lassen. Er brüstete sich mit seinem Schneid. »Ja, da muß man eben handeln!« lachte er und brüllte weiter: »Auf uns kann sich die Regierung verlassen.«

»Das Wort hat Kamerad Engert.«

Ein kleiner Kerl mit vorstehenden Backenknochen stand auf. »Kameraden! Vor einigen Tagen stand in allen Zeitungen«, er las einen Ausschnitt vor: »Gestern abend sind die beiden Hauptführer der Spartakusbewegung ums Leben gekommen. Karl Liebknecht wurde nach seiner Verhaftung bei einem Fluchtversuch im Tiergarten von Regierungssoldaten erschossen, während Rosa Luxemburg von der wütenden Menge durch Schläge über den Kopf und einen Revolverschuß am Kurfürstendamm in der Nähe der Nürnberger Straße getötet wurde.« Er hob den Kopf. »Das steht auch so in der Volkszeitung. Aber in Wirklichkeit sind sie ermordet worden! Ermordet im Auftrage von Ebert und Noske! Das ist die Wahrheit! Aber die Volkszeitung schreibt die Lügen! Sie deckt die Lügen! Und da wundert ihr euch, wenn die Arbeiter gegen dieses Lügenblatt demonstrieren! Und der Kamerad Prochaska schießt die Demonstranten zusammen!«

»Und was sollte er machen?« rief einer. Schon vorher war es unruhig gewesen. Jetzt sprach alles durcheinander. Der Beauftragte klingelte und rief: »Zur Debatte steht die Familienfürsorge!«

Einige lachten.

Ich fragte, wer der letzte Redner war.

»Ein Unabhängiger.«

Sie fragten ihn immer wieder, was Prochaska hätte tun sollen.

»Natürlich mußte er sich verteidigen. Aber nicht in dieser Weise! Alle, die dabei waren, haben den Eindruck gehabt – und eben habt ihr es aus dem Ton seiner Reden gehört –, daß es ihm Spaß gemacht hat, Arbeiter niederzuknallen!«

Der Beauftragte klingelte wieder. Und jetzt gelang es ihm auch, daß von der Familienfürsorge geredet wurde.

An einem der nächsten Tage traf ich auf dem Kasernenhof den Unabhängigen, der gegen die Regierung den Vorwurf erhoben hatte, daß Liebknecht und Rosa Luxemburg auf Befehl von Ebert und Noske ermordet worden wären. Jetzt wandten sich auch die sozialdemokratischen Zeitungen gegen diesen Mord.

Ich ging auf ihn zu, er war Bataillonsführer. »Du hast doch neulich die Rede gehalten gegen die Sozialdemokraten.«

»Nicht gegen die Sozialdemokraten!« entgegnete er unwillig.

»Sondern? Du hast doch die Führer der Anstiftung zum Mord bezichtigt!«

»Ja, selbstverständlich. Und?« Er schien meiner Frage ausweichen zu wollen.

Um weiterzukommen, fragte ich: »Was unterscheidet euch Unabhängige eigentlich von den Mehrheitssozialisten?«

»Ach, da ist nicht viel Unterschied«, sagte er wegwerfend, gab mir die Hand und ging fort.

Ich stand auf dem Hof und sah ihm nach. Wozu dann erst die dicken Töne, wenn nichts dahinter ist? Meine direkte Frage war ihm auch sichtlich peinlich gewesen. Bei seiner Rede neulich hatte er mir gut gefallen. Was ist das alles für ein lügnerisches Pack! Ich fühlte Haß gegen ihn und wurde den ganzen Tag die Frage nicht mehr los: Warum haben die denn eine eigne Partei?

Als ich einmal Falbel traf, fragte ich ihn vorsichtig, ob er den Bataillonsführer kennte.

»Ja, warum fragst du?«

»Das ist doch ein Unabhängiger!«

»Der hängt seinen Mantel nach dem Wind! Der ist doch nur bei den Unabhängigen eingetreten, weil er geglaubt hat, die kommen an die Macht. Jetzt wird er wohl bald zurückkommen!«

Ich betrachtete mir Falbels Bewegungen dabei. Er sah mich nicht an. Ob es nur Parteihaß war, was aus ihm sprach, war mir nicht klar. Aber immerhin war es eine Erklärung. Und wem konnte man von allen Kameraden vertrauen? Von den Führern traute ich keinem und mußte doch täglich mit ihnen umgehen.

In diesen Tagen sollte zu irgend etwas gewählt werden. Ich war im Wahlvorstand als Beisitzer.

Am Tage vor der Wahl wartete ich zufällig in einer Fensternische auf Falbel. Zwei Leutnants standen in der nächsten Nische und unterhielten sich. »Der Hauptmann Windscheid hat gesagt, man könnte auch Stresemann wählen, die Deutsche Volkspartei.«

»Meinen Sie? Mir gefällt ja auch der Ton bei den Deutschnationalen nicht ganz. Solche Ansichten sind leicht zu vertreten, wenn man zu Hause sitzt. Aber wir hier mit dieser Horde? Am Morgen möchte man gar nicht aufstehen vor Ekel!«

»Und doch ist es außerordentlich wichtig, hierzubleiben. Wir müssen an jeder Stelle festhalten um der guten Sache willen. Und das tut die Deutsche Volkspartei ebenso wie die Deutschnationalen. Die hält auch den deutschen Gedanken hoch.«

Wir vom Wahlvorstand trafen uns früh im Wahllokal. Das war eine langgestreckte Kasernenstube mit vielen Fenstern. Am Morgen kam noch fast niemand. Da wählten wir erst einmal selbst. Die Sozialdemokraten paßten mir zwar auch nicht ganz. Aber ich wählte sie, weil ich gegen die andern Parteien noch größeres Mißtrauen hatte.

Der Vorsitzende war ein lebhafter Mann in einem eleganten schwarzen Rock, Soldatenrat beim alten Regiment. Wir saßen mindestens drei Stunden auf dem Fensterbrett, und er suchte mich zu überzeugen, daß ich in die Sozialdemokratische Partei eintreten müßte. Warum versprachen mir diese Leute immer wieder, ich könnte etwas bei ihnen werden?

»Aber Sie stehen doch schon ganz bei uns!« rief er.

»Ich wüßte nicht!«

»Daß Sie das nicht verstehen! Die Sicherheitstruppe, was ist denn das! Etwa Deutschnational? Und dort haben Sie sich wählen lassen. Ich kann Ihnen versichern, daß die Offiziere Sie alle für einen Sozialdemokraten halten.«

Ich war betroffen. »Aber«, sagte ich etwas unsicher und eigentlich mehr, um mich nicht geschlagen zu geben, »was können Sie wissen, ob ich nicht Kommunist bin?«

»Kommunist?« Er lachte. »Dazu sind Sie doch viel zu vernünftig!«

Jetzt kamen endlich die ersten Wähler, der Kasernenwärter mit seiner Familie. Das war ein ältlicher Mann, der etwas unterwürfig »Guten Tag« sagte. Früher tat er das wohl den Offizieren gegenüber.

»Trübes Wetter heute«, sagte seine Frau, als ob sie im Laden einkaufte.

Die folgenden Wähler hörten wir schon von weitem laut reden und die Stiefel auf dem Zementboden schleifen. Sie drangen mit schiefen Mützen und feindlichen Mienen ein.

»Wo muß man wählen?« fragte einer rauh.

»Hier«, antwortete der im schwarzen Rock geschmeidig. »Wie heißt du!« Er suchte mit einem andern in der Liste. Unterdessen polterten die andern in der Stube herum. Sie hatten teils rote, teils gar keine Kokarden an den Mützen.

»Was bist du denn für einer?« fragte ein Soldat mißtrauisch den im schwarzen Rock.

»Soldatenrat des ersten Bataillons.«

»Siehst aber verflucht bürgerlich aus, du! Wenn das nur nicht Schiebungen sind!« Feindlich betrachtete er jetzt den dicken Feldwebelleutnant Reimers. »Was haben hier Offiziere zu suchen? Das Gesindel gehört abgeschafft!«

»Aber, Genossen, er ist Mitglied der Partei!«

»Das muß ja 'ne hübsche Partei sein, wo diese Bullen sich wohl fühlen! Ich wähle Kommunisten!«

Als sie mit viel unnötigem Lärm hinauslatschten, lachte mich der Vorsitzende an. »Das waren Ihre Freunde!«

Ich fühlte mich rot werden, und als die andern nun auch lachten, rief ich gereizt: »Und wenn sie doch recht haben?« Ich wollte noch mehr sagen, aber fand nichts. Und gerade das ärgerte mich besonders. Aber es blieb bei diesem kleinen Zusammenstoß, denn neue Wähler kamen herein. Einige waren scheu und fürchteten sich augenscheinlich, daß jemand erfahren könnte, was sie wählten. – Kurz nach Mittag kam einer, der nicht in der Liste stand. Wütend schlug er auf die hölzerne Wahlurne. »Ich will hier wählen!«

»Aber Kamerad ...«, zwei zugleich versuchten ihn zu begütigen.

»Ich will wählen!« schrie er und versuchte, sich mit Gewalt einen Wahlumschlag zu holen. Gerade kamen Neue herein. Die blieben in einiger Entfernung, so tobte der Kerl jetzt. Der Vorsitzende legte sich über die Wahlurne, um sie zu schützen, und schrie: »Das nützt dir doch nichts! Der Wahlzettel ist ungültig, wenn du ihn ohne Umschlag hineinwirfst!«

»Raus mit dem Störenfried!« rief ein starker Kerl, der eben hereinkam.

Zwei Junge wandten sich gegen ihn. Nach zehn Minuten war wieder alles ruhig.

Am Nachmittag kamen nur noch wenige. Einer nach dem andern ging deshalb essen. Noch nicht die Hälfte der Namen war in den Listen angestrichen. Der Vorsitzende meinte, noch kurz vor sechs würde ein Schwarm kommen. Aber da kam nur noch ein Soldat, der sehr verhungert aussah. Dann begann das Auszählen der Stimmen. Ich bekam die kommunistischen, »weil Sie ja die Radaubrüder so sehr lieben«.

»Sozialdemokraten, Sozialdemokraten, Zentrum! Oho! Da ist wohl einer ganz dämlich geworden! Deutschnational, Unabhängige, Kommunisten, Sozialdemokraten. Was ist denn das hier! – ›Ich wähle mich selbst, ihr Arschlöcher!‹ – Da macht einer seine eigene Partei auf und schreibt nicht mal, wie er heißt!– Sozialdemokraten, Sozialdemokraten.«

Ich war gewiß kein ernsthafter, ja überhaupt kein Kommunist, aber ich hatte doch mit vielen Stimmen für sie gerechnet. Aber fast niemand hatte sie gewählt. Da waren die schimpfenden Kerle also nichts weiter gewesen als polternde Sozialdemokraten? Ich war ganz benommen von dem Ergebnis und ging schwer verstimmt in die Stadt, wo die vorläufigen Wahlergebnisse von den Zeitungen angeschlagen wurden. Ich las da etliche Zahlen. Keiner Partei gönnte ich die Stimmen.

Gegen das Nachrichtenbataillon

Es wurde äußerlich ruhiger. Wir waren seltener in erhöhter Alarmbereitschaft. Aber zufriedener war man nicht mit der Regierung. Einige erwarteten von den Plakaten etwas, die überall angeschlagen waren.

»Der Sozialismus marschiert!«

»Sozialisierung des Bergbaues!«

An einem wachtfreien Tage exerzierten wir auf dem Kasernenhof. Da kam Falbel. Ich ließ stillstehen und meldete ihm. Er wurde rot und sagte: »Du bist doch im Rang über mir und meldest!«

»Du bist zu meinem Vorgesetzten gewählt, da muß ich dir melden!«

»Du mußt noch heute mit deiner Kompanie nach dem Truppenübungsplatz Zeithain für drei Tage. Der Transportzug fährt drei Uhr nachmittags.«

»Was sollen wir dort?«

»Da hat sich das Nachrichtenbataillon breitgemacht. Das hat seine Offiziere abgesetzt und läßt sich nicht entlassen. Unglaubliche Schiebungen sollen da vorgekommen sein. Der neu eingesetzte Platzkommandant kann nichts machen, weil er keine Truppe hinter sich hat.«

Ich ließ das Exerzieren sofort beenden. Die Kompanie war gehobener Stimmung, weil es endlich eine Abwechslung in dem stumpfsinnigen Wachtdienst gab.

Wir fuhren mit einem Militärtransportzug durch eine flache sandige Landschaft mit dürren Kiefernwaldungen und liefen in das Lager ein. Während wir ausstiegen, sammelten sich Mannschaften des Nachrichtenbataillons neben den Gleisen. »Was wollt ihr hier?«

Keiner von uns antwortete.

»Wollt ihr dem Leutnant Ries helfen?«

»Wir kennen keinen Leutnant Ries.«

Um die Zurufe kümmerten wir uns wenig und marschierten die große Lagerstraße entlang zur Kommandantur. Dort ließ ich halten und ging hinein. Ein Schreiber wies mich nebenan in ein Zimmer. Ein Major trat auf mich zu. In der Ecke saß ein kräftiger Mann in Zivil, die Pfeife im Mund, und sah mich von unten her an.

»Was wünschen Sie?« fragte der Major.

»Sicherheitskompanie zur Stelle! Ich habe Befehl vom Generalkommando, mich hier zu melden!«

»Vorzüglich!« rief der Major. »Willkommen!« Damit schüttelte er mir die Hand. »Sie finden uns hier in der peinlichsten Lage. Ich beriet eben mit dem Regierungsbeauftragten«, er nickte nach dem Zivilisten, »was wir tun, wenn uns das Nachrichtenbataillon von neuem aushebt. Zwei Tage war ich schon einmal ihr Gefangener, bis mich der Leutnant Ries mit fünfzig Mann befreit hat. Aber seine Leute sind jetzt wieder fort, nur er ist noch da. Nun brauchen wir das Ultimatum der Nachrichtenfritzen nicht mehr zu fürchten! – Ich zeige Ihnen gleich Ihre Baracke.«

Er brachte uns nach einer Ecke des Lagers, wo wir von zwei Seiten durch hohe Stacheldrahtzäune geschützt waren.

»Richten Sie sich jetzt ein! In zwei Stunden müssen die Wachen aufziehen. Wir müssen vor allem das Granatdepot bewachen, weil die Unabhängigen Sozialdemokraten von Leipzig schon mehrmals mit der Eisenbahn angekommen sind und mit Hilfe des Nachrichtenbataillons Granaten geholt haben. Kommen Sie dann um acht Uhr abends zur Kommandantur! Da will ich Ihnen die politische Lage genauer erklären.«

Um acht Uhr meldete ich mich in der Kommandantur. Der Major zeigte auf einen Stuhl, daß ich mich setzen sollte, und erzählte mit schelmischen Seitenblicken auf den Beauftragten der Regierung. Beide rauchten Pfeife. »Sie müssen wissen, daß sich hier so ein Schuft an die Spitze des Nachrichtenbataillons gestellt hatte. Kommunist nannte er sich, aber ein Gauner war's! Unterschlagen hat er und ein großartiges Leben geführt. Wie kein Geld mehr in den Kassen war, da hat er Bäume schlagen lassen und für einen Spottpreis verkauft, natürlich für die eigene Tasche. Schließlich, als er merkte, daß der Boden zu heiß wurde – weil nämlich der Leutnant Ries im Anrollen war –, ist er auf und davon. Hinterlassen hat er einen Haufen Schulden und ist mit einem Weibsbild und einem Freund fort. In irgendeiner Kneipe hat er sich am Abend vollgesoffen, und am Morgen waren Weibsbild, Freund und Brieftasche fort. – Und dieses Mistvieh, das nur ein paar revolutionäre Phrasen drosch, hat es fertiggebracht, das Nachrichtenbataillon monatelang unumschränkt zu beherrschen.«

Der Beauftragte sog an seiner Pfeife und nickte bedächtig mit dem Kopf. »Sind Sie Ihrer Leute sicher?«

»Ich glaube schon.«

»Wir gehen jetzt nach dem Volkshaus«, sagte der Major. »Dort ist Versammlung des Nachrichtenbataillons. Da können Sie die Leute selbst reden hören!«

Wir gingen in die kalte Nacht hinaus und einen Fußweg mit Kies zwischen zwei Holzgeländern entlang. Zwischen den hohen Kiefern blinkten ein paar Sterne.

Das Volkshaus war das ehemalige Offizierskasino. Als wir in den Vorraum traten, sah ich zu meinem Erstaunen zwei von meinen Sicherheitsfreiwilligen im Gespräch mit Leuten des Nachrichtenbataillons.

Der Major bog nach links eine Treppe hinauf. Oben traten wir in ein Zimmer voll von Artillerieoffizieren, vor denen abgegessene Teller standen. Also gab es doch noch Offiziere im Lager? Und so viele! Der Major begrüßte sie mit breitem Lachen und rief: »Kommen Sie mit, Ries?«

»Wohin, Herr Major?« Ein ganz junger Leutnant erhob sich lang und dünn.

»Auf die Galerie des Saals, hören, wie sie uns beschimpfen!«

»Natürlich komme ich da mit!« Er sah mich rasch an. »Sie sind der Führer der Sicherheitstruppe? Ich bin Ries, der die Kommandantur gestürmt hat, ohne einen Menschen anzurühren!« Er lachte mir offen ins Gesicht und drückte mir freundschaftlich die Hand.

Der Major wandte sich an die Offiziere: »Bitte, seien Sie mal still, bis wir draußen sind!« Damit öffnete er die Tür und schlich gebückt hinaus. Wir drei hinterher.

Die Galerie war ein schmaler Gang an der Längswand eines verräucherten Saales, aus dessen Tiefe Stimmengewirr tönte. Der Leutnant schloß leise die Tür hinter sich und drückte mich an der Wand nieder, die gekalkt war. Rechts saßen der Major und der Beauftragte, gleichfalls am Boden, und tuschelten miteinander.

Der Leutnant erzählte mir flüsternd, wie er das Lager regelrecht beschlichen hatte und auf einmal aus dem Wald heraus mit Schützenlinien vor der Kommandantur erschienen wäre. »Sie hätten sehen sollen, wie die Nachrichtenkerle bleich aus dem Hause herauskamen!« Er lachte wie ein Junge. »Und dann haben sie versucht, Zwietracht zwischen mir und meinen Leuten zu säen. Sie haben gesagt: Ihr wollt eine revolutionäre Truppe sein und habt einen Offizier als Führer? Aber da haben meine Freiwilligen geantwortet: Das ist kein Offizier, sondern den haben wir uns gewählt! Darüber waren die Kerle so verblüfft, daß sie nichts weiter gesagt haben!«

»Ach, Sie sind auch Wahlführer, Herr Leutnant?«

»Natürlich! Kennen Sie mich denn nicht! Ich bin doch auch von der Sicherheitstruppe.«

Jetzt begann einer unten zu reden: »Kameraden! Wir haben euch zusammengerufen, weil es dringend nötig ist, daß wir zu den Verhältnissen im Lager Stellung nehmen! Heute ist wieder so eine Kompanie der Sicherheitstruppe erschienen. Diese Leute geben vor, revolutionär zu sein. Sie führen immerfort das Wort Sozialismus im Munde. Aber sie sind nichts als Reaktionäre! Ihr habt das bei dem Leutnant Ries gesehen! – Wenn ich eine Handgranate da hätte – die würde ich dem Leutnant Ries in den Arsch stecken und sie losbrennen!« Er brüllte das in den Saal hinein.

Der Leutnant stieß mich mit dem Ellbogen an und lachte, daß es ihn am ganzen Körper schüttelte.

Der Redner fuhr in dieser Weise fort. Die Versammlung endete in einem Gebrüll, weil niemand einen vernünftigen Vorschlag machte, was man gegen uns tun sollte.

Ich ging nach unserer Lagerecke und trat in eine der Stuben. Sie saßen in Hemdärmeln um den geheizten Eisenofen und hörten einem zu, der gerade erzählte, wie der Redner im Volkshaus das mit der Handgranate sagte.

Alle lachten. Einer stand auf und dehnte sich, daß seine Armmuskeln schwollen.

»Na, wenn die nichts Vernünftigeres zu sagen haben, dann sind sie nicht gefährlich!«

»Ach die! Ein Faulenzerleben wollen sie hier führen! Deshalb lassen sie sich nicht entlassen. Eine politische Idee steckt da gar nicht dahinter – wenn sie auch noch so sehr von Kommunismus reden!«

»Habt ihr vielleicht erfahren, was das für Artillerieoffiziere hier im Lager sind?« fragte ich.

»Ja, es liegt auch ein Bataillon Fußartillerie hier, und die haben ihre Offiziere noch. Ich habe mit einem gesprochen. Der hat mir gesagt, sie beteiligten sich nicht an dem politischen Unsinn. Aber, sagte er, nehmt euch in acht und mischt euch nicht in unsere Angelegenheiten! Wenn ihr den Nachrichtenfritzen eins auf die Schnauze gebt, das könnt ihr machen!«

Ich ging nach der Schreibstube, in der ich auch schlafen sollte. Einer der Schreiber war noch auf und las in einer Broschüre.

»Was liest du denn da?« fragte ich leise, um nicht den Feldwebel und seinen Vater, den Schreiber, zu wecken.

»Kautsky, ›Über das Weitertreiben der Revolution‹. Wir haben eine Menge solcher Dinger zum Verteilen gekriegt.«

»Ja, ich habe das gelesen. Der sagt ja, man soll nicht weiter kämpfen, sondern die Sache sich entwickeln lassen. – Aber ich weiß nicht recht – vom Krieg haben wir ja alle die Schnauze voll, aber mit der friedlichen Entwicklung – das ist vielleicht nur eine faule Ausrede?«

»Was meinst du damit?«

»Nu, uns gefällt vielleicht die Schrift, weil wir das Schießen und die Aufregungen satt haben. Aber deswegen ist es mit der friedlichen Entwicklung doch nicht richtig.«

Er sah bedenklich vor sich nieder. »Unsereins versteht ja nicht viel, aber so viel ist mir klar, daß die Reaktionäre schon wieder lausig Oberwasser kriegen. Und uns schieben sie so hin und her. Uns haben sie ja versprochen, daß wir den Stamm des Friedensheeres bilden sollen. Aber wenn die Offiziere wieder an die Spitze kommen, dann werden die uns schon wegzudrängen wissen! – Der Major, den sie eingesetzt haben, scheint ja ein ganz vernünftiger Mann zu sein. Aber es ist wieder ein Offizier da, und hinter ihm hängt seine ganze Vergangenheit und die ganze Masse der Offiziere, die weniger geschickt und menschenfreundlich sind als er. So kommen die schlimmsten Leuteschinder mit den besseren Offizieren wieder herein und dann – da frage nicht!«

Ich hörte ihm mit steigender Freude zu, daß ich endlich einen gefunden hatte, der das auch so empfand. Wir saßen noch lange zusammen, rauchten und sprachen leise darüber, was man machen könnte. Wir fanden keinen klaren Ausweg, aber es tat schon gut, sich einmal ausgesprochen zu haben.

»Weißt du übrigens«, sagte er, »weshalb wir hier sind? Das Lager gehört eigentlich gar nicht zu unserem Korpsbereich, sondern zu Leipzig. Aber dort herrschen die Unabhängigen. Und da hat die Regierung die Unordnung hier benutzt, um das Lager einfach zu besetzen. Das ist nämlich wirklich 'ne Art Krieg! Die Unabhängigen haben von hier ihre Artilleriemunition geholt. Wir können noch einiges erleben, wenn das so weitergeht. – Aber ich bin jetzt müde!«

Wir drückten uns herzlich die Hand und krochen auf die Betten. Nun hörte ich nur noch atmen.

Die drei Tage, die wir im Lager sein sollten, vergingen, und auch der vierte. Das Nachrichtenbataillon hatte sich beruhigt. Man entließ dort täglich Mannschaften. Als am fünften Tag wieder keine Nachricht da war, wann der Transportzug käme, um uns in die Garnison zurückzubringen, ging ich auf die Kommandantur. Der Beauftragte telefonierte daraufhin lange mit jemand. »Noch zwei Tage?« sagte er mit einem Seitenblick auf mich, als ob er die Wirkung prüfen wollte.

»Aber dann unbedingt!« sagte ich ärgerlich.

Er hängte den Hörer an. »Ist denn das so schlimm, die paar Tage länger, bei dem schönen Wetter, wenn's auch ein bißchen kalt ist?«

»Mir und den Ledigen kann es ja gleich sein, wo wir sind. Aber die Verheirateten! Wenn wir erst übermorgen abgelöst werden, so sind wir vier Tage über die Zeit hier, und die Frauen hatten schon gestern mit der neuen Löhnung gerechnet! Bei den kärglichen Haushalten unserer Freiwilligen bedeutet so eine Sache einfach Hunger für die Familie!«

In diesen Tagen war es für den März warm. Ich streifte allein ums Lager, wobei ich vorgab, die Posten zu kontrollieren. Der siebente Tag unseres Hierseins verging, ohne daß der Transportzug kam. Am achten Morgen kam ein Brief von Falbel. Darin erklärte er, daß sich die Ablösung noch um zwei Tage verschöbe. Er hätte alles versucht, aber leider wäre keine einzige Kompanie verfügbar.

Ich verbarg den Brief vor dem Feldwebel und den Schreibern, damit die Freiwilligen nicht davon erführen, bevor ich mit ihnen geredet hätte. Zur Dienstausgabe trat ich mit unsicherem Gefühl vor die Kompanie. Aber als ich den Brief verlesen und ein paar Worte darum gemacht hatte, bemerkte ich keine Verstimmung auf den Gesichtern und besprach erleichtert das übrige.

Der neunte Tag ging strahlend auf. Die Post brachte keinen Brief. Ich ging auf die Kommandantur. Der Major rauchte seine Pfeife und blinzelte verschmitzt. »Für morgen Nacht planen die Kommunisten einen Angriff aufs Lager.«

Ich merkte, daß er doch nicht so ganz sicher war.

»Wir haben die Nachricht, daß sie von Riesa im Süden und von Großenhain im Norden anmarschieren und sich mit dem Nachrichtenbataillon vereinigen wollen, das ja seine Waffen noch hat. – Ist Ihre Kompanie sicher?«

»Die kommt nicht mehr in Betracht, weil sie heute abgelöst wird.«

»Ach so! Wann kommt denn die Ablösung? – Ich habe noch keine Nachricht darüber.«

Ich war erschrocken und ärgerlich. So ging das doch wirklich nicht! Um erst einmal zu überlegen, was ich tun sollte, ging ich nicht gleich zu unseren Baracken, sondern eine andere Straße nach der Lagerverwaltung zu.

Drei Zahlmeister kamen mir entgegen. »Sind Sie von der Sicherheitskompanie?« wandte sich einer aufgeregt an mich.

»Ja, ich bin der Führer.«

»Sind Sie auch imstande, das Lager zu schützen? Wir sind benachrichtigt worden, daß morgen nacht das Lager gestürmt und daß alle Offiziere ermordet werden sollen! Die Kommunisten haben auch Artillerie in Großenhain, mit der sie das Lager beschießen können!«

»Ich sage Ihnen ja«, regte sich ein anderer auf, der sehr dick war, trotz der Hungerjahre. »Wir wollen Zivil anziehen und fort! – Was nützt es dem Staat, wenn man uns hier totmacht! – Und ich habe Familie!«

»Wenn die Herren geschützt sein wollen«, sagte ich, »dann müssen Sie schon zu uns in die Baracken kommen! Betten sind noch frei.«

Der Dicke sah mich mit entrüstetem Blick an. Er wollte wohl sagen: Sich mit Mannschaften in eine Baracke legen? Ich bin im Offiziersrang! Er sagte aber: »Und wenn Ihre Baracke dann doch gestürmt wird, dann wird man annehmen, daß wir die Verteidigung geleitet haben, und man wird sich an uns blutig rächen. – Und was wollen schließlich die knapp hundert Mann Ihrer Kompanie gegen die fanatisierte und mit Truppen verbündete Arbeiterschaft zweier Städte und gegen das Nachrichtenbataillon, das noch immer über tausend Mann zählt? – Wirklich, meine Herren, ziehen Sie sich Zivil an und kommen Sie mit!«

Sie ließen mich stehen.

Bei der Kompanie war alles ruhig, als ob sie vergessen hätten, daß sie heute abgelöst werden sollten. Der Abend kam und die Nacht. Am Morgen stand ich besonders früh auf, weil ich von der Kommandantur den Befehl hatte, zwischen fünf und sechs die Posten am Munitionsdepot weit draußen, nördlich des Lagers, zu kontrollieren.

Nachdem ich die Kontrolle in das große Wachtbuch eingetragen hatte, ging ich in einem Bogen nach dem Lager zurück. Den Rondezettel schaffte ich gleich auf die Kommandantur.

Der Major kam aus seinem Zimmer heraus und zog mich beiseite. »Nu, wie steht es? Wollen sie wirklich nicht?«

»Ich verstehe nicht, wovon Sie sprechen, Herr Major?«

»Ach, Sie wissen noch gar nicht, daß Ihre Kompanie meutert? Sie weigern sich, weiter auf Wache zu ziehen, und erklären, um elf Uhr sämtliche Wachen zu verlassen!«

Ich fühlte mich blaß werden. »Das ist wohl, weil sie noch immer nicht abgelöst sind?« – »Ja, natürlich.«

»Da kann ich jetzt auch nichts machen!«

»Was?« Er sah mich bestürzt an. »Sie meutern auch mit?«

»Nein. Aber was soll ich meinen Leuten sagen, wenn sie mich fragen, wann wir abgelöst werden! Das muß erst einmal festgestellt werden!«

»Ja, der Beauftragte telefoniert schon mit dem Generalkommando. Aber es ist keiner von den maßgebenden Herren so früh im Geschäftszimmer!« Er setzte sich aufgeregt und sog an seiner Pfeife. Ich zwang mich, ruhig zu warten. Die Schreiber unterhielten sich im Vorraum. Ob denen zu trauen war, konnte man nicht wissen.

Der Beauftragte kam herein. »Beim Nachrichtenbataillon wissen sie schon von der Meuterei. Sie werden das ausnutzen!« Er machte vor Erregung Bewegungen, als schnüffelte er an der Wand, und hielt seine ausgegangene Pfeife vor seine dunkle Weste, an der eine Nickelkette mit Kompaß hing.

Der Major sog an der Pfeife, daß es ein zischendes Geräusch gab. »Bitte, Herr Reißmann, versuchen Sie doch etwas auszurichten! Hier der Kompanieführer Renn will nur mit seinen Leuten reden, wenn er ihnen etwas Bestimmtes sagen kann!«

Der Beauftragte sah nach seiner Uhr. »Zwanzig Minuten vor neun. Bis elf kann die Ablösung nicht da sein, frühestens nachmittags um drei! Aber ich will noch einmal anrufen!«

Wir warteten.

Auf einmal blickte der Major erschrocken zum Fenster hinaus. »Dort kommen Leute von Ihrer Kompanie mit Gewehren!« Er lief in den Vorsaal.

Ich blieb stehen, um meine Erregung zu überwinden und zu überlegen, was sie mit Gewehren hier wollten.

An der Tür heftige Worte. Ich lief hinaus.

»Hier ist er ja!« schrie der Major und wandte sich nach mir um.

Etwa zehn Freiwillige starrten mich an.

»Hat man dir etwas getan?« fragte der lange Matrose.

»Mir? Nein. Wer sollte mir etwas getan haben?«

»Der Major hat dich doch festgenommen und eingesperrt?«

Jetzt begriff ich erst. »Mich hat niemand festgenommen und eingesperrt! Ich warte hier auf den Bescheid des Generalkommandos, wann wir nun endlich abgelöst werden. Sobald ich es weiß, komme ich zu euch!«

Ein Schreiber fuhr dazwischen: »Der Kompanieführer Renn soll ans Telefon kommen!«

»Wir bleiben hier!« sagte der Matrose mißtrauisch.

»Bleibt!« sagte ich und rannte ans Telefon.

Der Beauftragte gab mir den Hörer. »Hier Oberst Graf Giesmar. Ist denn gar nichts mir Ihren Leuten anzufangen? Bis elf Uhr können wir keine Ablösung schicken, sogar vor heute abend nicht! Sie müssen doch einsehen, welche Gefahr in dieser Meuterei liegt!«

»Das sehe ich ein. Aber sagen Sie doch eine feste Zeit, wann die Ablösung kommt! Es ist begreiflich, daß die Freiwilligen über eine solche Verbummlung ungehalten sind!«

»Natürlich! Glauben Sie mir, daß es uns selbst schon die größten Sorgen gemacht hat! Ich verspreche Ihnen die Ablösung für morgen früh um neun. – Geht das?«

»Ich hoffe es.«

»Gut, tun Sie, was Ihnen möglich ist! – Guten Morgen!«

Ich wandte mich um. Die Freiwilligen hatten die Türen des Raumes besetzt und standen ernsthaft mit Gewehr bei Fuß.

»Ich muß jetzt erst mit der Kompanie sprechen. Die Ablösung kommt morgen.«

»Erst morgen? – Bedenken Sie, daß diese Nacht der Angriff geplant ist!«

Die Freiwilligen schlossen sich um mich.

Der Matrose mit seinem Freund ging hinter mir hinaus. Es mußte so aussehen, als wäre ich eine ganz gefährliche Person, die sie verhaftet hätten.

»Lauf einer voraus! Und ruft die Kompanie in die große Stube Nummer zwei!«

Als wir uns der Baracke näherten, drängten alle mit lauten Rufen in die bezeichnete Stube hinein. Ich ging langsam und überlegte. Dadurch bekam unser Aufzug etwas Feierliches. Ich trat in die Stube, die Leibwache hinter mir.

»Kameraden! Ihr habt geglaubt, daß sie mich festgenommen hätten. Das stimmt nicht. Ich danke euch aber für eure Sorge um mich. Das Generalkommando hat mir versprochen, morgen früh um neun die Ablösung zu schicken.«

»Wieder einen Tag verschoben!« schrie ein junger Kerl, der oben auf einem Bett saß – es waren immer zwei Betten übereinander. – »Wir wollen heute um elf Uhr abgelöst sein, sonst verlassen wir die Wachen auch ohne Ablösung!«

»Aber Kameraden! Wie sollen sie jetzt in einer Stunde die Ablösung schicken! Die Eisenbahn kann doch auch gar nicht so schnell einen Zug stellen!«

»Unerhört!« schrie ein anderer. »Das hätten sie sich doch früher überlegen können!«

»Aber da sie sich's nicht überlegt haben, kann es nicht mehr gemacht werden.«

»Du nimmst sie noch in Schutz?« schrie der Junge vom Bett herunter. »Wir dürfen uns das nicht gefallen lassen! – An einer Truppe, die sich das gefallen läßt, kann auch der Regierung nichts gelegen sein!«

»Und was ist dein Vorschlag?«

»Wir streiken um elf!« schrie ein anderer.

»Wir müssen um elf streiken«, schrie der vom Bett, »damit die Regierung merkt, daß wir richtige Kerle sind und keine Schlappschwänze, die der Regierung nichts nützen!«

»Kameraden! Die Lage ist so: Wenn wir streiken, so ist unser ganzes Hiersein umsonst gewesen! Dann kommen die vom Nachrichtenbataillon und beherrschen wieder das Lager! Wollt ihr das? – Außerdem kommen diese Nacht die Kommunisten von Riesa und Großenhain und wollen uns ausheben! Wollen wir uns ausheben lassen?«

Sie schwiegen. Dann schrie der vom Bett: »Wir müssen streiken! Wir müssen der Regierung zeigen, daß wir tüchtige Kerle sind.«

»Das haben wir ihr gezeigt! – Ihr hättet nur hören sollen, wie freundlich mich der Oberst Graf Giesmar vom Generalkommando gebeten hat, doch noch diese Nacht Wache zu stehen! – Ich möchte eure Ansichten wissen: Wollen wir zur Regierung stehen und das Lager gegen den angekündigten Angriff verteidigen?«

»Wir stehen zur Regierung«, sagte einer.

Andere nickten.

»Seid ihr alle der Meinung? – Wer nicht will, soll sprechen!«

»Wir stehen zur Regierung«, sagte der Junge vom Bett herunter. »Aber wir lassen uns diese Behandlung nicht gefallen. Wir wollen noch bis morgen früh um neun stehen. Wenn dann wieder keine Ablösung da ist, rücken wir von der Wache ab!«

»Sind die andern mit diesem Vorschlag einverstanden?«

»Ja, ja«, sagten mehrere.

»Gut! Abgemacht!« Ich wandte mich, um hinauszugehen, und begegnete dem Blick des Matrosen. »Sollen wir dich begleiten, Ludwig?«

»Ach, was soll mir denn geschehen, Karl? Bleibt nur hier!«

Am Eingang zur Kommandantur standen nachlässig fünf vom Nachrichtenbataillon, als ob sie auf etwas warteten. Einer bemerkte mich und flüsterte mit den anderen. Dann sahen sie mich alle an. Ich schritt in gerader Haltung an ihnen vorbei. Auch im Vorraum standen einige und beobachteten mich.

»Melde mich mal an!« sagte ich zu einem der Schreiber.

Er erhob sich sofort und kam gleich wieder. »Herr Major läßt bitten.«

Der Major wartete, bis die Tür geschlossen war. »Nun?«

»Ich melde, daß die Kompanie noch bis morgen früh um neun Wache steht. Wenn aber dann die Ablösung immer noch nicht da ist, wird es ernst!«

Der Major lachte über das ganze Gesicht und schüttelte mir die Hand. »Dort draußen stehen sie schon und warten, daß sie uns wieder ausheben können, das Gesindel! Aber die werden sich ärgern.« Er riß die Tür auf und rief den Schreibern zu: »Nehmen Sie in den heutigen Kommandanturbefehl auf: Die

Sicherheitskompanie übernimmt die Lagerwache weiter bis morgen neun Uhr und wird dann durch eine neu eintreffende Sicherheitskompanie abgelöst.«

Der Beauftragte hatte seine Pfeife aus dem Munde genommen und gab mir die Hand. »Wir haben hier wie auf Kohlen gesessen!« Er lachte breit und gutmütig.

Gegen Abend rief ich die wachtfreien Mannschaften der Kompanie zusammen und fragte, wer Lust hätte, Streifen gegen Riesa und Großenhain zu machen, um festzustellen, von wo sie kämen.

»Vor allem«, sagte der Matrose, »müssen wir wissen, was das Nachrichtenbataillon macht.«

»Die Kommandantur hat mir mitgeteilt, daß dort ein Streit ausgebrochen ist. Weil wir uns verpflichtet haben, noch bis morgen zu stehen, haben die meisten Nachrichtenleute die Hoffnung aufgegeben und wollen entlassen sein. Aber es ist eine Geldsperre über sie verfügt worden, bis sie sich entwaffnen lassen. Daher können die gewählten Führer das Entlassungsgeld nicht zahlen und werden von ihren eigenen Leuten beschimpft. Von denen droht also nicht viel Gefahr. – Wer geht auf Streife?«

»Ich! Ich!« schrien einige.

Der Matrose sah seinen Freund an und sagte darauf: »Laß uns nach Riesa! Wir kennen dort die Kneipen, wo man so was erfährt.«

Sie rückten ab, ohne Armbinden und Lederzeug, nur die Pistole in der Tasche, und sahen recht wild aus. Wir stellten die Maschinengewehre auf und machten Probealarm. Alle waren erregt, saßen in den Stuben und schwatzten.

Um zehn ging ich hinaus, um die Posten zu kontrollieren. Der Himmel hatte sich umzogen, und es war so dunkel, daß die Angreifer in dem unregelmäßigen Waldgelände große Schwierigkeiten haben würden, sich zurechtzufinden.

Der Matrose und sein Freund kamen von Streife zurück.

»Heute kommt niemand! In Riesa ist gar nichts los. Wir haben in mehreren Kneipen einen Schnaps getrunken und haben so herumgehorcht. Wir haben auch verschiedene ausgefragt – mich als Matrosen halten sie doch für einen ganz Radikalen! –, aber die wußten alle von nichts!«

Die andere Streife kam erst sehr spät wieder, weil sie sich in der Dunkelheit verirrt hatte. Auch ihr war nichts Verdächtiges aufgefallen. Wir gingen zu Bett.

Als ich um acht Uhr früh aufwachte, fiel mir sofort ein: Wenn die Ablösung um neun nicht da ist? Na, ob die Wachen ein paar Stunden oder auch Tage unbesetzt blieben, das wäre mir ja ziemlich gleichgültig. Aber es brächte neue Unruhe und Mißtrauen in die Truppe! – Ich trank unruhig meinen Kaffee und vertiefte mich dann in Schriftstücke. Auf einmal fuhr ich auf: Es war schon nach neun. Ich setzte mir die Mütze auf und schlenderte scheinbar in größter Gemächlichkeit nach dem Bahnhof. Dort war alles leer. Ich ging nach der Kommandantur und fragte, ob sie Nachricht hätten, wann die Ablösung käme. Sie wußten nichts.

Auf dem Rückweg zu unserer Baracke traf ich den Matrosen. »Du«, sagte ich, »diese Saubande läßt uns wieder sitzen!«

»Na, da warten wir noch ein bißchen.«

»Ja, ihr seid verständig! Aber die andern?«

»Niemand hat heute Lust, Spuk zu machen. Sie haben sich gestern genug aufgeregt.«

Er hatte recht.

Die Mittagszeit kam heran und der Nachmittag. Ich ließ neue Wachen aufziehen. Niemand hatte etwas dagegen. Schließlich um sechs kam die Ablösungskompanie, und wir fuhren zurück nach der Garnison. – In meiner Kasernenstube war es mir öde und ungastlich. Im Zeithainer Lager war ich so nah mit der Kompanie zusammen gewesen. Hier in der Stadt zerstreuten sie sich wieder, und ich blieb allein.

Vor Unruhe ging ich aus und in ein Café, wo Musik spielte. Am Nachbartisch saß ein freundliches Mädchen mit ihrem Burschen. Sie waren nett miteinander. Was mochte der Bursche sein? Und was für eine Wohnung bekommen sie, wenn sie heiraten? Ein enges Zimmer, wo sie ihre Wäsche aufhängt, über den flachen Herdofen, an einem Strick, der vom Türrahmen zum Fensterkreuz gespannt ist!

Ich holte mir die Berliner Illustrierte, fand aber nichts für mich und ging nach Hause. Das elektrische Licht brannte wieder einmal nicht. So mußte ich schlafen gehen.

Um die Sozialisierung

Schon am nächsten Tage merkte ich, daß bei der ganzen Sicherheitstruppe eine Unruhe war. Ich wußte, daß zwei Sicherheitskompanien im Lugau-Oelsnitzer Steinkohlenrevier eingerückt waren. Aber warum, wußte ich nicht. Und weshalb die Aufregung, wo es nach allen Nachrichten zu keinen Kämpfen gekommen war? Das wurde mir erst auf der Sicherheitsführertagung richtig klar. Die fand diesmal im Schloß statt, in einem weißen Saal.

Der feierliche Raum und die wichtige Art, wie der Beauftragte der Kommandantur die Sitzung eröffnete, dämpfte anfangs die Reden. Auch ein Mitglied des Arbeiterrats war erschienen. Dann sprach ein Soldatenrat: »Ich stelle an die Kommandantur die Frage, auf wessen Befehl das Zeithainer Lager besetzt worden ist. Das gehört nicht zu unserem Korpsbereich. Es ist einfach mit Gewalt geraubt worden! Will die Regierung, nachdem sie die Spartakisten niedergeworfen hat und einen unerhörten Terror unterhält ...«

Der Beauftragte klingelte.

Einer rief: »Spartakus wollte Terror, jetzt hat er ihn!«

»Kameraden, ihr belügt euch doch selbst! Wer hat Liebknecht und Luxemburg ermorden lassen durch die Gardekavallerieschützendivision mit den Mordoffizieren? Wer hat Tausende von Arbeitern in Berlin durch die Ordnungsbestie abschlachten lassen! Noske!«

»Um das Kommunistengesindel wird es wohl nicht schade sein!«

»Was du Kommunistengesindel nennst, sind Arbeiter, die um ihr Recht kämpfen, für den Sozialismus! Genau wie die Bergarbeiter im Steinkohlenrevier! Die Regierung hat erklärt – ihr habt überall die Aufrufe gelesen –, der Sozialismus marschiert! Der Betrug marschiert, Kameraden! Im Lugau-Oelsnitzer Kohlenrevier haben sie angeschlagen, an der Ruhr wäre schon sozialisiert! Und an der Ruhr haben sie angeschlagen, daß in Sachsen sozialisiert wäre. Wenn aber die Arbeiter die Sache selbst in die Hand nehmen, da schickt man die sozialistische Sicherheitstruppe hin und läßt durch die den Kohlenbaronen ihre Zechen wiedergeben! Wenn das nicht Hohn auf den Sozialismus ist! Wir fordern von der Regierung eine Erklärung!«

Das Mitglied des Arbeiterrats hatte der hitzigen Rede kalt zugehört. Jetzt erhob er sich. »Kameraden! Was ist das für eine Demagogie! Sollten wir etwa die Sozialisierung dadurch gefährden lassen, daß einige spartakistische Hetzer mit Gewalt sozialisieren, was nach der Entwicklung der Dinge in kurzer Zeit den Arbeitern in den Schoß fällt! Haben die Sicherheitskompanien im Steinkohlenrevier Blut vergossen? Nein. Haben sie den Kohlenbaronen die Zechen zurückgegeben, wie der Kamerad sagte? Das ist eine demagogische Verdrehung! Die Sozialisierungskommission ist am Werke. Wer die Ergebnisse ihrer Arbeit nicht abwarten kann, dem müssen wir schon sagen: Schaff dir etwas mehr Ruhe an!« Das sagte er höhnisch. Einige lachten.

Die Diskussion verlor sich bald wieder im Herumhacken auf Worten. Die Kameraden wurden unruhig. Am Schluß der Sitzung verkündigte der Beauftragte der Kommandantur: »Kameraden! Es ist uns gelungen, vom Kohlensyndikat etwas herauszuholen. Wir haben ihnen eingeredet, daß die Besetzung des Kohlenreviers für sie sehr günstig wäre, nun müßten sie auch etwas für die Sicherheitstruppe tun. Schließlich haben sie Geld herausgerückt, und ich lade euch alle zu einem Bankett am nächsten Sonnabend im Ratskeller ein. Der Kriegsminister wird auch erscheinen. Die Versammlung ist geschlossen.«

»Ein schlauer Hund!« sagte einer. »Wie er denen das Geld aus der Tasche gezogen hat!«

»Wenn das nur nicht umgekehrt ist! Die Kohlenbarone wollen uns bestechen!«

»Na, dann brauchst du ja nicht hinzugehen!«

»Ich werde doch nicht so dumm sein! Wo ich umsonst zu fressen und zu saufen kriege, werde ich nicht den feinen Mann spielen!«

»Und das nennst du Grundsätze haben, Mensch?«

»Nee, Grundsätze sind ungesund. Wir sind Proleten. Wer unsere Arbeit bezahlt, dem müssen wir dienen. Schön ist es nicht, aber es ist so.«

»Weißt du, wie man solche Ansichten nennt?«

»Nu?«

»Lumpenproletarisch.«

»Wie du das nennst, ist mir ganz wurscht!«

Am Sonnabend im Ratskeller wies mich ein Kellner nach dem Saal, wo das Bankett sein sollte.

Dort traten schon viele Sicherheitsführer hin und her und schwatzten. In U-Form war eine riesige Tafel gedeckt mit Tellern, Bestecken und Gläsern.

Der Leutnant Herling stellte mich einem Leutnant vor, dessen mageres Gesicht wie mit Fett eingerieben glänzte. Auch auf seinen Brillengläsern hatte er Glanzpunkte. Der Matrosenführer kam auf mich los in Zivil. »Nu, bist du auch gekommen, um dich von den Kohlenbaronen bestechen zu lassen, falls sie mal wieder einen Streikbrecherschutz unter sozialdemokratischer Fahne brauchen?«

»Weshalb bist du dann gekommen, wenn du diese Ansicht hast?«

»Hast du denn nicht die gleiche Ansicht! – Ich bin überhaupt nur hier bei der Sicherheitstruppe, weil es in unserm traurigen Lande nichts Besseres gibt. Wenn ich noch oben an der Waserkante wäre, würde ich bei den Spartakisten sein! – Dort kommt übrigens der Kriegsminister. Ein gefährlicher Kerl!«

Der untersetzte Minister sprach lebhaft mit dem Beauftragten der Kommandantur.

»Worin gefährlich?« fragte ich.

»Gefährlich für die Revolution! Unter dem Schlagwort ›Die Revolution ist in Gefahr‹ unterdrückt er jeden Ansatz zu einer wirklichen Änderung unserer stinkenden Gesellschaftsordnung!«

Wir setzten uns zu Tisch. Viele waren in Zivil. Aber in was für einem Zivil! Sie sahen aus, als ob sie gerade vom Kohlenschaufeln kämen.

Kellner brachten die Suppe. Aber wir konnten sie noch nicht essen, weil sich der Kriegsminister erhoben hatte. »Meine Herren! Die Revolution hat einen gewissen Abschluß erreicht. Heute können wir rückblickend die Ereignisse noch einmal an uns vorbeiziehen lassen und uns über ihre Bedeutung klarwerden ...« Er sprach lebhaft und teilte Einzelheiten über den Beginn der Revolution mit und über die Kämpfe mit Spartakus in Berlin. Für mich war es ganz neu, daß Ebert und Scheidemann gar keine Revolution gewollt hatten und daß sie es waren, die bereits in den ersten Tagen den radikalen Flügel um Liebknecht mit Gewalt und andern Mitteln unterdrückt hatten.

Am Schluß seiner Rede wurde er plötzlich begeistert und brachte ein Hoch auf die soziale Revolution aus. Der Saal brauste von Hochrufen. Ich sah mich nach dem Matrosenführer um, was er dazu sagte, fand ihn aber nicht mehr.

Die Kellner kamen mit dem Essen, das nach der langen Rede halb kalt geworden war. Wir aßen und tranken. Die leeren Weinflaschen wurden immer wieder durch volle ersetzt. Das Gespräch wurde lauter.

Nach dem Essen verteilten die Kellner auf die Tafel Zigarettenschachteln.

Der Minister war aufgestanden und sprach mit einer Gruppe. Die beiden Leutnants mit ihren Gläsern rückten hinüber. »Herr Minister«, sagte Herling, »wir Leutnants möchten Ihnen noch besonders zutrinken und Ihnen wiederholen, daß wir immer treu für die Revolution kämpfen wollen!«

Der Minister drehte seine Augen nach der anderen Seite, lächelte und sagte, als hätte er gar nichts gehört: »War das

Essen, das die Unternehmerschaft uns gegeben hat, nicht ausgezeichnet? Sehen Sie, diese Leute sind großzügig. Man muß sie zu nehmen wissen und wird mit ihnen gut auskommen können!« Er sprach gewandt und lebhaft weiter, ohne einen Bestimmten anzureden. Seinen eigentümlichen Gesichtsausdruck bei dem Trinkspruch der Leutnants deutete ich so: Ihm waren sie zu radikal, obwohl sie vielleicht nur Stellenhascher waren. Selbst die revolutionäre Phrase war ihm zuviel.

Verschiedene sprachen mich an. Der Wein und der bunte Saal stimmten mich heiter.

Einer brüllte: »Mich kriegen sie nicht, die Hunde! Die Reaktionäre haben alle – einen Furz im Kopf, die ...« Das übrige war nicht mehr zu verstehen.

Ein anderer torkelte hinaus. Er war in Uniform, und draußen saßen die gut angezogenen Bürger und machten vermutlich ihre Bemerkungen über die besoffene SPD-Garde.

Die Betrunkenheit nahm jetzt erstaunlich schnell zu. Kurz vor elf waren nur noch wenige im Saal. Einer vom Nachbarregiment fragte mich: »Kommst du mit ins Café? Der Minister geht auch mit hin.«

Wir gingen, so grade wir konnten, aus dem Ratskeller. Auf der Straße brüllte einer alles mögliche Zeug, torkelte vom Bürgersteig auf die Fahrbahn und wieder herauf. Die anderen lachten unbändig. Dann versuchte er zu singen.

Im hellerleuchteten Stadtcafé saß alles gestopft voll. Damen in auffallenden Toiletten und Herren in schwarzen Anzügen. Die sahen sich erstaunt nach uns um. Ich wußte gar nicht, daß es noch eine solche Eleganz gab! Und wir kamen herein wie eine Räuberbande, laut, in allen möglichen Uniformen oder in Halbzivil. Die Musik geigte irgendeinen schmachtenden Walzer. Das paßte gar nicht zu unserer Erscheinung.

Der Minister kam mir jetzt auch recht schäbig angezogen vor. Er setzte sich in eine Ecke und wurde sofort von den Soldatenräten umringt. Sie bestürmten ihn mit Angelegenheiten. Warum mußten sie das gerade hier tun? Vorhin im Ratskeller, wo wir unter uns waren, waren sie ganz friedlich gewesen.

Was sie sprachen, konnte ich nicht verstehen. Einer lehnte über den Tisch weg und fuchtelte ihm mit der Hand vor dem Gesicht herum. Es machte den Eindruck, daß sie alle gegen ihn waren, außer dem Unabhängigen, der neulich die Rede gehalten hatte. Der glotzte stumpfsinnig vor sich hin.

Ich beugte mich zu ihm hinüber. »Was haben denn die für einen Streit?«

»Sie werfen ihm vor, daß er die Revolution abwürgt, und jetzt auch noch die Sozialisierung. Na, die Sorte Sozialisten wie der sind ja schlimmere Reaktionäre als mancher Offizier! Die Offiziere sind Dummköpfe und Kinder in der Politik, aber der hier? Mein Lieber, der ist gerissen! Denkst du, den kann unsereiner überhaupt sprechen in seinem Ministerium? Er sitzt da drin mit seinen Offizieren und schickt dir 'nen Schreiber raus: ›Der Herr Minister hat eine wichtige Sitzung!‹ Und man steht draußen als der Dumme. Und das nennt sich noch Sozialist!«

Ich war müde geworden und sah immer wieder nach der Gruppe des Ministers hinüber, ob sie nicht endlich gingen. Jetzt tranken sie auch noch Schnäpse. Sie waren schon besoffen genug!

Endlich Aufbruch. Noch auf der Straße wurde die laute Unterhaltung fortgesetzt.

Ein Zugführer der Artillerie hatte sich mir angehängt und erzählte mir seine Sorgen: »Ich bin Kapitulant. Der Regimentskommandeur will mich zwingen, von der Sicherheitstruppe fortzugehen. Aber ich habe mich doch hier verpflichtet. Die Regierung verspricht ja, unsere Rechte zu schützen, aber wie sieht denn das aus! Und der Oberst droht mir, ich würde der Rechte auf Zivilversorgung verlustig gehen, wenn ich bei der revolutionären Truppe bleibe! – Ja, wenn ich keine Frau hätte, und die drei Kinder!« Er war reichlich angetrunken. Aber was er sagte, war doch echt. Was sollte ich ihm sagen! Ich glaubte ja auch nicht mehr an alle Versprechungen. Todmüde und mit schweren Gedanken schleppte ich mich nach Hause.

An einem Tage im April wollte ich mit der Elektrischen nach dem Bahnhof fahren, um mich nach einem Zug zu erkundigen.

Ich stieg auf die hintere Plattform. Vom Anhänger riefen mir ein paar Burschen etwas zu, was ich nicht verstand. Einer beugte sich herüber. »Mach deine Binde ab! Sonst machen sie dich kalt!«

Dummer Junge! dachte ich und kümmerte mich nicht weiter darum.

»Drinnen in der Stadt schießen sie noch immer«, sagte der Schaffner zu einem alten Mann und deutete mit dem Daumen. Ich hörte auch so etwas wie ferne Schüsse.

»Was ist da geschehen?« fragte ich bestürzt.

»Sie haben das Kriegsministerium gestürmt.«

»Wer hat gestürmt?«

»Die Kriegsbeschädigten. Sie haben eine Demonstration gehabt, und da ist es zum Kampf gekommen.«

Die Kriegsbeschädigten? Unwahrscheinlich! Sollte ich zur Kaserne zurück? Meine Kompanie war gerade auf Wache gezogen, und ich hatte keine Truppe. Ich wäre ja auch in einer Stunde wieder in der Kaserne.

Ich tat so, als wäre mir alles gleichgültig, und fuhr weiter. Auf dem Albertplatz waren viele Menschen. Plötzlich ratterte ein Maschinengewehr. Das konnte wirklich am Kriegsministerium sein. Der Bahnhof, zu dem ich wollte, lag etwas abseits. Nachdem ich mir die Abfahrtszeit des Zuges aufgeschrieben hatte, fuhr ich nach der Kaserne zurück.

Im Kompanierevier traf ich einen, der erst vor anderthalb Stunden auf Wache gezogen war. »Bist du nicht auf Wache?«

Er sah mich nicht an. »Uns haben sie entwaffnet. Der Wachthabende ist in der Schreibstube.«

»Ist jemand verwundet?«

»Nein.«

Ich ging in die Schreibstube. Da sprachen sie alle durcheinander.

»Wie sind aber die Kriegskrüppel in die Wachtstube gekommen!?« fragte der Soldatenrat.

»Das war so: Wie die Krüppel dastehen und warten, bis ihre Abordnung vom Minister zurückkommt, da sagt einer ›Bringt doch den Lahmen Bänke aus der Wachtstube heraus, daß sie sich hinsetzen können!‹ Sie bringen die Bänke heraus und stellen sie auf den Waffenplatz, also innerhalb des Eisengitters, und lassen die Lahmen sich daraufsetzen. Wie es dann zum Krach kam, waren sie gleich bei den dort aufgestellten Gewehren und in der Wachtstube drin.«

»Ihr seid also entwaffnet worden?« fragte ich mit klopfendem Herzen, obwohl ich es schon wußte.

»Ja«, wandte er sich zu mir. »Wir sind wie immer mit der Elektrischen gefahren. Und wir hatten doch keine Ahnung, daß da was los ist! Auf der Hauptstraße kommt die Elektrische nicht weiter, so voll war die Straße mit Menschen. Wir halten da ein paar Minuten. Die Leute zeigen auf uns in den Wagen herein. Auf einmal kommen welche rauf. Wir waren vollkommen zusammengequetscht und konnten gar nichts machen, mußten die Gewehre einfach abgeben.«

»Und was ist jetzt als Wache im Ministerium?«

Er zuckte mit den Achseln.

»Was nützt jetzt noch die Wache, wo sie den Minister totgemacht haben!«

»Was? Welchen Minister?«

»Unsern Kriegsminister! Weißt du das noch nicht? Sie haben ihn aus dem Ministerium gezerrt ...«

»Warte mal!« unterbrach ihn ein anderer. »Ich habe es doch gesehen. Ich stand auf der gegenüberliegenden Seite der Straße mitten in der Menschenmenge drin. Da kommen aus der Tür heraus einige von der Sicherheitstruppe und andere. Jetzt sehe ich: da ist auch der Kriegsminister. Den grünen Hut, den er immer aufhatte, hielt er in der Hand und winkte damit. Wahrscheinlich wollte er sprechen. Aber die Kriegskrüppel waren so wütend und brüllten: ›Nieder mit ihm!‹ und ›Haut ihn!‹ Einige hoben ihre Krücken in die Luft. ›Schmeißt ihn in die Elbe!‹ Er versuchte wieder zu reden. Aber sie brüllten ihn nieder. Auf einmal bekam er einen Stoß von hinten und fiel die

Stufen hinunter in die Menge hinein. Jetzt gab das ein tolles Gestoße. Von allen Seiten drängten sie auf ihn zu und wollten ihn verhauen. Das konnte ich nicht so genau sehen. Das ging hin und her. Er kriegte Hiebe auf den Kopf mit der Faust. Und dann zerrten sie ihn auf die Brücke. Dort wurde er ans Geländer gedrängt. Einer brüllte: »Er will doch zurücktreten von seinem Posten!‹ Da ging aber der Krach erst richtig los. ›Schlagt ihn tot!‹ schrien sie. ›In die Elbe mit ihm!‹ Dann hoben sie ihn hoch und über das Geländer weg. Aber er hielt sich fest. Da haben sie ihm so lange auf die Hände geschlagen, bis er losgelassen hat. Ich sah nur, wie sich auf einmal alle über das Geländer beugten. Da ist er hinuntergefallen. Das übrige habe ich dann nicht sehen können. Wie er aus dem Wasser aufgetaucht ist, haben sie nach ihm geschossen, erst mit Gewehren, und dann vom Ministerium aus mit einem Maschinengewehr, bis er untergegangen ist.«

»Weiß Falbel schon davon, daß auch die Wachtablösung entwaffnet ist?« fragte ich.

»Ich weiß nicht.«

Ich rannte durch die Gänge hinüber zu Falbel.

»Weißt du, daß der Kriegsminister umgebracht worden ist?«

»Ja. Ich kann aber nicht recht begreifen, warum hat er nicht wenigstens den kriegsverletzten Genossen irgend etwas versprochen? Und dann so eine Dummheit zu machen! Die Menschenmassen stehen ganz friedlich unten. Da schmeißt einer eine Handgranate hinunter.«

»Und die ist in der dichten Masse explodiert?«

»Nein, sie sollte nur zum Abschrecken dienen, es war eine Übungshandgranate. Die Leute fahren auseinander, und wie sie merken, das Ding geht nicht los, da faßt sie die Wut, und sie stürmen das Gebäude.«

»Habt ihr jetzt neue Nachrichten aus der Stadt?«

»Die Kommunisten haben das Ministerium freiwillig geräumt.

»Die Kommunisten? Ich denke, Kriegsbeschädigte?«

Ein Freiwilliger mischte sich ins Gespräch: »Es weiß noch niemand so genau, wer da beteiligt war – und ihr wißt doch selbst, was Krach macht, wird immer Kommunisten oder Spartakisten genannt, ob es nun welche sind oder nicht! – Übrigens bin ich der Meinung, daß da gar nicht der Plan bestand, den Minister umzubringen, sondern das war ein richtiger Ausbruch der Volkswut. Ein bißchen Betrug läßt man sich ja gefallen, aber das war zuviel! Auch bei uns in der Kompanie sagen viele: Der sozialdemokratische Kriegsminister, das war ein richtiger Reaktionär, und es ist gut, daß sie's mal so einem gezeigt haben!«

Falbel hörte sich das mit gesenktem Kopf an und schwieg.

Am nächsten Morgen kam Falbel zu mir. »Hast du schon die heutige Zeitung gelesen? Wie auf Kommando fängt die ganze bürgerliche Presse an, gegen uns zu hetzen, gegen die Sicherheitstruppe und über die Unfähigkeit der Wahlführer. Teilweise rufen sie schon nach dem Grenzschutz. Sie wollen uns nicht als künftige Reichswehr haben, sondern den Grenzschutz mit seinen reaktionären Offizieren. Kannst du mir nicht helfen, gleich einen Artikel für die Volkszeitung zu schreiben! Wir müssen die Verleumdungen richtigstellen und unsern Standpunkt klarlegen. Wenn die Reichswehr in die Städte einrückte, das gäbe einen Aufstand. Die Arbeiter würden sich das nicht gefallen lassen! Ich werde mich auch an unsern Abgeordneten Müller-Albendorf wenden.«

Wir setzten uns hin und schrieben einen großen Artikel. Am folgenden Morgen lief ich gleich nach der neuesten Volkszeitung. Richtig, da stand der Artikel mit Falbel und meinem Namen gezeichnet. Ich war noch nie gedruckt worden.

Die bürgerliche Presse hörte aber nicht auf zu hetzen.

Als Gehilfe des Schloßkommandanten

Wenige Tage später war eine Tagung der Sicherheitstruppenführer und der Soldatenräte, wieder in dem schönen weißen Saal im Schloß. Schon bevor die Versammlungsleitung kam, war der Saal voller Zigarettenrauch. Ans Ende der Tafel setzte sich ein Mitglied des Arbeiterrats und gab einen Bericht über die Lage.

»Wer wünscht dazu das Wort?«

Eine Menge Hände fuhren in die Höhe.

»Kamerad Leistner!«

Leistner erhob sich. Ich wußte, er war ein Unabhängiger. Er war mittelgroß und rief mit mächtiger Stimme: »Kameraden! Man treibt in unerhörter Weise Schindluder mit uns! Man hat uns einen Major an die Spitze gesetzt, einen Inspekteur der Sicherheitstruppen! Er heißt Major von Cornelius!«

»Hört, hört!«

»Gestern ist er eingesetzt worden!«

»Woher weißt du das?« rief ein Kompanieführer.

»Ich frage euch, warum wißt ihr das nicht! Weil man mit euch Schindluder treibt! Weil man euch verheimlichen will, was gespielt wird! Wir sind eine Wahlführertruppe, aber der Major wird uns ohne Wahl vor die Nase gesetzt! Ja, man benachrichtigt uns nicht einmal! Das ist ein Bruch des Systems. Da werden bald noch mehr Offiziere erscheinen!«

»Der Genosse Krause soll antworten!« schrie einer. Etliche waren von den Stühlen aufgesprungen und brüllten durcheinander. Der sogenannte Kettenschulze, ein kleiner aufgeregter Mensch, schrie: »Du willst uns gegen den Arbeiterrat hetzen. Begreifst du denn die Lage nicht? Die Reaktionäre versuchen alles, um uns wegzudrücken. Und in diesem Augenblick spaltest du die Truppe in zwei Lager!«

»Du elender Friedensprediger!« schrie ihn einer an. »Willst wohl einen Posten ergattern, was, daß du die Betrüger verteidigst!«

Einige verhielten sich still bei dem Streit, auch ich, denn so schnell konnte ich mir nicht klarwerden.

Allmählich wurde die Diskussion wieder etwas geordneter. Der Kettenschulze sprach endlos mit lauter solchen Redensarten wie: »Ihr kennt mich doch! Fragt in meiner Kompanie nach, aber ...«

Furchtbar ermüdend war dieses Geschrei. Wir waren doch lauter Kerle mit Bärenstimmen, und viele suchten auch noch etwas Besonderes darin, recht wie Räuberhauptleute aufzutreten. So wurde fünf Stunden über diesen Punkt diskutiert. Schon mehrmals war Antrag auf Schluß der Debatte gestellt, aber entrüstet zurückgewiesen worden. Als jetzt der Versammlungsleiter erklärte, daß noch eine Menge Angelegenheiten unter »Organisatorisches« zu erledigen waren, wurde gerufen: »Weiter in der Tagesordnung!«

Erst als ich ganz dumm und mit Leibschmerzen vor Hunger auf die Straße kam, fiel mir ein, daß aus der ganzen Empörung über den Inspekteur Major von Cornelius nichts geworden war. Die Lage war unklarer als vorher.

Eines Tages, es war Mitte April 1919, saß ich in der Kompanieschreibstube und beriet mit dem Feldwebel den Wachtturnus. Da kam ein Läufer. »Renn sofort zum Bataillonsführer Falbel! Ganz eilig!«

Ich stülpte die Mütze auf und rannte hinüber. Ein Major stand auf dem Gang vor dem Geschäftszimmer und sagte: »Renn?«

»Jawohl.«

»Wollen Sie ohne Seitengewehr mitfahren?« Er sah mißtrauisch an mir herunter.

»Ich weiß nicht, wovon die Rede ist.«

»Sie sollen ins Schloß. Das Auto wartet.«

Ich wußte noch immer nicht, was das bedeutete, und ging schnell zu Falbel hinein. »Was soll ich im Schloß?«

»Ach, dort sind Schweinereien passiert. Einigen ist da nicht recht zu trauen. Du sollst Schloßkommandant werden.«

»Schloßkommandant? Was ist denn das für ein Major dort draußen?«

»Der neue Inspekteur der Sicherheitstruppe.«

»Das ist er? Der sieht aber gar nicht so gemein aus!«

»Natürlich hat das Kriegsministerium keinen solchen Schnauzer hergeschickt. Aber deshalb müssen wir gerade besonders vorsichtig sein. Du mußt dort im Schloß auch aufpassen.

»Soll ich gleich mit dem Major fort? Was wird denn da aus meiner Kompanie?«

»Du behältst die Führerstelle und wirst nur abkommandiert.«

Ich rannte in meine Stube und schnallte um. Wie eilig mußten sie es haben, daß sie mich mit dem Auto abholten. Der Major saß schon drin. Dann wippte es uns über das schlechte Pflaster zum Tore hinaus, und wir sausten die glatte Straße in die Stadt hinein. Vor dem mächtigen grauen Schloß hielten wir und stiegen aus.

Der Major ging voran in einen gewölbten Gang, dann ein paar Stufen hinauf in ein düsteres Zimmer mit merkwürdigen alten Möbeln. Einige Männer standen darin in Zivil, andere in Uniformen ohne Abzeichen. Einer telefonierte. Das war derselbe breite Mann, der mich in den Januartagen in den Marstall geschickt hatte.

»Das hier ist der Vizefeldwebel Renn, mein Gehilfe«, sagte der Major. »Er hat Ihnen, der Politischen Polizei, natürlich nichts zu sagen. Aber ich bitte Sie, ihn zu unterstützen.« Der breite Zivilist nickte ernsthaft, ohne den Mund zu öffnen. Ich sah mich nach den anderen um. Das waren also alles staatlich angestellte Spitzel?

»Kommen Sie jetzt mit zum Arbeiterrat!« sagte der Major und ging mit langen Schritten hinaus, durch Gänge mit Bildern von alten Fürsten in allerhand riesigen Mänteln. Eine schmale Wendeltreppe aus Stein führte auf einen weißen Gang. Er klopfte an eine schlichte Tür und öffnete. Drin standen zwei Männer an einem reich eingelegten Schreibtisch und wandten sich zu uns.

»Herr Lindner, ich möchte Ihnen meinen Gehilfen, den Vizefeldwebel Renn, vorstellen.«

Der Arbeiterrat Lindner in braunem Anzug kam freundlich auf mich zu. »Ich weiß schon von Ihnen. Haben Sie Zeit? Ich möchte etwas eingehender mit Ihnen sprechen.«

»Gut«, sagte der Major. »Renn, nachher kommen Sie zu mir in die Inspektion der Sicherheitstruppe, eine Treppe tiefer!«

Nachdem der Major gegangen war, fragte Lindner mit lächelndem Gesicht: »Als was sind Sie hierhergekommen?«

»Mein Bataillonsführer sagte mir, als Schloßkommandant.«

»Diese Bezeichnung ist bedenklich. Sie müssen wissen – und dazu habe ich Sie sprechen wollen –, hier sind merkwürdige Verhältnisse. Ihr Major mag ja ein ganz wohlwollender Mann sein, und sogar für einen älteren Offizier recht vernünftig, aber er versteht doch nicht so ganz, den richtigen Ton zu treffen. – Die wichtigste Person hier im Schloß ist der Genosse Schladitz. Der ist gleich zu Beginn der Revolution Schloßkommandant geworden. Wenn Sie sich jetzt als Schloßkommandant aufspielen, so würde er Ihnen sofort jede Tätigkeit unmöglich machen – er ist etwas leicht erregbar. – Ich werde Sie mit ihm bekannt machen. Wir haben Sie angefordert, um die Verteidigung hier zu organisieren. Der Genosse Schladitz kann nämlich nicht mit den Soldaten umgehen. Sie müssen sich ihm also mehr oder weniger unterordnen. Dabei unterstehen Sie aber auch dem Major. Da kann es kommen, daß Sie nicht wissen, was Sie tun sollen. Kommen Sie dann zu mir. Ich kann als Vorsitzender des Arbeiterrats einen Druck auf den Major ausüben. – Wir gehen jetzt zum Genossen Schladitz.«

Er öffnete eine Tür in der Wand, die ich noch nicht bemerkt hatte. Eine eiserne Wendeltreppe führte nach unten in einen großen leeren Raum. Ein riesiges Bild hing an der Wand mit einem furchtbar dicken Fürsten, in der feierlich erhobenen Hand einen Marschallstab. Wieder ging es durch Gänge und über Treppen.

Er klopfte an eine Tür und trat ein. Ich sah einen Mann von hinten, der eilig sein Tischfach zuschob. Vor ihm lag ein Revolver. In der Tür zum Nebenzimmer lehnte ein anderer und lachte uns an. Der Mann am Schreibtisch fuhr herum. »Ich habe wieder ein paar solche Dinger!« Er deutete auf den Revolver. »Meine Sammlung ist schon ziemlich groß!« Seine Augen zuckten nervös hinter den scharfen Klemmergläsern. Mich streifte er mißtrauisch mit einem Blick.

»Das hier ist der Renn. Er soll dir, Genosse Schladitz, helfen. Er ist uns als zuverlässig bekannt.«

Worin zuverlässig? fragte ich mich. Das sieht ja hier aus wie eine Verbrecherbude. Das wohlwollende Lächeln des Arbeiterrates gefiel mir auch nicht mehr.

Schladitz sah an mir vorbei und entgegnete heftig: »Wozu brauche ich einen Gehilfen? Der hat doch keine Ahnung! Ich bin hier seit dem November, und habe ich euch nicht immer benachrichtigt, wenn die Kommunisten kamen?«

»Ja, aber du weißt selbst: wie der Minister in die Elbe geworfen wurde, warst du unterwegs. Und er hätte gerettet werden können, wenn jemand hiergewesen wäre, der wußte, wo die Maschinengewehre standen!«

»Ja, nur eine Minute fehlte! Ich war am Kriegsministerium, wie sie es stürmten! Ich bin überall, wo was los ist! Ich hierhergerannt! Türen aufgeschlossen! Hinauf! Aber wie ich oben am Maschinengewehr stehe – ist er schon im Wasser! Unten alles schwarz von Menschen. – Wir sind hier auf dem Damm! Das nächste Mal gibt's das nicht wieder! Da wird hineingefunkt!«

Lindner unterbrach ihn: »Du zeigst ihm, wo die Maschinengewehre stehen! Ich habe zu tun.«

Ich verabredete mit Schladitz, daß er mich am Nachmittag durchs Schloß führte.

Jetzt ging ich zur Inspektion der Sicherheitstruppe. Dabei verlief ich mich ein paarmal in den unübersichtlichen Gängen und Treppen.

Das Geschäftszimmer des Majors war ein hoher weißer Raum mit goldenen Zierleisten an den Wänden. Zwei Schreiber saßen darin. »Bist du der Neue hier im Schloß?« fragte der eine, ein blasser Kerl mit einem albernen Lachen.

»Ja. Kann ich Herrn Major sprechen?«

»Nein. Der schläft jetzt. – Der schläft nämlich hier nebenan auf der Chaiselongue. Bett gibt's nicht!« Er lachte wieder albern.

»Sagt mal, wo eßt ihr denn hier?«

»Wir gehen in die Kaserne, wenn unsere Geschäftszeit um ist.«

Ich hatte Hunger. Ob es für mich eine Geschäftszeit gab, wußte ich nicht. Daher ging ich in eine Kneipe nebenan und aß verstimmt Knödel in einer rostbraunen Soße.

Als ich wieder ins Schloß wollte, hielt mich der Posten an. Er war von der Sicherheitstruppe.

»Ich bin der Gehilfe des Inspekteurs der Sicherheitstruppe«, sagte ich.

Er wollte einen Ausweis sehen.

»Die Politische Polizei kennt mich.«

»Ich weiß nichts von Politischer Polizei.«

»Dann rufe einen von der Wache, daß er mich zur Inspektion der Sicherheitstruppe bringt!«

Jetzt endlich kam ich hinein. Der Major hatte keine Zeit für mich und ließ mir sagen, ich sollte zum Beauftragten der Kommandantur, Hamann, gehen. Der hätte schon lange ausziehen müssen. In seine Stube sollte ich ziehen.

Hamann wohnte Schladitz gegenüber. Auf mein Klopfen kam ein noch junger Mann heraus und stellte sich vor die Tür, daß ich dachte: Entweder hat er ein Mädel da, oder er hat sonst was zu verbergen.

»Das geht nicht«, sagte er. »Der Major kann mich nicht einfach hinausschmeißen! – Sage mal«, er flüsterte mir das zu, »weißt du vielleicht, ob er das mit dem Oberhofmarschall besprochen hat?«

»Ich habe nicht einmal gewußt, daß es hier noch einen Oberhofmarschall gibt.«

»So? Siehst du, man muß hier auf seiner Hut sein! Es ist natürlich, daß der Major von Cornelius mit dem Oberhofmarschall, Exzellenz von Borsig, in Verbindung steht, und auch, daß die Exzellenz uns alle hier heraushaben will. Aber du darfst dich nicht zu ihren reaktionären Schiebungen mißbrauchen lassen!« Er lachte mich an.

»Ich werde Herrn Schladitz fragen, wo ich unterkommen kann«, sagte ich und ging zu dessen Tür. Aber da fiel mir ein: Wenn ich jetzt den Schladitz bitte – hier ist doch jeder gegen den andern –, dann habe ich vielleicht Schwierigkeiten mit dem Major. Sie wagen nicht, einander offen anzugreifen, sondern benutzten mich dazu! Da haben sie mir ja eine hübsche Stellung zugedacht! Aber was mache ich? – Wenn ich den Schladitz nicht unmittelbar wissen lasse, daß ich eine Unterkunft brauche, sondern gelegentlich bei einem Gespräch? Nein, ich hatte ein zu großes Mißtrauen gegen diesen Menschen. Mochte der Major für meine Unterkunft sorgen!

Um drei klopfte ich bei Schladitz.

»Ich komme gleich!« rief er aufgeregt. Dann trat er aus der Tür und fuhr wild in seinen Lodenmantel. »Die Kommunisten sind im Anmarsch von Pirna! Ich muß sofort mit dem Auto ihnen entgegen, sehen, wohin sie sich wenden! Und ihr wißt wieder nichts, was? Laßt euch begraben mit eurem Major!«

Den Gang entlang kam ein Mann, dick durch seinen schmutzigen Schafspelz. Schladitz schoß auf ihn zu und wandte sich stolz an mich: »Auf diesen alten Sack hier kann man sich noch verlassen! – Hast du das kleine Auto unten? – Also dann los, den Kommunisten entgegen! Solange wir hier sind, kommen sie nicht ins Schloß!« Er redete wie auf dem Theater.

Ich lief zu der Inspektion und meldete den Anmarsch der Kommunisten. Der Major suchte aufgeregt nach seinem Hauptschlüssel und befahl mir, die Grenzschutzkompanie, die in einem Hause gegenüber läge, zu benachrichtigen.

Was? Grenzschutz liegt schon in der Stadt? Und heimlich hat man ihn hergezogen? Mal sehen, wieviel schon hier liegen. Das muß ich dem Falbel sofort mitteilen!

Ich rannte zum Schloß hinaus und öffnete die Tür des bezeichneten Hauses gegenüber. Hinter der Tür stand ein Soldat mit Stahlhelm.

»Ich möchte euren Kompanieführer sprechen!« sagte ich barsch, denn ich konnte meine Wut nicht ganz verbergen.

Er sah mißtrauisch auf meine rot-weiße Binde.

»Wichtige Mitteilung von Herrn Major von Cornelius!« schrie ich ihn an.

Da wurde er gleich nachgiebig und sagte: »Zwei Treppen! Dort müssen Sie fragen, Herr Feldwebel.«

Ich lief die ausgetretene Treppe hinauf. Oben auf einem breiten Gang standen Soldaten umher. Die zeigten mir die Tür, an die ich klopfen sollte. Eine Klinke war nicht daran. Jemand öffnete von innen. Auf Stroh lagen am Boden zwei Leutnants. Der eine von ihnen schrieb auf seinen Knien. Möbel gab es nicht im Raum. Natürlich, wer so heimlich ankommt, kann nicht schön untergebracht werden.

Ich meldete. Der Schreibende stand auf. »Ich komme gleich mit.«

Der Posten der Sicherheitstruppe am Schloßtor, der mich vorhin nicht hatte einlassen wollen, ließ den Oberleutnant ohne weiteres durch. Soweit waren wir schon wieder?

Der Major schickte mich weiter zur Politischen Polizei und zur Bereitschaft der Sicherheitstruppe. Die lag in einem Saal mit reicher Stuckdecke. Gegen zweihundert Mann Sicherheitstruppe lagen hier in Bereitschaft und noch etwa ebensoviel vom Grenzschutz.

Als ich zurückkam, traf ich den Schladitz mit fliegendem Mantel. »Es war nichts!« rief er. »Wir können jetzt durch das Schloß gehen.«

Er führte mich durch Gänge und Säle, treppauf, treppab. Hier mußte es mindestens zehn Treppen geben, von der breiten Paradetreppe bis zu den engen Wendeltreppen.

Wir überquerten einen der Höfe des Schlosses und traten durch eine kleine Tür. Links wand sich eine enge Steintreppe hinauf. Gradeaus verlor sich der Gang im Dunkel. Dort ging er voraus. Rechts schienen Dienerwohnungen zu sein. Wir kamen an ein eisernes Gitter, hinter dem eine Treppe hinabführte. Er schaltete das Licht ein, schloß die Gittertür auf und verschloß sie wieder hinter uns. Wir stiegen hinunter. Ich hörte ein Rollen über uns.

»Wir sind unter der Straße.«

Es ging wieder hinauf. Eine neue Gittertür, und wir traten in eine helle Glashalle.

»Hier ist der ehemalige Turnierhof. Der hat zwei Ausgänge, durch die können wir unerwartet dort drüben auf dem Platz erscheinen, ohne überhaupt eine Straße zu berühren und gesehen zu werden. Natürlich können wir auch von dorther Verstärkungen ins Schloß bringen. Aber dazu haben wir noch bessere Wege! – Wir gehen jetzt wieder zurück.«

Als wir die andere Gittertür hinter uns hatten, wandte er sich links um ins Dunkle und schaltete dort Licht ein. Vor uns versperrte eine schwarze Eisentür den Weg, neben der dicke Rohre aus der Wand quollen. Er schloß die Eisentür auf. Dahinter war wieder eine Treppe, von der eine Treibhauswärme nach oben schlug. Wir stiegen da hinunter. Es wurde noch wärmer. Auf dem Gang vor uns brannten weithin elektrische Birnen. Rechts hinter einem Gitter liefen elektrische Kabel, links die dicken Heizrohre.

Der Gang war übermannshoch und so breit, daß man darin bequem ein schweres Maschinengewehr tragen konnte. Als wir ein Stück gegangen waren, zweigte links ein Gang nach der Schloßkirche ab. Dann kam links eine vermauerte Tür.

»Hier und an anderen Stellen waren Ausgänge nach der Straße. Da sind manchmal welche von außen hereingekommen, nachdem sie die Eisendeckel ausgehoben hatten. – Im vorigen Jahre, als das alte Regiment wacklig wurde, hat die Regierung die Straßeneingänge vermauern lassen. Wir müssen auch aufpassen, daß die Kommunisten nicht hier hereinkommen! Aber auch den Grenzschutz lasse ich nicht herein. Die sollen erst mal den Schlüssel finden! Diese Reaktionäre haben sich schon wieder herangeschmuggelt! Und ihr von der Sicherheitstruppe merkt nichts davon! Ihr seid blind!«

»Wir sind blind, ja, und warum? Sie, Genosse Schladitz wissen, daß hier heimlich Grenzschutz herangezogen worden ist! Und der Vorsitzende des Arbeiterrats weiß es sicher auch. Aber ihr verheimlicht es vor uns! – Ich bin allerdings jetzt bald der Meinung, daß wir einen Spitzeldienst gegen euch einrichten müßten!«

»Ich weiß alles!« lachte er böse und schritt hastig weiter. »Ich weiß alles! Das muß man eben können! Ich bin überall, wo es einen Auflauf gibt, aber ihr schlaft! Ihr wollt eure Ruhe haben!« Er prahlte wieder mit seiner Findigkeit.

Er zeigte mir noch den Gang nach dem Landtag und dem Polizeipräsidium. Dann gingen wir zurück.

Bei der Inspektion der Sicherheitstruppe ließ mich der Major in sein Zimmer kommen. »Wo waren Sie jetzt?«

»Herr Schladitz hat mir das Schloß und die unterirdischen Gänge gezeigt.«

»Ach ja, das ist gut. Können Sie eine Skizze davon entwerfen? Ich komme ja zu nichts! Und der Schladitz hat nie für mich Zeit!«

So? dachte ich. Dir zeigt er die Gänge auch nicht? Und du denkst wohl, ich werde für dich und den Grenzschutz spitzeln?

»Wie steht es mit dem Volksbeauftragten Hamann?« fragte er.

Ich berichtete es ihm.

»So? Das Oberhofmarschallamt legt aber den größten Wert darauf, daß er die Stube räumt. Es sind wertvolle Teppiche weggekommen, und man kann nichts feststellen, solange hier alle möglichen unkontrollierbaren Leute wohnen!«

»Wo soll ich übernachten, Herr Major?«

»Gehen Sie doch mal zum Oberhofmarschallamt. Sagen Sie dort einen Gruß von mir, und ich wäre Seiner Exzellenz sehr dankbar, wenn sie eine Unterkunft für meinen Gehilfen fände.«

Das Oberhofmarschallamt lag in einem andern Hof zu ebner Erde. Zwei Herren kamen heraus, ein alter mit langem Gesicht, der mich gleichgültig ansah, und einer mit einem verkniffenen Beamtenmund. Der knurrte mich an: »Was wollen Sie hier?«

Ich brachte die Worte des Majors so höflich wie möglich heraus.

»Da sehen Exzellenz selbst«, sagte der Beamte, »Herr Major von Cornelius möchte immer noch neue Räume des Schlosses belegen. So werden noch alle Gastzimmer heruntergewirtschaftet!«

»Es wird wohl seinen Grund haben, Herr Rechnungsrat«, sagte Exzellenz nachlässig. »Ich muß mich jetzt verabschieden.«

Mit leichter Neigung des Kopfes gab er dem andern die Hand.

Der fragte mich gereizt: »Wer sind Sie eigentlich?«

»Ich bin hierher kommandiert als Gehilfe für Herrn Major.«

»Haben Sie einen Ausweis?«

»Ich habe noch keinen.«

»Na, das ist natürlich unerläßlich! Sie können ja bei einer der Wachen Ihrer Truppe schlafen!« Damit ging er zum Tor hinaus. In mir kochte es. Der sollte erst mal mehrere Nächte hintereinander auf einer Wache schlafen, immer hart, immer im Zigarettenrauch, und alle zwei Stunden durch die Ablösung geweckt!

Ich ging wieder zum Major. Jetzt wurde auch er wütend und entlud es auf mich. Ich schlug ihm vor, daß ich diese Nacht noch einmal in der Kaserne schliefe. Ich wollte auch bei der Gelegenheit mit Falbel sprechen.

»Gut. Haben Sie Zivil?«

»Jawohl, aber von 1913, bevor ich zum Militär kam. Das ist nicht mehr gut.«

»Das ist gleich. Kommen Sie morgen in Zivil, bringen Sie aber auch die Uniform mit!«

Jemand polterte ins Nebenzimmer. »Ist Herr Major da?« schrie Schladitz und kam schon mit zuckenden Augen und Armen herein. »Wir haben ganz sichere Nachricht: mehrere hundert Kommunisten mit Maschinengewehren sammeln sich im Großen Garten. Wir fahren sofort mit dem Auto hin!« Er lief schon wieder hinaus.

»Herrgott!« rief der Major. »Und jetzt sind die Schreiber nicht mehr da! – Rennen Sie zu allen Wachen der Schloßverteidigung: Schloßwache, Schloßbereitschaft, Grenzschutzstoßkompanie, Landtagswache, und ordnen Sie in meinem Namen an: Erstens erhöhte Bereitschaft! Zweitens Aufstellen von Alarmposten neben den Dauerposten an den Haupteingängen! Drittens Einteilen von Stoßtrupps mit Handgranaten und Probealarm mit diesen Stoßtrupps! Ich benachrichtige unterdessen Kommandantur, Rathaus und Panzerautos!«

Ich rannte durch die Gänge, die Treppen hinunter. Der Schloßwachthabende wußte vor Schreck nicht, was er tun sollte. Ich versprach ihm, wiederzukommen und ihm dann zu helfen.

Beim Grenzschutz erschraken die Offiziere bei der Nachricht. Die Mannschaften hatten gerade zum erstenmal Ausgang, nachdem sie heimlich herangezogen worden waren. Ein Teil konnte noch von der Straße zurückgeholt werden. Die Offiziere schrien durcheinander. Die Mannschaften schwirrten umher, schnallten Koppel um, empfingen Handgranaten. Einige waren bei der Nachricht kreideweiß geworden.

Ich rannte weiter nach dem Landtag. Das Tor war schon geschlossen. Ich klingelte. Langsam kam der Pförtner und fragte durch das Gitter, was ich wollte. Ich teilte es ihm hastig mit.

»Ich kenne Sie nicht«, sagte er ruhig. »Sie müssen schon warten, bis ich die Wache benachrichtigt habe.« Er schloß das Guckfenster. Ich stand draußen, heiß vom Rennen und der Aufregung. Es war Dämmerung. Die Gebäude sahen schon sehr dunkel aus. Jetzt kamen innen Schritte. Das Guckfenster wurde geöffnet. »Die Spartakisten kommen?« fragte eine erschrockene Stimme.

»Ja. Ich habe Befehl vom Inspekteur der Sicherheitstruppe.« Ich sagte das so feierlich, weil ich annahm, daß ich schneller hineinkäme. Die Tür öffnete sich auch gleich. Ich rannte mit dem Wachthabenden nach der Wachtstube und erklärte ihm: »Du stellst einen Posten ans Haupttor! – Wieviel Maschinengewehre habt ihr?«

»Zwei Stück.«

»Und wieviel ausgebildete Schützen?«

»Das muß ich erst feststellen.«

Auch ein Wachthabender!

Ich zeigte ihnen alles und rannte dann fort. Draußen kam um die Schloßkirche ein dickes Auto gepoltert mit merkwürdig großen Lichtaugen, eins unserer Panzerautos. Ich rannte weiter und stürzte zum dunkeln Schloßtor hinein, von dem nur die kleine Pforte halb offenstand. Da bekam ich einen Schlag vor die Brust. Zwei zerrten an mir herum.

»Laßt mich los! Kennt ihr mich nicht?«

»Das wäre bald ins Ooge gegangen!« lachten sie.

Ich lief weiter durch die Gänge, über Treppen zur Schloßbereitschaft. Dort war ein Sicherheitskompanieführer, den ich kannte. Er hörte ruhig zu und gab dann sofort Anweisungen. Endlich mal ein richtiger Führer! Auf der Schloßwache traf ich den Major und meldete ihm.

»Ich bleibe hier«, sagte er. »Gehn Sie in den Landtag und übernehmen Sie dort das Kommando!«

Ich ging auf die Straße hinaus und fühlte auf einmal eine Schwäche. War es das Umherlaufen den ganzen Tag und die dauernde Spannung? Zwischen all diesen Menschen zu leben war ja kein Genuß. – Ich hatte auch den ganzen Tag noch nichts gegessen als die zwei Knödel in brauner Soße, während mein Brot in der Kaserne trocken wurde. Das Herz schlug mir heftig, und ich schwitzte vor Schwäche.

Auf der Landtagswache setzte ich mich still an den Tisch. Die Freiwilligen um mich freuten sich auf einen Kampf mit den Kommunisten. Mir machte das nur das Herz schwerer. Die Freiwilligen hier sind ja nur geschobene Puppen. Erbittert blies ich den Zigarettenrauch von mir und ging in meiner Erregung in die dunkle Vorhalle, wo jetzt rechts und links Maschinengewehre standen. Wenn man wenigstens einen einzigen Bundesgenossen hätte! Auch der Schreiber von meiner Kompanie – soviel er auch einsah – war doch vergiftet von den sozialdemokratischen Vorurteilen und glaubte an ihre Nebelschlösser, von denen sie täglich in ihrer Zeitung schrieben.

Meine Wut nahm noch zu, weil ich fühlte, wie ohnmächtig ich war. Ich begriff einiges noch nicht. Wie sollte ich auch, wo ich mich bis dahin nie um Politik gekümmert hatte?

Ich ging wieder in die Wachtstube und rauchte. Jetzt überwog bei mir der Hunger. Übrigens mußten jetzt doch auch die Kommunisten da sein, wenn sie überhaupt kamen.

Endlich nach Mitternacht kam ein Bote. »Du sollst zum Major kommen.«

»Was ist mit den Kommunisten?«

»Ach, was der verrückte Kerl ist, der sogenannte Schloßkommandant, der sagte, die hätten sich wieder zerstreut, aber ohne ihre Maschinengewehre. Das soll erst einer glauben.«

Den Major traf ich in seinem Geschäftszimmer. Er saß und schrieb. Warum schrieb er noch jetzt nach Mitternacht? Sein schmales Gesicht sah blaß und ruhelos aus. Der ist persönlich nicht schlecht, dachte ich unwillkürlich. Vielleicht weiß er nicht einmal, was er für eine Rolle spielt.

Er wendete seinen Kopf zu mir und fragte: »Wo werden Sie nun schlafen?«

»Bei der Schloßbereitschaft.«

»Gute Nacht«, sagte er leise und lächelte. »Morgen haben wir viel zu tun.«

Ich ging ganz langsam durch die spärlich beleuchteten Gänge und sah die Fürsten in ihren Prunkgewändern auf mich herabschauen. Was für ein sonderbarer Tag und was für sonderbare Verhältnisse!

Der Kopf war mir schwer. Im matt erleuchteten Bereitschaftssaal schnarchten sie. Das Stroh knisterte. Ich zog mir nur die Stiefel und den Rock aus und legte mich an eine leere Stelle, wo allerdings wenig Stroh war. Ich schlief traumlos, nur mit einem Gefühl von Unruhe um mich her. Beim Aufwachen hatte ich eine unangenehme Empfindung, Hunger war es.

Auf dem Hof stand das kleine Schloßauto, von dem Schladitz und sein Freund im Schafspelz Maschinengewehre abluden.

»Wir haben sie!« rief Schladitz und machte eine großartige Handbewegung. »Die Dinger hatten sie im Park eingegraben! Aber wir haben sie gefunden!«

Ich sah die Waffen mit einem gewissen technischen Bedauern an, ob nicht Erde in die Rückstoßverstärker oder sonstwo hineingekommen wäre. Man müßte sie gleich putzen, damit sie nicht rosteten. Aber wo ich auch hinsah, es war nicht ein Sandkorn zu sehen. Ich betrachtete mir das Gesicht von Schladitz genauer. Dem war ja jede Art von Betrug zuzutrauen. Wo hatte er aber die Dinger her? Ich wußte, er hatte ein heimliches Waffenlager am großen Schlachthof. Vielleicht waren sie von dort.

Aber warum machte er solche Flausen? Wollte er damit beweisen, daß er unentbehrlich wäre? Hatte er vielleicht die Teppiche, von denen das Oberhofmarschallamt sprach, mit verschieben helfen und fürchtete, daß das einmal aufgedeckt würde? – Unterdessen schwatzte er allerhand Zeug über die Gefahren, die ihn bei seiner Tätigkeit stündlich umlauerten. Aber mir war jetzt das Wichtigste, etwas zu essen, und ich ging zu der Inspektion, um zu fragen, ob sie jetzt Dienst für mich hätten.

»Du sollst hier warten, bis der Major wiederkommt«, sagte der eine Schreiber. – Ich setzte mich und wartete mit steigender Ungeduld. Lächerlich, sich über so ein bißchen Hunger so aufzuregen! Aber dieses nutzlose Warten brachte mich schon wieder in eine gereizte Stimmung.

Nach über drei Stunden kam der Major. Ich hatte mir alles mögliche ausgedacht, was ich ihm ins Gesicht spucken wollte, aber als er vor mir stand, hatte ich nur noch das Interesse fortzukommen, und sagte ihm nur, daß ich nach der Kaserne wollte, meine Sachen holen. Er hörte kaum darauf und nickte unaufmerksam. Wozu hatte er mich also drei Stunden warten lassen?

Wütend ging ich auf die Straße und stieg auf die Elektrische. Das kam von dem verfluchten Drill beim Militär, daß man so einem Krautkopf nicht die Wahrheit sagen konnte! Und schon als Kind haben sie einen eingefuchst auf Gehorsam und Liebe gegen die Eltern und Pastor und Lehrer! Das ist doch eine komische Liebe, die einen dumm macht! Man muß dieses eingebleute Gefühl zerstören! Dabei sind die Leute von gestern eben wieder im Begriff, diese Autorität neu aufzurichten.

In der Kaserne ging ich sofort zu Falbel. Ich wollte ihm sagen. was im Schloß los ist. Hier mußte man kämpfen!

»Der Falbel ist zum großen Soldatenrat«, sagte der Bataillonsschreiber.

Ich ging zur Kompanie und sagte, daß man mir das Verpflegungsgeld auszahlen sollte, weil ich nicht zum Essen an die

Kaserne kommen könnte. Dabei fiel mir ein, daß ich in meiner neuen Stellung neben allem Ärger auch noch Geld würde drauflegen müssen, denn mit dem Verpflegungsgeld konnte ich doch nicht in der Mohrenschenke auskommen! So zerfloß meine Wut und mein Wille zum Kampf in Verpflegungsgeld und anderm Dreck. Man kam nicht weiter hier. Der eine war zu schlapp, der andere ein Schieber, der dritte war nicht da.

Ich fuhr in Zivil ins Schloß. Der Major gab mir den Auftrag, die Verteidigungsmöglichkeiten des Landtagsgebäudes zu erkunden. In den nächsten Tagen sollte das ganze Kriegsministerium ins Schloß ziehen mit dem neuen sozialdemokratischen Kriegsminister Kirchhof, mit allen Offizieren und Schreibern. Und für die sollte ich die Bewachung organisieren. Das ging mir sehr gegen den Strich. Aber ich wußte auch nicht, was ich machen sollte.

Ich ging in meinem ziemlich ruppigen Zivil ins Landtagsgebäude. Der Pförtner kannte mich ja schon und ließ mich ein. Im ersten Stock wollte ich feststellen, ob es dort ein geeignetes Fenster gäbe, um mit einem Maschinengewehr eine der Straßen entlang zu schießen. Ein Landtagsdiener betrachtete mich prüfend. – Dort hinten rechts schien es zu gehen. Ich trat dort in die Nische und warf einen Blick durchs Fenster. Sehr gut – ich sah mich um –, man konnte ein Maschinengewehr nicht fest auflegen.

»Was tun Sie hier?« Der Diener faßte mich am Arm.

»Hier ist mein Ausweis.«

»Sie haben spioniert! Den Ausweis kann ich nicht prüfen! – Kommen Sie mit!«

Ich ließ mich abführen. Wie im Verbrecherfilm! dachte ich und mußte lachen.

Der Diener sah mich empört an. »Sie scheinen mir ja ein ganz Ausgekochter zu sein!«

Er stieß mich in eine Tür hinein. Darin saß hinter einem Schreibtisch ein Herr mit Hornbrille.

»Dieser Mann hier ist der Spionage höchst verdächtig, Herr Direktor.« Und er erzählte, wie ich überall herumgeschnüffelt hätte und schließlich ans Fenster getreten wäre, um wahrscheinlich meinen Spießgesellen ein Zeichen zu geben.

Der Herr am Schreibtisch zeigte merkwürdig wenig Aufregung.

Ich legte ihm meinen Ausweis hin. »Sie können sich durch ein Telefongespräch mit Herrn Major von Cornelius von der Richtigkeit überzeugen.«

»Dessen bedarf es nicht. Aber es wäre klüger gewesen, vorher zu mir zu kommen. Es ist mir nur lieb, wenn der Landtag in die Schloßverteidigung mit einbezogen wird. – Sagen Sie auch Herrn Major, daß ich für die Neueröffnung des Landtags Unruhen befürchte. Er möchte mir etwa fünfzig Mann dazu stellen, die wir auf die Gänge und Tribünen verteilen – natürlich in Zivil. Revolver in der Tasche genügt.«

Kaum war ich vom Landtag zurück, sollte ich mit Schladitz zwei neue Maschinengewehre aufstellen. Wieder ging es bis spät in die Nacht. Heute hatte ich aber ein Zimmer mit einem großen, breiten Bett. Nur kalt war es im Raum. Erst am Morgen bemerkte ich, woher das kam. Es war halbdunkel, durch einen niedrigen Bogengang, der davorlag und nie einen Strahl Sonne hereinließ. Selbst in den Bogengang kam nur zu Mittag ein dünner Streifen. Mich fröstelte. Das war wie in einem Gefängnis. Draußen begann der Frühling, und hier in den mittelalterlichen Räumen war ewiger Winter. Aber ich kam auch nicht dazu, viel in dem Zimmer zu sitzen.

Vom frühen Morgen bis in die späte Nacht wurde ich von einer Stelle zur andern gerufen. Ein schlanker Kavallerieoffizier mit Monokel wollte wissen, wo die Abteilung IIIb des Kriegsministeriums hinkäme.

»Das weiß ich nicht, Herr Oberleutnant. Vielleicht verteilt das Oberhofmarschallamt die Räume.«

Ein Hauptmann kam dazu und sah verächtlich auf meine rot-weiße Binde. Zuerst schien er etwas sagen zu wollen, aber dann ging er hochmütig weiter.

Der Schloßportier kam zu mir. »Unten am Tor warten Maurer. Die sollen vom Herrn Major bestellt sein.«

»Ja, sie sollen den Durchgang vom Schloß zur Schloßkirche vermauern.« Dazu mußte ich den Major benachrichtigen. Dann holte ich Schladitz, weil der einen Hauptschlüssel hatte, der überall schloß. Nun endlich setzte sich unsere Kolonne in Bewegung, vorn der Major mit Schladitz, dahinter die Maurer und ich. Wir konnten nicht den nächsten Weg gehen, um nicht die Teppiche und das Parkett mit unsern schweren Stiefeln zu beschädigen. Es ging also über Nebentreppen und durch Gänge, in denen ich noch nicht gewesen war. Die Maurer staunten die unendlichen Bilder von Fürsten und Erzbischöfen an den Wänden an. Der Durchgang zur Kirche, der sich über eine Straße wegwölbte, ging von einem Zimmer aus, in dem Möbel mit geschwungenen Beinen standen. Die Teppiche wurden zusammengerollt, denn die Maurer mußten mit ihren Ziegeln und ihren Eimern da durch. Die dünne Ziegelmauer wurde auf der Kirchenseite eingezogen. Aber wir trauten ihrer Stärke noch nicht, und ich bekam den Auftrag, einen Spanischen Reiter zu bestellen, das heißt ein Holzgestell, mit Stacheldraht umspannt, das genau in den Gang paßte. Wir hatten sowieso bei den Pionieren Spanische Reiter zu bestellen. Die sollten in den Schloßhöfen für jeden Fall bereitliegen.

Das Lastauto, das die Spanischen Reiter und eine große Last Stacheldrahtrollen brachte, fuhr in den Schloßhof herein. Da kam der Rechnungsrat aus dem Oberhofmarschallamt herausgestürzt und schnauzte: »Das geht doch nicht! Der Hof ist mit Sandsteinplatten belegt. Den Druck eines so schweren Autos halten die nicht aus! – Sehen Sie, da sind schon zwei Platten zerbrochen! Wer soll das bezahlen? Ich habe kein Geld dafür, wo Sie schon das ganze Schloß verwüsten!«

Immer mehr Maschinengewehre wurden aufgebaut. Jede der Außenmauern konnte von einer vorspringenden Ecke flankiert werden. Über die Tore wurden Posten gestellt. Die sollten bei einem Sturm den Angreifern Handgranaten auf die Köpfe fallen lassen. Das Schloß lagerte sich um eine Reihe von Höfen, und jeder der Durchgänge war wieder zur Verteidigung eingerichtet. Wenn Angreifer zum Haupttor hereinkämen, befanden sie sich vor einem unsichtbaren Gegner. Gegenüber im ersten Stock hinter einem dünnen Vorhang standen auf Tischen zwei Maschinengewehre. Die waren dauernd besetzt. Sie brauchten nicht einmal den Vorhang wegzuziehen und die Fenster aufzumachen, denn von dem düstern Raum aus konnte man alles auf dem hellen Hofe unten sehen. Meine Aufgabe war es, die Posten einzuweisen und zu kontrollieren. Ich hatte auch die Straßen und Plätze der Umgebung zu erkunden. Von der Bevölkerung wußte sicher niemand, wo wir überall vorgeschobene Posten und Maschinengewehre stehen hatten. Im Altertumsmuseum stand eins hinter einer silbernen Prachtrüstung. An manchen Tagen gingen Hunderte von Besuchern daran vorbei, ohne zu ahnen, daß hinter dem Vorhang ein schweres Maschinengewehr und ein Berg Munitionskästen standen. In staatlichen Büroräumen, auf Türmen, überall, wo man weithin Straßen entlangsehen konnte, standen Maschinengewehre oder waren Stellungen für sie erkundet. Dreißig Stück waren eingebaut, und weitere dreißig hatten wir in Bereitschaft. Täglich, wenn die neuen Wachen aufzogen, mußte ich sie einweisen und Probealarm machen.

Ein Schloßdiener kam gelaufen. »Im Quartier der Herzogin von Parma sind Stücke der seidenen Wandbespannung herausgeschnitten!« Ich rannte dorthin. Es handelte sich um eine Flucht leerstehender Zimmer. Ein Raum stand offen. Wer hatte vergessen, ihn zuzuschließen? Aus der roten Seidenbespannung war ein Stück herausgeschnitten, in Größe einer Aktentasche. Ich betastete die Bespannung. Das Zeug hielt so wenig, daß es der Abschneider nicht einmal verwenden konnte. Der Diener klagte und regte sich auf. Die riesige Wandbespannung, wohl vier Meter hoch und sieben lang, war hin! Flicken konnte man sie nicht, weil das Rot schon etwas verschossen war.

Bei einem Kontrollgang fand ich unser Munitionsdepot offen. Ich zählte sofort die Armeerevolver durch. Dreiundzwanzig Stück fehlten. Wer konnte sie haben? Ich traute dem Grenzschutz am wenigsten und ließ mir vom Major eine Anweisung zur Durchsuchung geben. Damit lief ich hinüber. Die

Durchsuchung brachte wirklich acht Stück wieder. Über die andern wurde ein Protokoll aufgenommen.

»Warum haben Sie auch die Pistolen an einer so unsicheren Stelle untergebracht?« schimpfte der Major. Ich hätte ebensogut sagen können: Warum hat der Schladitz noch immer den Hauptschlüssel, wo ihm doch niemand traut?

Immer wieder versuchte ich, einmal den Falbel zu sprechen. Wozu diese riesigen Vorbereitungen zum Kampf in der ruhigen Stadt? Aber Tag für Tag hatte ich von früh bis abend zu tun und fiel abends todmüde ins Bett.

Bei der Eröffnung des Landtags verteilte ich fünfzig Sicherheitsfreiwillige in Zivil auf den Gängen und den Tribünen. Ich selbst war in Uniform, um leichter als Leiter erkannt zu werden. Ein junger Mann, elegant, von unangenehm weibischem Aussehen, redete mich an und ging mit mir auf und ab. Er wußte, wer ich war, und tat so, als müßte ich ihn auch kennen. Ich traute ihm nicht ganz und war zurückhaltend. Aber vielleicht war er einer von den vielen Sozialdemokraten, die täglich mit den Offizieren im Schloß ein und aus gingen.

Wir setzten uns auf die Tribüne und hörten uns die Reden unten an. Er zeigte mir die bekannten Persönlichkeiten und machte seine Bemerkungen über sie.

Ich sah mich auf den Tribünen um. Auf einen der harmlos aussehenden Besucher kamen mindestens zwei Sicherheitsfreiwillige mit Pistolen in den Taschen. Ich erkannte sie leicht an ihrem meist ruppigen Zivil. Auf den Gängen standen auch noch Freiwillige und betrachteten jeden Ankömmling etwas zu auffallend feindlich. Wenn ich nicht die Sache gewußt hätte, hätte ich angenommen, das wären die fanatisierten Kommunisten, die bei der Landtagseröffnung stören wollten. Übrigens hatte ich persönlich gar nichts gegen eine Störung. Daß man in Berlin in eine solche Quasselbude Stinkbomben geschmissen hatte und daß die Minister und Abgeordneten in sinnlosem Schrecken ausgerissen waren, weil sie an Explosivbomben geglaubt hatten, das hatte mich sehr gefreut. Ich wünschte ihnen nichts so sehr, als daß sie sich lächerlich machten. Hier freilich war ich gegen die Störung, einfach weil ich die Verantwortung hatte.

Lauter bekannte Politiker sprachen. Mich interessierten, wie sie aussahen und wie sie sprachen. Was sie sagten, berührte mich nicht. Es waren lauter solche Redensarten, wie sie solche Leute machen. Nur bei den Unabhängigen Sozialdemokraten waren sie etwas schärfer geschliffen.

Der sozialdemokratische Ministerpräsident war eine stattliche Erscheinung. Er redete auch so, als ob er einen Purpurmantel umhätte wie die Fürsten auf den alten Bildern im Schloß. Die Bürgerlichen dagegen schienen alle nicht reden zu können. Sie hatten solche kümmerlichen Stimmen, daß man sie kaum verstand, und waren langweilig. Ich flüsterte dem neben mir ins Ohr: »Für jeden Menschen wäre es gut, sich einmal dieses Gerede anzuhören, damit ihnen etwas die Bewunderung für diese Jammergeister vergeht.«

Er lächelte. »Haben Sie schon den neuen Kriegsminister gesehen? Dort unten, der kleine Graue neben dem Dicken.«

»Was ist das für einer?«

»Schneider von Beruf.« Er lächelte boshaft. »Den bringen sie nicht um!«

»Warum nicht?«

»Ach, er spielt keine Rolle.«

»Er zieht morgen ins Schloß, und ich soll ihn bewachen.«

»Machen Sie das eigentlich gern?« fragte er und sah mich gespannt an.

»Ich weiß nicht«, wich ich aus. »Das ist alles Kotz!«

»Aber es muß doch geschehen. Man muß die neue Ordnung schützen.«

»Die ist einen Dreck wert, scheint mir!«

»Das sagen Sie?«

»Ja, ich!« sagte ich lauter, als es mein Amt, Störungen zu verhindern, zuließ. Aber all die aufgestapelte Wut wollte einmal hinaus. »Vor allem sollte man die Sozialdemokratie platzen lassen! Sie als Mitglied der Partei sollten ein Interesse daran haben, sie zu zerhauen, um sie dann gesund zu machen!«

»Aber ich bin doch Demokrat!« lachte er und fügte etwas zaghaft hinzu: »Und ich nahm bisher an, daß Sie Sozialdemokrat sind?«

»Nein, ich bin kein solcher Betrüger!« Ich konnte vor Erregung nicht sitzen bleiben. »Entschuldigen Sie, ich muß meine Posten nachsehen!«

Er schien erstaunt und auch etwas eingeschüchtert durch meine plötzliche Schroffheit und gab mir seine unangenehm weiche Hand. »Nu dann, auf Wiedersehen!« Auch er erhob sich und ging von der Tribüne. Wie ich dann sah, zeigte er unten seine Abgeordnetenkarte vor und wurde in den Saal eingelassen. Ach so? Er hatte eine Bekanntschaft machen wollen! Ich schämte mich, daß ich das nicht früher begriffen hatte.

Das Schloß, bisher nur die Residenz der führenden Sozialdemokraten, füllte sich täglich mehr mit Offizieren. Ich mußte immer wieder bemerken, wie unfreundlich sie auf meine rotweiße Binde sahen. Für den neuen Kriegsminister wurde ein Raum ausgesucht, in dem er Abordnungen empfangen sollte, wenn es sich durchaus nicht vermeiden ließe. Dazu war folgende Vorschrift gegeben. Alle Nebentore waren verschlossen, und am Haupttor stand außer der starken Torwache noch der Schloßportier, der sofort die Politische Polizei und andere Kräfte alarmieren konnte. Wenn eine Abordnung ans Tor käme, sollte es zuerst der Schloßverteidigung gemeldet werden, das heißt dem Major, der Tag und Nacht da war und in seinem Geschäftszimmer schlief. Er sah auch blaß und angegriffen aus. Er sollte dann das Ministerium benachrichtigen. Unterdessen wurden die mächtigen Innentore geschlossen und besetzt. Die waren nur dazu eben erst angefertigt worden. Außerdem wurde neben dem Empfangsraum des Ministers eine Leibwache für ihn bereitgestellt. Erst nach diesen Vorbereitungen durfte die Abordnung herein, aber nur drei Mann. Wenn mehr versuchten hereinzukommen, sollte geschossen werden.

Der Vorsitzende des Arbeiterrats suchte mit dem Major zusammen den Empfangsraum des Ministers auf.

»Sehen Sie«, sagte der Major, »dieses Zimmer meine ich.«

Es war ein schöner, braun getäfelter Raum mit einem buntbezogenen Sofa und einem großen Eichentisch in der Mitte. »Es hat nur einen Ausgang, und die Sicherheitswache kann gegenüber untergebracht werden, so daß sie sich auf ein Klingelzeichen sofort auf die Besucher stürzt. Die Leibwache kann auch von der anderen Seite her abgelöst werden, so daß sie niemand sieht. Denn meiner Meinung nach darf doch niemand davon wissen.«

»Weshalb nicht, Herr Major?« fragte der Arbeiterrat.

»Aber ich bitte Sie! Wenn das in die Öffentlichkeit dränge! So eine Wache hat nie ein regierender Fürst gehabt wie Ihr Minister!«

»Es war damals auch keine Revolution!« schnitt der Arbeiterrat ab. »Renn läßt den Elektriker kommen, der die Klingelleitung von hier zur Ministerwache legt. Wir werden den großen Tisch dicht vor die hintere Wand rücken. Dahinter sitzt dann der Minister. Der Klingelknopf wird unter der Tischplatte angebracht.«

»Es wäre noch zu besprechen«, sagte der Major, »wie stark wir die Leibwache machen. Jetzt ist das Eindringen größerer Trupps so gut wie unmöglich. Außerdem würden sie sich in den Gängen und Winkeln hier nicht gleich zurechtfinden.«

Ich glaube, daß sechs Mann von der Sicherheitstruppe völlig genügen«, sagte der Arbeiterrat und tat so, als sähe er das Lächeln des Majors nicht.

Am nächsten Tage kam der Minister selbst. Er war ein kleiner dünner Mann mit grauem unangenehmem Gesicht. Ich wies gerade seine Leibwache ein. Er sah sich um, ohne uns überhaupt zu beachten. Das ärgerte mich, und ich fragte ihn: »Sollen wir jetzt gleich einen Probealarm machen, Herr Minister?«

»Nein«, sagte er kalt und sah an mir vorbei.

Ist das ein boshafter Hund, dachte ich. Er ging fort, ohne zu grüßen.

»Jetzt üben wir Ministerschutz«, sagte ich zu der Leibwache. »Einer bleibt hier als gefährlicher Besucher. Ich spiele Minister. Und ihr andern stellt euch drüben bereit!«

Ich setzte mich also auf das Ministersofa und wartete zwei Minuten. Dann sagte ich dem gefährlichen Besucher: »Jetzt greif mich mal an!«

Er suchte nach mir zu schlagen, aber der Tisch war sehr breit. Ich drückte unter der Tischplatte auf den Knopf. Die Tür krachte auf, und die fünf kamen hereingestürzt. Einer fiel auf dem glatten Parkett hin. Die andern packten den gefährlichen Besucher an und zerrten ihn unter lautem Gelächter hinaus.

Als sie sich von dem Spaß erholt hatten, sagte einer: »Das will nun ein Genosse sein und macht so ein Affentheater um seine Sicherheit! Und wenn er noch Reichswehrminister wäre! Aber was ist er denn?«

»Der will eben kein Wasser saufen wie sein Vorgänger! Das verstehst du nur nicht!«

Ich hinderte sie nicht in ihren Bemerkungen, denn das hatte ich ja gerade erreichen wollen.

In die Kaserne kam ich immer wieder nicht, und Falbel war nie da, wenn ich bei ihm anrief. Ich hätte ihm auch nicht telefonisch sagen können, was mir als das Wichtigste erschien. Denn wer konnte wissen, ob nicht alles abgehört wurde. Und er kam nicht zu mir ins Schloß, so oft ich ihn auch darum bitten ließ. Dabei war etwas geschehen, was mein Mißtrauen noch mehr verstärkte. Der General Maerker war mit seiner Brigade in der Stadt. Das Freikorps Faupel und andere Freikorps lagen rings um das Schloß in Bürgerquartier. Der Major Faupel hatte mit den übrigen Freikorpsführern zusammen im Schloß selbst seine Geschäftszimmer, und zwar unmittelbar neben den Räumen des Arbeiterrats. Und der Verkehr zwischen ihnen war sehr freundschaftlich.

Auf den großen Plätzen, um das Schloß herum, wurden Drahthindernisse gebaut, an deren Durchgängen Posten der Freikorps im Stahlhelm standen, am Leibriemen Handgranaten. Jetzt stand auch der Grenzschutz offen in der Stadt und versteckte sich nicht mehr hinter verschlossenen Türen. Und die Sicherheitsfreiwilligen standen mit ihren Binden neben den Posten aller dieser verdächtigen Formationen, als wäre das ganz richtig so. Was wollten die neuen Truppen und die vielen Offiziere in ihren eleganten Stiefeln? Der Major erklärte es mir natürlich nicht.

Ich war jetzt einen Monat ununterbrochen im Dienst und mußte mir die Nachtruhe beinah erschleichen, wurde aber auch nachts oft durch den Ruf: »Alarm!« aufgeschreckt, der durch die gewölbten Gänge hallte.

Schladitz, der ewig Unruhige, war jetzt seltener da. Er schien in irgendeiner Winkelkneipe in der Nähe mit seinen Freunden zu saufen und – wie ich überzeugt war – Waffen und anderes zu verschieben. Ich ahnte das alles und konnte doch nichts unternehmen, weil man hier keinem Menschen trauen konnte. Und wenn ich den Verdacht gegen Schladitz ausgesprochen hätte – das wäre den Offizieren nur recht gewesen! Sie hätten die letzten Posten hier mir ihren Leuten besetzt und Schladitz und vielleicht noch mehrere andere durch Prozesse unschädlich gemacht.

Das war Mitte Mai. Jeden Abend ging die Sonne über dem Platz vor dem Schlosse unter und hinterließ einen hellen Himmel, vor dem dunkel die Gebäude standen. Eine Sehnsucht packte mich dann, hinauszugehen ins Freie, einmal eine Wiese zu sehen und blühende Bäume, und nicht nur Steinpaläste und schwarzen Asphalt. Aber vielleicht waren es gar nicht die blühenden Bäume, nach denen ich mich sehnte. Wie soll man es aushalten, dauernd seiner ganzen Umgebung zu mißtrauen, stets in einer erhitzten Stimmung zu sein! Ich wollte wieder einmal bei meiner Kompanie sein, zu der ich gehörte.

Eines Tages war wieder Sitzung der Sicherheitstruppenführer und der Soldatenräte im Schloß. Ich war sehr beschäftigt und begrüßte die Kameraden nur flüchtig auf dem Hof.

»Kommt Falbel?« fragte ich einen von unserm Bataillon.

»Nein, er konnte nicht. Er hat irgend etwas Dringendes zu tun.«

Ich war wegen eines Postens, der an einen andern Platz gestellt werden sollte, in das Kriegsministerium bestellt. Dort stand ich im Vorraum. Ein griesgrämiger Kanzleibeamter betrachtete mich immer wieder mit gesenktem Kopf über die tiefhängende Brille weg, dabei mußte er mich kennen. Ich ging unruhig auf und ab. Drüben verhandelten die Kameraden darüber, was mich so dringend anging und wovon ich in mancher Beziehung das meiste wußte. Und ich mußte wegen so einem dummen Posten hier warten!

Schließlich öffnete sich die Tür, und der Oberleutnant, der mich bestellt hatte, ließ zwei Offiziere heraus. Ich wollte mich zur Stelle melden, da sagte er: »Einen Augenblick!«, und die Tür war wieder zu. Meine Ungeduld stieg. Wenn ich nur nicht zu spät käme zu der Diskussion über die Lage!

Der Oberleutnant kam heraus. »Wozu hatte ich Sie bestellt? Ach ja, der Posten hier unten an der Treppe muß auch den Eingang dort rechts in der Ecke des Hofes bewachen. Da dürfen nur Hofbeamte aus und ein gehen. Kein Mensch hat sonst dort etwas zu suchen. Also instruieren Sie den Posten in diesem Sinne!«

Wegen so einer gleichgültigen Sache verhindern diese Menschen einen, zu einer so wichtigen Sitzung zu gehen! An dem Gang lagen stets verschlossene Vorratsräume. Sonst war da nichts von Bedeutung.

Ich unterrichtete den Posten und lief zu dem Saal, wo die Sicherheitstruppe tagte. Als ich eintrat, sprach ein Bataillonsführer mit dröhnender Stimme und, wie es schien, auch schon sehr lange, denn die übrigen hörten nicht recht darauf.

»Der Kamerad Wagner wirft uns vor, bei uns wäre Unordnung. Da müssen wir ihm schon sagen, daß solche Sachen wie bei seinem Bataillon bei uns nie vorgekommen sind! Eine Kompanie hat dort in zwei Wochen dreimal den Führer gewechselt.«

»Welche Kompanie?« lachte einer. Die andern wurden auch lebendig.

»Bei der dritten ist das geschehen. Und ich will sagen, woher das kommt. Weil die Führer alles mögliche versprechen, nur um Führer zu werden. Wenn sie das dann nicht halten können, gibt's 'n Aufstand bei der Kompanie. Der Führer wird abgesetzt, und jetzt kommen wieder die Wahlreden. Wer die größte Schnauze hat und die dicksten Sachen verspricht, der wird gewählt. Nein, Kameraden! So geht das nicht weiter! Hier muß von Grund aus aufgeräumt werden. Es geht nicht, daß jeder Rotzjunge Kompanieführer werden kann, wenn er nur ein recht großes Maul hat! Aber, Kameraden, mit dem Entwurf des Kriegsministeriums können wir uns nicht einverstanden erklären. Bestätigung der Kompanie- und Bataillonsführer von oben, das ist richtig. Aber so, wie es das Ministerium vorschlägt, nein! Da machen wir nicht mit! Das kommt ja einer Einsetzung durch das Ministerium gleich!«

»Sehr richtig!«

»Wenn man das erzwingen will, treten wir in den Streik!«

Der Versammlungsleiter klingelte und sagte langsam und bestimmt: »Der Kriegsminister ist ein Genosse, das dürft ihr nicht vergessen.«

»Ein schöner Genosse!« Einer sprang auf und schrie ihm ins Gesicht: »Ein Genosse, der nicht einmal die Führer seiner eigenen Parteitruppe empfängt! Wir konnten da neulich vor dem Tor stehen und wurden nicht hereingelassen! Nur drei Mann, sagte man uns. Und währenddem gingen die Offiziere in ganzen Haufen hinein und machten ihre höhnischen Bemerkungen über uns!«

»Wann ist das geschehen?« rief ich.

»Vorigen Freitag. Wir haben nach dir gefragt, aber du warst nicht da.«

Der Versammlungsleiter klingelte wieder. »Zur Debatte steht der Entwurf des Ministeriums zur Änderung unserer Dienstvorschrift. Bleibt bei der Sache, Kameraden!«

Man rief mich zur Schloßbereitschaft. Es handelte sich darum, daß die Handgranaten noch nicht geschärft waren, wenigstens nur zwei Kisten. Das Schärfen dauerte einige Zeit. Dann ging ich zurück zum Sitzungssaal der Sicherheitstruppe. Sie sprachen wieder einmal über ihre Versorgungsansprüche. Ich saß da und ging hinaus, als die Sitzung zu Ende war.

Ich versuchte immer heftiger, von hier fortzukommen. Aber es war so viel zu tun, daß ich vor Arbeit alles vergaß. Ich fuhr mit einem Lastauto hinaus zum Munitionsdepot und holte Maschinengewehrmunition, Handgranaten und Revolverpatronen, als ob wir einer wochenlangen Belagerung entgegengingen.

Vom Schloßturm wurde eine Radioantenne nach dem großen Schloßhof gespannt. Die eigentliche Funkanlage kam in eine der ehemaligen Hofküchen, einen gewölbten Saal mit ungeheuren Herden. Wenn oben auf dem Turm gearbeitet wurde, mußte ich immer mit hinauf. Man ging eine bestimmte Wendeltreppe hinauf – es gab allein an den Höfen sieben, die Treppen im Innern der Flügel gar nicht mitgerechnet. Ganz oben war eine eiserne Tür. Die führte unter das Dach. Da streckten sich die völlig leeren Bodenräume. Jede Wäscherei wäre darüber begeistert gewesen. Ich hörte auch von den Hofbeamten, daß darüber verhandelt wurde oder verhandelt worden war, sie zum Wäschetrocknen zu vermieten. Ganz klar erfuhr man das nicht, und ich hatte den Verdacht, daß da etwas nicht ganz stimmte.

Wieder ging es durch eiserne Türen und um eine Ecke. Dann kam der Turm mit seinen mächtigen Mauern. In seinem Innern führte eine breite hölzerne Treppe aus riesigen Balken hoch. Hinter einem Verschlag knackte laut die Turmuhr bei jedem Pendelschlag. Von dort führte eine schmale Treppe höher. Jeder Neuling war überrascht, hier oben in eine Küche und weiter in eine freundliche Wohnung mit altmodischen Tapeten zu kommen. Sie stand leer. Nachdem der Türmer abgeschafft worden war, hatte hier ein alter Junggeselle gewohnt, ein Aktuar oder so etwas. Aber seitdem er tot war, wollte niemand mehr hinein, nicht, weil es da oben kein Wasser gab, sondern weil die staatliche Stelle, die den Raum vermietete, so eine unverschämte Miete verlangte. Das hielt die einsamen und wohl meist armen Schwärmer ab. Noch weiter oben lag die Plattform, die jedes militärische Auge begeisterte, weil man von da aus so schön Straßen entlangschießen konnte.

Bei meinen Gängen durchs Schloß kam ich öfters mit den Hoflakaien ins Gespräch. Sie erzählten mir von den Festlichkeiten und dem Leben hier. Einer erzählte mir dabei, daß noch im Jahre 1913 die Minister bei einem Hochzeitsessen serviert hatten. Damals heiratete ein Prinz.

»Aber konnten denn die Minister richtig servieren? Die hatten doch nicht Kellner gelernt!«

»Nein, das müssen Sie sich so vorstellen. Wir standen vor der Tür mit den silbernen Schüsseln. Dann kamen die Minister. Wir gaben ihnen die Schüsseln auf den Arm, daß sie sich nicht verbrennen konnten. Dann gingen sie hinein und boten an. Aber die Herrschaften nahmen nur eilig etwas, damit das recht schnell ging. Es mußte doch nur das Hofzeremoniell erfüllt werden! Dann kamen sie heraus, und nach dem Scheingericht haben wir dann richtig serviert.«

»Was verlangte denn das Hofzeremoniell noch?«

»Das kann ich Ihnen nicht sagen. Da gab es eine Unmenge Bestimmungen. Wir hatten hier das spanische Hofzeremoniell. Das war von Philipp dem Zweiten von Spanien. Ich habe viel darüber gelesen. Aber ich glaube, das wurde nicht mehr ganz eingehalten, weil es doch gar nicht mehr in unsere Zeit paßte.«

Ich stieg auch auf den Turm einer protestantischen Kirche. Da war der Aufgang aber reichlich eng, um ein Maschinengewehr hinaufzubringen. Als ich das dem Major meldete, befahl er mir, auch den Turm der katholischen Hofkirche zu erkunden. In der mächtigen Kirche war gerade Messe. Man läutete mit kleinen Glöckchen. Die Orgel brauste. Ich ging in dem linken Seitenschiff vor nach der Sakristei. Ein Priester im Ornat, der gerade hineinging, fragte, was ich wollte.

»Ich bin von der Schloßverteidigung geschickt, zu erkunden, ob sich der Turm zum Aufstellen von Maschinengewehren eignet. Hier ist mein Ausweis.« Ich wollte noch hinzufügen:

Natürlich kommt das nur im Notfall in Frage. Aber er antwortete schon: »Gleich schicke ich Ihnen den Kirchendiener. Selbstverständlich können Sie hinauf.«

Auch der ältliche Kirchendiener schien gar nicht überrascht von der militärischen Erkundung, und ich war sogar in Uniform. Er schwätzte, ohne abzusetzen, von den Allerhöchsten Herrschaften, und ob sie denn wiederkämen. »Das undankbare Volk! Sie sollten nur wissen, wie gnädig die Prinzen stets waren, und so ganz ohne Stolz!«

Die Turmtreppe wand sich in einem Pfeiler hoch und war so eng, daß es gar keinen Zweck hatte, noch ganz hinaufzusteigen. Aber warum sollte ich mich nicht einmal umsonst führen lassen?

Als ich wieder ins Schloß kam, merkte ich gleich, daß da etwas Ungewöhnliches vorging. Die Torflügel der Paradetreppe standen weit offen, und da wurden von Lakaien Teppiche, Wäschekörbe und allerhand Möbel herausgetragen, die keinen besonderen Wert hatten.

»Das sieht ja aus wie Auktion?« fragte ich einen Lakaien, der immer besonders freundlich war.

»Ist auch so was. In Leipzig ist das gesamte Inventar des Schlosses versteigert worden. Und da haben die Leute solche Preise für königliche Möbel bezahlt, daß wir noch welche hinbringen.« Er kam dicht heran und flüsterte: »Für Nachttöpfe sind Preise gezahlt worden, das glauben Sie gar nicht! Wenn nur gesagt worden ist, daß sie von den Herrschaften benutzt worden sind!«

Schon mehrmals hatte ich den Major gebeten, daß er mich doch einmal in die Kaserne ließe. Ich wollte endlich mit Falbel sprechen und ihm sagen, daß ich es hier nicht mehr aushielte.

Der Major saß an der Schreibmaschine, müde, und sah mich verständnislos an. »Was wollen Sie in der Kaserne? Wenn Sie mal ausgehen wollen, gehen Sie doch in eins der Lokale in der Nähe, daß man Sie gleich erreichen kann!« Er sah mich fragend an.

Was sollte ich darauf antworten? Die Kneipen waren mir gleichgültig. Er war ein einsamer Sonderling, vielleicht ebenso einsam wie ich, und ich wußte nicht, wie man mit ihm sprechen müßte. Ich sagte: »Ich gehe in die Mohrenschenke und bin um zehn wieder da.«

»Gut.« Er tippte schon weiter.

Hoffnungslos ging ich. Trotzdem in die Kaserne? Der Falbel war jetzt zu Hause, bei seiner jungen Frau, und ich wußte nicht, wo er wohnte. – Ich hatte keinen Hunger und keinen Durst, Musik spielte auch nicht in der Mohrenschenke. Vor der Tür kehrte ich um und ging einen Posten nachsehen – um nur irgend etwas zu tun. Dann legte ich mich ins Bett, konnte aber nicht schlafen und stand wieder auf und schrieb dem Falbel, er sollte mich in den nächsten Tagen einmal zu sich bestellen.

Das tat er auch, und ich bekam Urlaub bis zum Abend. Ich stieg auf die Elektrische und sah mir jeden Baum an, der Blätter hatte, und jedes bißchen Gartengrün.

»Wie siehst du aus?« rief Falbel. »Bist du krank? So blaß und abgemagert!«

»Nein.« Ich suchte nach Worten, um ihm zu sagen, was da im Schloß vor sich ginge! Aber er mußte es ja schon wissen. Ich sagte ihm nur, daß ich fort müßte, und er sollte mich anfordern.

Dann ging ich hinüber zu meiner Kompanie. Ich freute mich über die kahlen grauen Wände der Kasernengänge, über den Kommißgeruch. Die Soldaten, denen ich begegnete, waren gewiß keine wunderbaren Menschen, kein einziger von ihnen. Aber sie waren doch nicht so raffinierte und scheinheilige Betrüger wie die alle im Schloß.

Als ich ins Kompanierevier kam, riß einer eine Stubentür auf und rief hinein: »Der Ludwig ist da!«

Sie umringten mich. »Wer hat denn die rote Fahne auf dem Schloß aufgezogen?« fragte der Matrose und lachte über sein ganzes Gesicht.

»Rote Fahne? Auf dem Schloß?«

»Wie wir auf dem Rückweg von der Wache am Schloß vorbeikommen, da weht oben 'ne rote Fahne. Wir haben uns doch gefreut! Und die Spießer haben sich ja so geärgert! Was der Max ist, der hat gesagt: ›Ob die der Renn-Ludwig aufgezogen hat?‹«

Ich wußte nichts davon und fuhr gespannt zurück.

Auf dem Schloß wehte keine rote Fahne. Und ich hatte das Faupel und den andern Offizieren so gegönnt!

Der Major war sehr erregt. Er hatte die Fahne ebensowenig bemerkt wie ich. Und dabei merkte ich, in welches Maß von Wut die Offiziere durch eine rote Fahne versetzt wurden. Das hatte ich noch gar nicht gewußt, und ich hatte die rote Fahne auf einmal selbst gern. Früher hatte ich mich eher drüber geärgert.

Die Fahne hatte schon seit dem Morgen gehangen. Ich tat sehr ernsthaft, aber konnte meine Freude kaum verbergen. Auch andere freuten sich heimlich, sogar einige von den ehemaligen Hoflakaien. Der Schladitz war so guter Laune, daß ich mich fragte, ob nicht er es gemacht hätte. Dann aber hatte ich wieder so viel zu tun, daß ich die Geschichte vergaß.

Am nächsten Morgen hatte ich die verschiedensten Gänge zu machen. Gegen Mittag traf ich den Major. »Was ist das mit Ihnen?« fuhr er mich an. »Warum haben Sie mir nicht gemeldet, daß wieder diese verfluchte Revolutionsfahne oben war!«

Er hatte einen roten Kopf vor Erregung. Ich stand verwundert vor ihm. Er schien überschnappen zu wollen vor Wut.

»Ist sie noch oben?« fragte ich und konnte nicht ganz ernst bleiben.

»Natürlich ist sie herunter!« schrie er. »Sie werden feststellen, wer das gemacht hat!«

Er ging mit großen Schritten davon.

Es war klar, daß er mir das nur aus Wut befohlen hatte. Aber ich mußte schon sehen, wie das mit der Fahne sein konnte. Dazu stieg ich auf das Türmchen, auf dem der Fahnenmast stand. Dort betrachtete ich mir die Einrichtung zum Hochziehen und dachte mir, wie sich der Täter gefreut haben mußte. Dann stieg ich wieder herunter, zufrieden, keinen Anhalt für ihn gefunden zu haben.

Die verschiedensten Offiziere redeten mich an – bisher hatte ich nach ihrem Benehmen geglaubt, daß sie mich gar nicht kannten – und wollten wissen, ob ich schon etwas herausbekommen hätte. Dann bestellte mich der Major.

Ein fremder Major saß bei ihm. Der fragte mich scharf: »Haben Sie einen Anhalt für den Täter? – Nein? – Man muß eben Augen haben. Ich bin hinaufgestiegen, und da steht es mit Bleistift an der Wand. Der Vizefeldwebel Groh von der Politischen Polizei hat selbst angeschrieben, daß er es gemacht hat. – Ja, mein Lieber! Man muß einen Floh husten hören!« Er mußte über seinen eigenen Witz lachen und wiederholte ihn.

Ich benutzte die Gelegenheit, mitzulachen. Ein feiner Kerl, der Groh! Ich kannte ihn. Er war lang, dünn und ernst. Hätte ich doch das früher gewußt! Das wäre vielleicht ein Mensch gewesen, mit dem ich hätte sprechen können! Aber wer ahnte auch so einen bei der Politischen Polizei?

Als ich vom Major fortging, traf ich Schladitz.

»Nu, Sie werden abgelöst?«

»Wissen Sie schon etwas davon?« fragte ich.

»Na, Mensch, sind Sie naiv! Denken Sie, daß man Sie dalassen wird, wenn Sie zweimal die rote Fahne übersehen?«

»Dann wissen Sie gar nichts Bestimmtes über die Ablösung?«

»Doch, irgend so ein Hauptmann wird kommen. Die wollen, wie's scheint, jetzt alles mit Offizieren besetzen. Aber der wird das bald satt haben!« Er setzte boshaft hinzu: »Mal sehen, ob er sich allein im Schlosse zurechtfindet!«

Ich hatte mir unwillkürlich einen langen dünnen Hauptmann mit Monokel vorgestellt. Zwei Tage darauf wurde ich in die Inspektion gerufen, weil der Neue da wäre. Auf einem Stuhl saß ein dicker Mann in Zivil und streckte das rechte Bein von sich. Das war steif.

»Das gefällt mir ja gar nicht hier!« sagte er ärgerlich. »Ich habe Familie und kann nicht Tag und Nacht hier hocken!«

Verflucht, dachte ich. Wenn der mich nur nicht weiter hier sitzenläßt, und ich fragte: »Kann ich Herrn Hauptmann gleich die Örtlichkeiten zeigen?«

Er kam mit. »Das hätte man mir aber sagen müssen!« murmelte er vor sich hin. »Das hätte man mir anständigerweise sagen müssen!«

Ich führte ihn in die unterirdischen Gänge und in die Säle, wo die Maschinengewehre standen, dann auf den Turm. Dort, wo die breite Treppe aufhörte und die enge begann, blieb er stehen. »Ich kann aber unmöglich soviel Treppen steigen mit meinem zerschossenen Bein! Laufen Sie denn täglich soviel herum?«

Ihm die Wahrheit sagen, daß es noch viel schlimmer war, durfte ich nicht. Sonst haute er gleich wieder ab.

Daher sagte ich: »Nein, das kommt einem nur im Anfang so schlimm vor.«

Er warf einen bohrenden Blick auf mich. »Führen Sie mich sofort zu Herrn Major von Cornelius! Unmöglich kann ich soviel steigen! Ich muß auch heute noch einmal nach Hause. Ich bin ja Hals über Kopf hierhergefahren!«

Er war schon schlechter Laune, und der Weg vom Turm zur Inspektion war ausgerechnet so verzwickt, daß er immer wieder fragte: »Gibt es denn keinen direkten Weg?«

»Vielleicht durch die Räume des Arbeiterrats. Aber für dort habe ich keine Schlüssel.«

»Ich werde Herrn Major sagen, daß das unmöglich geht! Das hätte man mir vorher sagen müssen!«

Ich brachte ihn zur Inspektion. Die Besprechung drin beim Major dauerte sehr lange. Schließlich kam er heraus. »Also morgen nachmittag bin ich wieder hier, Herr Major.«

Sehr verstimmt ging er zum Tor. Ich glaubte nicht, daß er wiederkommen würde. Aber er kam doch am nächsten Nachmittag.

»Ich bin heute zu müde zum Herumlaufen. Übergeben Sie mir nur die Wachtvorschriften und Skizzen! Dann können Sie gehen.«

Das dachte er sich doch etwas zu einfach. Aber was hatte ich schließlich für ein Interesse daran, daß die Offiziere im Schloß geschützt wurden? Nach der Übergabe der Papiere meldete ich mich beim Major ab. Er stand auf und lächelte. »Sie haben's nicht ganz leicht gehabt. Lassen Sie sich's gut gehen.«

Ich wußte, daß er es gut meinte, wenn er auch meist unnahbar war. Und doch hatte ich mich in seiner Nähe nie wohl gefühlt. Er war wohl ein überzeugter Republikaner und stand dadurch im Gegensatz zu den anderen Offizieren, die doch größtenteils Monarchisten waren. Ich glaube, er hielt sich sogar für revolutionär und hatte doch keine Ahnung von der Arbeiterbewegung.

Glücklich fuhr ich nach der Kaserne. Alle Menschen lachte ich an und unterhielt mich mit dem Schaffner über das schöne Wetter.

Kurze Zeit darauf erfuhr ich, daß der Hauptmann es nur drei Tage ausgehalten hatte. Dann hatte er gestreikt. An seine Stelle war ein anderer Offizier getreten.

Auflösung der Sicherheitstruppe

Wie ein Kranker war ich aus dem Schloß gekommen. Bei meiner Kompanie futterte ich mich bald wieder hoch. Aber ich fühlte mich nicht heimisch. Etwas war anders geworden – vielleicht war auch ich anders geworden?

Gleich am ersten Tage war eine der üblichen Kompanieversammlungen. Da gab es eine Aussprache über unsere Besoldung. Die Freiwilligen waren allgemein unzufrieden, fühlten sich verlassen und schimpften über alles mögliche, nur nicht auf ihre Partei, die doch an allem schuld war. Zum Schluß beauftragten sie den Soldatenrat damit, eine Entschließung auszuarbeiten.

Ich saß die Zeit über da und sah mir die Freiwilligen an, große und vielfach starke Männer, aber welchen Unsinn sie schwatzten! Wiederholt war ich daran, aufzustehen und ihnen zu sagen: Was redet ihr? Die Freikorps stehen in der Stadt. Man will euch überflüssig machen! Lest die bürgerliche Presse, wie sie uns seit dem Tode des Ministers lächerlich macht! Und da tut ihr nichts, als eine Entschließung anzunehmen? Die geht auf dem Dienstwege bis zu einem General, der sie stumm zu den Akten nimmt. – Aber wenn ich aufstehe und das sage? Die alle hier sind Sozialdemokraten. Sie glauben an Entschließungen! – Und wenn ich ihnen etwas sage, dann kommen sie mir mit dem ganzen Wust ihrer ängstlichen, spießigen Bedenken: Man kann doch nicht ...! Das ist doch verboten! Man muß doch Rücksicht nehmen auf die schlechte wirtschaftliche Lage!

Ich ging verstimmt in meine Stube. Man will unsere Truppe beseitigen! Sie ist ihnen noch zu revolutionär, obwohl sie eine Spießergarde ist! Aber wenn auch – die Leute werden bald auf der Straße liegen!

Vor Unruhe stand ich auf und ging durch die öden Kasernengänge. So kam ich zum Bataillonsgeschäftszimmer und sah nach, ob Falbel noch da wäre. Er schrieb einen Brief an seine Frau, die verreist war. Während er ihn zuklebte, fragte er: »Hast du schon die Geschichte von dem Leutnant Herling gehört! Vor ein paar Tagen ist er mit einem Artilleristen nach der Waldmühle hinausgeritten. Dort haben sie so gesoffen, daß er auf dem Rückweg vom Pferde gefallen ist. Er ist liegengeblieben und hat da geschlafen. Währenddessen ist sein Pferd fortgelaufen.«

»Und ist ganz verschwunden?«

»Nein, am nächsten Tag haben wir ihm die Hölle so heiß gemacht, daß er herumgelaufen ist, bis er es gefunden hat. Die Artilleristen hatten es gefangen und in ihren Stall gestellt, um es zu behalten.«

»Weißt du, daß er Schulden hat?«

»Ja, er spielt hoch.«

»Dieser Leutnant nützt uns auch gar nichts. Die andern Bataillone mißtrauen ihm.«

Er schüttelte den Kopf. »Wenn wir auf die Dauer mit unserm Wahlführersystem auskommen könnten! Aber es geht nicht. Der Grenzschutz und die Sicherheitstruppe sollen zusammenformiert werden. Das Ministerium verlangt, daß wir Offiziere annehmen, natürlich ohne Wahl.«

»Wir haben doch noch nicht nachgegeben?«

Er wendete verlegen den Kopf zur Seite. »Nein – aber es ist fraglich, ob sie uns nicht zwingen werden.«

Ich ging nach der Kompanieschreibstube und in meine Stube und fand nirgends Ruhe. Man müßte das Verhältnis unserer Truppe zum Grenzschutz einmal aufschreiben, um sich darüber ganz klarzuwerden.

Ich zog meinen Tischkasten auf und nahm einen Briefbogen heraus.

»Zwischen der Sicherheitstruppe und dem Grenzschutz besteht eine Spannung«, schrieb ich, und meine Gedanken liefen weiter, wie auf einen Faden gereiht. Und die Gedanken standen so klar vor mir, daß ich weiterschreiben mußte. Ich fand einen großen Bogen braunes Packpapier. Darauf schrieb ich weiter: »Die Organisationsart der früheren Armee war die nach dem Dienstalter. Das bedeutet die absolute Herrschaft der Offizierskaste im Heer. Gegen diese Herrschaft gibt es nur ein Mittel, das Wahlführertum. Das muß in der ganzen Armee durchgeführt werden, wobei die Führer absetzbar sein müssen. Der Grenzschutz in seiner heutigen Verfassung ist bei der werktätigen Bevölkerung verhaßt. Bei inneren Unruhen wirkt sein Einsatz aufreizend. Den Kern des neuen Heeres hat die Sicherheitstruppe zu bilden, weil in ihr schon jetzt die Führer durch ihre Untergebenen gewählt werden.«

Ich stand auf und dehnte mich. Es war schon nach Mitternacht.

Am Morgen schrieb ich mein Machwerk auf reines Papier und gab es dem Soldatenrat. Während er das las, sah ich mir seine Entschließung von gestern durch: sieben langweilige Zeilen!

»Kann ich deine Ausarbeitung mitnehmen?« fragte er. »Wir haben heute Sitzung. Da möchte ich sie zur Diskussion stellen. Das trifft den Nagel auf den Kopf!«

In diesen Tagen hatte uns auch die Kommandantur wieder zu einer Besprechung der Sicherheitstruppenführer geladen. Ich schrieb dazu meine Ausarbeitung noch einmal ab und gab sie vor Beginn der Versammlung dem Vorsitzenden. Er sah darauf. »Das habe ich ja schon«, und zeigte mir eine Schreibmaschinenabschrift davon. »Wir werden dich öfters zum Ausarbeiten von Entschließungen heranziehen.«

Die Tagesordnung wurde bekanntgegeben. »Als erster Punkt eine Entschließung, die der Kamerad Renn ausgearbeitet hat. Ich bringe sie gleich zur Verlesung ...«

Bei der Diskussion meldete ich mich zum Wort. Ich erzählte ihnen, wie im Schloß die Truppen der Reaktion lägen, die berüchtigten Freikorps! »Glaubt ihr, daß ihr irgend etwas erreichen werdet, solange eure Spitzen, eure höchsten Vorgesetzten, dieselben Offiziere sind, die früher der Monarchie gedient haben? Und wer wählt sie aus? Wer setzt sie an die Punkte, wo sie wirken sollen und können? Das tut nicht euer Ministergenosse, der sie doch gar nicht kennt, sondern das tut der Vorstand der Personalabteilung des Kriegsministeriums, der Oberst Graf Holsten! Glaubt ihr, daß er die Offiziere so verwendet, wie es im Interesse des werktätigen Volkes liegt? Der Oberst ist der erste, der fort muß! Aber wie soll man das erreichen? Wer von euch kennt den Ministerpräsidenten und den Kriegsminister? Geht an sie heran und sprecht mit ihnen! Was ich euch aufgesetzt habe, ist nicht eine Entschließung, sondern ein Fingerzeig zum Handeln. Heizt euren Genossen endlich ein! Die Reaktion steht schon im Herzen des Landes! Es ist der letzte Augenblick! Fort mit den Offizieren! Das ist das Ziel, das jetzt vor uns steht! Sonst liegt ihr morgen auf der Straße!«

Ich setzte mich. Zuletzt hatte ich gebrüllt. Ich war heiß und erregt. Der Saal hallte von Zurufen und Händeklatschen. – Und doch war mir während der Rede ganz klargeworden, daß es nicht mehr möglich war, die Offiziere zu beseitigen, jetzt nicht mehr! Wir hatten das Spiel schon verloren. – Ich hatte mir plötzlich den grauen Kriegsminister mit seiner Leibwache vorgestellt. Dem beibringen, daß er die Offiziere seiner Umgebung hinaussetzte? Blödsinn, die sozialdemokratischen Führer zwingen zu wollen! Meine Rede war nur eine verzweifelte radikale Phrase gewesen, eine unfruchtbare Hetzrede, die den Freiwilligen das beruhigende Gefühl beigebracht hatte, daß etwas geschah. Und in Wirklichkeit geschah nichts.

Meine Entschließung wurde mit allen Stimmen angenommen. Und an Entschließungen glaubte ich nicht.

Die Zeitungen berichteten unter der Überschrift: »Unterschlagungen im Schloß«, daß Schladitz verhaftet worden war, ebenso einer der Beauftragten der Kommandantur. Wertvolle Teppiche waren weggekommen. Und noch unaufgeklärt war das Verschwinden einzigartiger Porzellane aus einem der Festsäle. Man hätte ihn viel früher festnehmen können. Aber vielleicht hatten die Offiziere jetzt erst wieder die Macht, auch diesen Posten zu besetzen. Darum machten sie erst jetzt dem Schladitz den Prozeß.

Dann kam eine Verfügung des Ministeriums die gewählten Führer könnten auf eine Kriegsschule geschickt werden und dann allmählich zu Offizieren aufrücken, wenn sie die erforderliche Eignung nachwiesen. Die Führerstellen der Sicherheitsbataillone und Sicherheitsregimenter wären mit Offizieren zu besetzen.

Früh, noch bevor die Verfügung da war, war das Gerücht davon in die Kompanie gedrungen. In den Stuben diskutierten sie heftig darüber.

Der Matrose Karl erklärte mir mit erregten Augen: »Wir gehen fort! Wir sind nicht hier, um versorgt zu werden! Wir sind aus Liebe zur proletarischen Sache hiergewesen. Aber man hat uns verraten. Die Offiziere haben sich mit schönen Worten eingeschlichen! Vor vier Wochen erklärten sie noch, daß die Sicherheitstruppe den Kern der Reichswehr bilden sollte. Dann hieß es, Sicherheitstruppe mit dem Grenzschutz zusammen bilden ihn. Und jetzt – paßt auf, sie werden noch sagen, wir sollen hinübergehen zum Grenzschutz!«

»Ja«, sagte ich, »das haben sie schon erklärt.«

Der eine Zugführer stand dabei. »Da seht ihr mal wieder,

was das Wort eines Offiziers wert ist! – Und ich mich so einem Laffen von Leutnant unterordnen? – Ich bin der Meinung, daß wir organisiert kündigen, alle zugleich. Dann mögen die Offiziere sehen, was sie machen!«

»Ich versteh euch nicht«, sagte ich. »Der Befehl geht doch von der Regierung selbst aus. Die Offiziere mögen ihn ja aufgesetzt haben, aber der Befehl ist von eurem sozialdemokratischen Kriegsminister gegeben worden und sicher unter Zustimmung eures Ministerpräsidenten. Ihr bringt nur eure eigene Regierung in Verlegenheit, wenn ihr geschlossen fortgeht, aber nicht die Offiziere. Die freuen sich nur, wenn sie euch so billig loswerden!«

»Das ist wieder dein Haß gegen die Sozialdemokratie!« sagte der Matrose. »Die Regierung konnte sicher nicht anders.« Er klopfte mir auf die Schulter. »Sonst bist du aber ein ganz guter Kerl! Du wirst dich schon noch bekehren!«

Ich ging zu Falbel.

»Weißt du«, fragte er ganz vergnügt, »daß ich Kommissar bei dem Sicherheitsregiment werden soll? Der Oberstleutnant Schweitzer wird Kommandeur. Übrigens ist der Leutnant Herling fort.«

»Wie fort?«

»Ausgerissen! – Aber erzähle es noch niemand! – Er ist vorgestern nicht nach Hause gekommen. Der Feldwebel hat mir's gesagt, und wir haben seine Wohnung geöffnet, weil wir Verdacht hatten. Wir fanden sie leer bis auf die Bettstelle und den Stiefelknecht. Er hatte alle andern Möbel verkauft. Außerdem hatte er Schulden in der Kantine und beim Feldwebel und auch bei anderen Freiwilligen. Vor drei Tagen hat er noch einem seiner Untergebenen ein Paar Lackstiefel verkauft. Aber er wollte sie noch einmal tragen. Der andere hatte ihm trotzdem das Geld gegeben. – So ein Lump war das! Heute war sein Vater bei mir. Der hat mir wirklich leid getan.«

»Was ist denn der?«

»Pensionierter Lehrer. Er hat versprochen zu bezahlen, was er könnte.«

»Ich bin zu dir gekommen, weil Stimmung dafür da ist, geschlossen zu kündigen. Wie denkst du darüber?«

»Die älteren Familienväter haben schon bei einigen Kompanien beschlossen zu bleiben und darauf zu bestehen, daß die Regierung sie versorgt, falls die Sicherheitstruppe aufgelöst wird. Sie sind in einer schlimmen Lage: Die Reichswehr nimmt so alte Leute nicht, und Arbeit bekommen sie auch nicht, weil das ja schon zum Teil solche Leute sind, die eben schwer Arbeit bekommen!«

»Du meinst also, daß ein gemeinsamer Beschluß, zu kündigen, aussichtslos ist?«

»Völlig aussichtslos.«

In den nächsten Tagen gingen einige zwanzig Freiwillige fort, mehr nicht. Der Matrose und der Zugführer mit der rauhen Stimme waren darunter, und das waren die Aktivsten in der Kompanie gewesen. Als der neue Bataillonsführer kam, kümmerte sich niemand darum. Sie fügten sich in alles. Ihr Interesse drehte sich nur um ihre Versorgung.

Der Bataillonsführer war ein Hauptmann mit einem runden, gutmütigen Gesicht. Er sprach stark rheinisch. Seine Dienststunden saß er im Geschäftszimmer ab und lachte jeden bedeutungslos an, der etwas von ihm wollte. Auch ich saß meine Dienstzeit ab. Die Kompanie war meist auf Wache, und es fiel nichts weiter vor als ein paar Diebstähle. Aber das unbeschäftigte Sitzen machte mich unruhig.

Ich ließ mir von Falbel Bücher über den Anarchismus empfehlen, um mich etwas politisch zu schulen. Er gab mir das Buch von Max Stirner »Der Einzige und sein Eigentum«. Ich quälte mich durch den Wälzer. Nur weniges darin regte mich an. Als ich damit fertig war, hatte ich genug von der anarchistischen Literatur.

Der Sekretär des erschlagenen Kriegsministers und ein anderer sozialdemokratischer Redner hatten sich eines Tages in unserer Kaserne angesagt. Auch an andern Stellen wollten sie reden. Auf dem Kasernenhof sollte es sein. Der riesige Hof war jetzt an drei Seiten mit breiten Drahthindernissen geschützt, am stärksten gegen den Flügel, wo Wohnungslose einquartiert worden waren.

Wir schoben für die beiden Redner einen alten Packwagen hin. Der erste – ich weiß nicht mehr, wer es war – sprach über die Notwendigkeit, sich den Offizieren wieder unterzuordnen. Unter den Hörern stand auch unser Bataillonskommandeur. Er war augenscheinlich sehr zufrieden mit diesen Ermahnungen, die Soldaten aber gar nicht.

Da sprang der Sekretär des früheren Ministers auf den Kutschbock und begann mit wilden, wütenden Gebärden: »Die Offiziere sind Monarchisten! – Schwindel! Betrug! Sie sind schuld an allem!« Die Soldaten stimmten begeistert zu, aber mich konnte das gar nicht rühren. Was sollte denn das heißen? Da kommen zwei zusammen an, und der eine redete für die Offiziere, der andere dagegen?

Als er sich ausgetobt hatte, stieg er vom Bock herunter. Der andere hatte auf ihn gewartet. Nun gingen sie zusammen fort, um woanders dasselbe Theater aufzuführen.

Der Hauptmann redete mich an: »Das war doch eine unglaubliche Hetzrede!«

Er wollte wohl eine Antwort haben. Ich sagte nur: »Ja, eine Hetzrede.« Denn er brauchte nicht zu wissen, was ich davon dachte: Das war übelster Volksbetrug!

Führertagungen gab es noch, aber nicht mehr im Schloß. Unser Saal gehörte jetzt den Offizieren. Wir tagten im Vereinszimmer eines Restaurants. Schon immer war das Übel dieser Tagungen das eitle Geschwätz gewisser Führer gewesen, die auf ihre Tüchtigkeit und Brutalität pochten, die sich laut rühmten, wie sie ohne Bedenken in die Arbeiter geschossen hätten. Jetzt tagten wir in einem Hinterzimmer, schon nur noch geduldet. Das machte wirklich den Eindruck von Zusammenkünften einer Verbrecherorganisation. Ich hatte jedes Interesse an diesen Diskussionen verloren, und nicht nur ich. Auch andere waren gegen das gesuchte Räubertum und das inhaltlose Schimpfen auf die Offiziere, und vor allem auf die

Kommunisten. Einige der besten Führer verschwanden – ich weiß nicht, ob sie anderswo untergekommen waren oder ob sie nur die nutzlosen Tagungen mieden. So wurden diese Versammlungen immer dürftiger.

Ich hatte gelegentlich im Arsenal Munition zu holen. Wie ich vor einem der großen Schuppen stand, kam ein Zivilist vorbei. War das nicht Lößberg? Ich fragte den Arsenalarbeiter: »Ist bei euch hier ein Oberleutnant oder Hauptmann Lößberg?«

»Ja, dort läuft er«, entgegnete er mit einer wegwerfenden Bewegung.

»Wie ist denn das möglich! Das war ein wirklich gemeiner Kerl draußen im Felde, und dazu auch noch feige! – Und den haben sie nicht rausgeschmissen bei der Revolution?«

Er sah mich böse an. »Ich frage dich, wie ist es möglich, daß der Sozialdemokrat Noske in Berlin die Revolution zusammengeschossen hat! – So einer wie der Lößberg wird überall ankommen, wo man auf die Worte und nicht auf die Hände sieht! – Ich kann dir nur eins sagen, Kamerad, mach dich aus der Sicherheitstruppe raus! Ihr seid Reaktionäre! Überleg dir mal das: ihr seid schlimmere Reaktionäre als die Offiziere, weil ihr dabei behauptet, revolutionär zu sein!« Er ging in den Schuppen, ohne mich auch nur anzusehen. Mir tat das weh, denn er hatte recht.

In der Kompanie wurde über die Zentralverkaufsstelle in der Kaserne geklagt. Sie machte Überschüsse, und wer bekam die! Einige behaupteten, daß die Offiziersfrauen dort besondere Vergünstigungen hätten. Ich stellte die Anklagen zusammen und reichte sie auf dem Dienstweg ein. Zu Mittag traf ich auf dem Hof unsern Bataillonsführer. »Sie haben aber eine üble Hetzschrift abgefaßt!«

»Herr Hauptmann! Ich habe die Klagen meiner Untergebenen weitergegeben. Das ist meine Pflicht. Die Untersuchung wird ja ergeben, ob sie stimmen oder nicht.«

»Natürlich, natürlich! Aber weshalb diese schroffe Form! Müssen wir uns denn wie Feinde gegenüberstehen?«

»Herr Hauptmann, in der Form, die geeignet ist, Mißstände zu beseitigen! – Warum zum Beispiel kaufen Offiziersfrauen noch hier, deren Männer nicht mehr im Dienst sind? Meine Mutter darf auch nicht hier kaufen!«

»Ach, darauf kommt es Ihnen an? Ihrer Mutter auch was zuzuschanzen?«

»Nein, darauf kommt es mir durchaus nicht an! Meine Mutter wohnt gar nicht hier am Ort. Sondern hier gibt es Klassenvorrechte!«

Er lachte und wurde plötzlich nervös. »Sagen Sie, was sind Sie eigentlich für ein Mensch?« Er wollte noch weitersprechen, aber da war es mit meiner Geduld aus, und ich brüllte ihm ins Gesicht: »Ich bin Kommunist! Ich bin der Meinung, daß hier alles zerbrochen werden muß, weil hier alles faul ist!«

Er war so verwirrt, daß er verloren lächelte. »Leben Sie wohl. Wir sprechen noch darüber.«

Ich war unzufrieden mit mir. Was hat es für einen Wert, einem Menschen zu sagen, daß man Kommunist sei, und man weiß selbst nicht, was das ist. Allerdings war es auch gut, daß ich ihm das gesagt hatte. Jetzt wußte er, daß ich mit den Offizieren keine Gemeinschaft mehr haben wollte.

Natürlich sprach der Hauptmann nie mehr darüber, sondern behandelte mich mit einer gewissen ängstlichen Höflichkeit.

Die Kompanien wurden schwach. Ein Teil der jungen Mannschaften meldete sich zur Reichswehr, dem früheren Grenzschutz, und wurde dahin übernommen. Von den älteren Leuten waren auch viele gegangen. Sie hatten einen Tag um den andern Wache. Das war natürlich für die alten Familienväter zu anstrengend.

Jetzt gaukelte uns die Regierung etwas Neues vor. Eine neue Truppe, die Volkswehr, sollte gegründet werden. Das sollte eine Truppe sein mit Offizieren nicht nur in den Regiments- und Bataillonsführerstellen, sondern auch in denen der Kompanie- und Zugführer. Dafür sollte diese Truppe bestehen bleiben, bis die Sicherheitsfreiwilligen eine Stelle hätten.

Als diese Verfügung kam, stand bei mir fest: jetzt fort! Aber im Laufe des Nachmittags wurde ich unsicher. Jetzt hinausgehen? In meinem Beruf war sehr schwer Arbeit zu bekommen. Und vor allem zu Beginn des Winters! Ich wußte sehr genau, daß die Sache auch eine politische Seite hatte, daß ich diesen Staat haßte und daß jeder ihn stützte, der ihm diente. Aber ich stand ganz allein, und was hatte es für einen Wert, sich als einzelner aufzubäumen?

Die Unruhe der Unentschlossenheit trieb mich durch die Kasernengänge. Ich könnte in die Kantine gehen.

Der Kantinenwirt hinter seinem Schanktisch fragte, wie es mir ginge.

»Gut«, sagte ich mürrisch.

Vier Mann saßen um einen Tisch. Hier paßte es mir nicht. Ich kaufte mir eine Schachtel Zigaretten und ging wieder. Wohin? Vielleicht in die Stadt? Als ich in meiner kahlen Stube stand und mir den Mantel anziehen wollte, sagte ich mir: wozu? Ist es etwa in der Stadt anders? Ich setzte mich und rauchte. Zu denken hatte ich nichts. Das war alles schon zu Ende gedacht und ging an dem Widerspruch nicht weiter, daß ich immer wieder diesem Staat diente, den man zerschlagen müßte! Neulich hatte ich von französischen Anarchisten gelesen, die Bombenattentate auf Cafés und auf einen berüchtigten Staatsanwalt gemacht hatten, schon vor vielen Jahren. Begreifen konnte ich das. Aber es war eine verzweifelte Tat und nützte nichts. Gibt es denn überhaupt keinen Ausweg?

Ich stand auf, ging auf und ab. Mäuse piepten in einer Ecke. Ich horchte hinaus, ob nicht jemand käme, mich zu besuchen. Aber wer sollte denn kommen? Wer kümmerte sich um mich?

Ich ging auf und ab, setzte mich, rauchte und quälte mich mit etwas.

Ich horchte wieder hinaus, ob nicht jemand käme. Nein, diese verfluchten Mäuse! Warum tut aber auch die Kaserneninspektion nichts dagegen? Das könnte doch nicht so schwer sein in diesem Steinkasten!

Ja, wenn man noch einen Kreis von Menschen hätte, zu dem

man gehört. Meine Mutter? Es war mir so unangenehm, daran zu denken, wie wir neulich auseinandergingen. Ich versuchte, mir meine übrigen Verwandten vorzustellen. Aber sie hatten für mich gar keine Gesichter. Das mit der Familie ist vielleicht auch nur ein dummes Gerede. Man liebt einen von seinen Verwandten, aber nur zufällig. Aber eine Familienliebe, die gibt es nicht. Das ist auch ein Schwindel. Auch ehemalige Kameraden liebt man nicht. Ich habe nur immer die geliebt, mit denen ich zu tun hatte, draußen im Felde den Zug und hier die Kompanie. Und dabei ist das auch nichts Rechtes. Andere haben ihre Familie, ihre Partei, ihren Skat. Freilich, wenn man eine Partei hätte, an die man glauben könnte! Wo man gemeinsam an einer Sache arbeitet! Aber gibt es die?

Es war still. Nur die Tritte schwerer Nagelstiefel hallten manchmal in der Ferne der gewölbten Gänge draußen, und die Mäuse in ihrer Ecke piepten in ganz hohen, schrillen Tönen.

Am nächsten Morgen war ich ruhig. Ich ließ mich in die Liste der Freiwilligen eintragen, die zum Bataillon Volkswehr übertreten wollten.

Ich holte mir Bücher bei der städtischen Leihbibliothek. Als erstes erwischte ich eine Kirchengeschichte. Ich wollte wissen, wie das geworden war. Das Buch war von einem protestantischen Geistlichen in Riga geschrieben und enthielt lauter Dinge, die ich überhaupt nicht begriff. Da waren endlose Auseinandersetzungen über das göttliche Heil, über die Gnosis und über die Athanasianische Lehre, wobei es sich um den Unterschied eines einzigen Buchstabens in einem griechischen Satz handelte.

Ich saß in der Schreibstube, wo ich fast nichts zu tun hatte, und brütete über den schwierigen Sätzen. Bald merkte ich aber, daß ich bei diesem Buch, das ja auch grauenhaft langweilig war, nicht länger als zwei Seiten aufpassen konnte. Ich holte mir also einen Roman. Nun las ich immer abwechselnd. Es war der Roman »Schuld und Sühne« von Dostojewski.

Ich las bis in die Nächte hinein. Denn vor der Nacht fürchtete ich mich, weil ich da Zeit hatte, mir einzugestehen, daß das alles Blödsinn war. Aber ich klammerte mich daran.

Bald verbesserte ich mein Lernsystem weiter. Ich las bis zu sechs Bücher zugleich. Die städtische Bibliothek verlieh so viel wissenschaftliche Werke nebeneinander, wie man wollte, aber nur zwei Romane.

Eines Nachts, auf der letzten Seite, die ich lesen mußte, wurde mir auf einmal schwarz vor den Augen und so übel, daß ich sofort aufstand und nach der Tür torkelte. Ich konnte schon gar nichts mehr sehen und mußte nach dem Abortschlüssel suchen. Unterdessen stieg die Übelkeit. Ich hatte schon einen bitteren Geschmack im Mund und hielt es nur mit Gewalt zurück. Jetzt hatte ich den Schlüssel und tappte völlig blind nach dem Abort. Ich kam gerade noch zurecht. Dann wich die Blindheit allmählich wieder. Ich sah die Gasflamme brennen und ging ganz langsam und leicht in meine Stube zurück, zog mich aus und legte mich ins Bett. Da lag ich sehr zufrieden und dämmerte bald ein.

Das Bataillon Volkswehr begann damit, daß eines Vormittags um zehn Uhr auf dem mit Stacheldrahthindernissen durchzogenen Kasernenhof ein Trupp von etwa vierzig Offizieren stand. Das waren die neuen Führer. Wir alten Führer mit unsern rot-weißen Binden am linken Arm hatten uns in einiger Entfernung aufgestellt und betrachteten die Offiziere, ohne daß jemand einen Ton gesagt hätte. Wir waren die Abgesetzten, wußten nicht, wie unsere neuen Herren waren und wie sie uns verwenden würden. Die Offiziere unterdessen schwatzten und lachten durcheinander. Was mochten das für welche sein? Solche, die von ihren Mannschaften in der Revolution abgesetzt oder aus den Kasernen ausgeschlossen worden waren? Oder woher kamen sonst diese Massen?

»Bitte, meine Herren, kommen Sie mal her!« rief der Hauptmann mit einer unangenehm gequetschten Stimme.

Er winkte uns mit einer nervösen Handbewegung, zu den Offizieren zu treten.

»Meine Herren, rühren Sie sich! Unsere erste Aufgabe ist der Umzug nach den Schießstandbaracken. Tolle Löcher sind das, aber das hilft nichts. Die Verteilung der Herren auf die Kompanien ist im heutigen Bataillonsbefehl bekanntgegeben. Die Herren Kompanieführer regeln jetzt mit den Feldwebeln zusammen die neue Einteilung. Der Umzug muß morgen nachmittag um fünf beendet sein. Wohnen bleiben können vorläufig noch die Inhaber von Einzelstuben, soweit sie nicht in den Revieren liegen.«

Das war für mich wichtig, denn ich hatte so eine Einzelstube. Ich konnte also in der Kaserne bleiben.

Der Hauptmann schien furchtbar überreizt zu sein. Sein spitzes Gesicht wurde rot. Seine Augen blickten starr über unsere Köpfe weg. Unter den übrigen Offizieren fiel mir ein langer Hauptmann mit einem erschreckend strengen Gesichtsausdruck auf. Auf der Brust hatte er das goldene Verwundetenabzeichen. Also war er mindestens fünfmal verwundet worden. Wie ich später erfuhr, war das der Hauptmann Lönne von der dritten Kompanie, bald der beliebteste Mann im Bataillon, und der einzige beliebte Offizier. Anfangs war mir sein Gesicht immer wieder erschreckend, bis ich einmal zur dritten Kompanie mußte, um mit dem Feldwebel dort etwas zu besprechen. Der Hauptmann stand am Tisch und las etwas. Er sah auf und sagte mit einer überraschend milden Stimme: »Was wünschen Sie? – Ach, wegen der miserablen Betten und der Streu oder wie man das bezeichnen soll, worauf die Mannschaften liegen sollen? Ich habe eben schon eine energische Meldung darüber an das Bataillon gegeben und wäre Ihnen dankbar, wenn Sie auch so was machten. Im übrigen: Wollen Sie mit meinem Feldwebel sprechen? Allein?« Er lächelte. »Dann würde ich hinausgehen!« Ich war betroffen, hinter diesen todernsten Zügen eine geradezu kindliche Schlichtheit zu finden, und ich sah auch auf einmal, daß die scheinbare Strenge in Wirklichkeit irgendein Leiden, ein Schmerz war, dessen Ursache ich nicht kannte. Und ich hatte dafür Verständnis, weil es mir selber schlecht ging.

Ich war jetzt Zugführer und betrachtete nun die Offiziere mit ganz anderen Augen als früher, wo ich von den Pflichten eines Kompanieführers keine Ahnung hatte. Das erste, was mir auffiel, war: sie machten es genauso wie ich und die anderen Wahlführer. Nur hielten sie es nicht für nötig, so lange in der Schreibstube zu sitzen und zu regieren. Sie kamen spät und gingen früh. Der nervöse Bataillonsführer kam höchstens für eine halbe Stunde, und auch das war ihm schon zuviel. Erregt ging er im Geschäftszimmer auf und ab und fragte seinen Adjutanten, ob es sonst noch etwas zu unterschreiben gäbe. Manchmal kam er auch gar nicht. Aber auch zu Hause hatte er keine Ruhe, wie sein Bursche erzählte, sondern schrie herum, polterte zwischen seinen Möbeln und rauchte. Seinen Burschen behandelte er sehr grob.

Vor dem Kriege und im Felde hatte ich das nie so nackt gesehen. Mir waren die Offiziere wie höhere Wesen erschienen. Jetzt betrachtete ich sie kalt und von ferne. Sogar gegenüber dem Hauptmann Lönne, an dem ich Eigenschaften schätzen mußte, hatte ich ein Gefühl der Kälte, nur weil er Offizier war. Wäre er ein gewöhnlicher Mann gewesen, so hätte ich seine Freundschaft gesucht.

Falbel sah ich noch seltener. Er war politischer Kommissar, aber viel in anderen Geschäften unterwegs, von denen er nichts sagte. Ich vermutete, daß er von seiner Partei irgendwelche Aufträge hatte.

Eines Tages, zwei Stunden vor der Wache, kam er zu mir in die Schießstandbaracken. »Du, komm mal ein Stück mit!«

Die Herbstsonne schien warm durch die Birken hinter den Baracken.

»Sage mal, was ist euer Bataillonsführer für ein Mann?«

»Der ist unglaublich faul und unfähig!«

»Wir wollen einmal hier einhaken! Da schickt man uns Offiziere, die sich weder im Felde noch sonstwo bewährt haben, nur um sie unterzubringen!«

»Und was wollt ihr tun?«

»Was wir tun wollen! Wenn irgendein Freiwilliger drei Tage ohne Urlaub und ohne Entschuldigung vom Dienst fortbleibt, dann wird er fristlos entlassen! Aber wenn so ein Hauptmann dasselbe tut, da darf man nicht einmal fragen, wo er denn steckt!«

Als ich am folgenden Tag von Wache kam, ging der Hauptmann eben mit wütendem Gesicht zum Tore hinaus. Ich meldete: »Abteilung der zweiten Kompanie von Wache zurück.« Er grüßte nur und ging weiter. Ich erfuhr dann, daß er zum Stadtkommandanten bestellt worden war. Was es dort gegeben hatte, wußten wir natürlich nicht. Als ich endlich einmal Falbel traf, wich er meiner Frage aus: »Ach, wir mußten Rücksicht nehmen. Man kann nicht immer so, wie man will.« Er wurde mir immer fremder. Zwischen uns stand, daß er in der Partei war und an sie glaubte oder doch an ihr seinen Halt hatte, während ich draußen herumflatterte und mir das Leben täglich sinnloser wurde. Ich freute mich an den Blumen und an dem roten Laub der Bäume in diesem Herbst mehr als sonst. Ein paarmal ging ich in den Kasernenpark, wo um ein kleines Wasserbecken große gelbe Blumen standen. Aber ich konnte vor Unruhe nicht dableiben. Eine Pflicht schien mich zu hetzen, aber ich wußte nicht, welche. Das Gefühl irgendeiner Schuld hatte ich, die mir jede Freude verdarb. Vielleicht war es das Bewußtsein, daß ich keinem Ziele diente, daß ich ohne Wurzeln war und doch so nicht leben konnte. Und es war mir selbstverständlich, daß man einer großen Sache dienen müßte. Aber welcher? Beim Militär hatte ich gehorcht. Das hatte ich für ein großes Ziel gehalten, nicht den Nationalismus mit der Hurrabegeisterung, sondern irgend etwas, das sich nicht so genau sagen läßt. Und das war in mir vollkommen zerbrochen, war tot. Und ich mußte das Letzte noch herausreißen, weil es tot und mir widerlich geworden war. Aber ich hatte nichts Neues.

Wie schön die Blumen waren! Ein kühler Wind machte sich auf. Es wurde Abend. Die Farben vergingen allmählich im allgemeinen Grau. Traurig ging ich aus dem Park und irrte an den Drahthindernissen des Kasernenhofes entlang. Wenn man sich in den Stacheldraht würfe, um wenigstens einen richtigen körperlichen Schmerz zu empfinden und das andere zu vergessen. Aber das ist ja alles Unsinn! Erst reißt man sich auf, dann wäscht man's zu Hause aus und verbindet es. Und dann fragt noch jeder: Was hast du denn da an der Hand?

Warum bin ich nur so nüchtern? Andere setzen ihr Leben ein für etwas. Und ich? Und doch habe ich das ja im Felde auch getan. Nur war es ein Dreck! Wenn man wenigstens die Fähigkeit hätte, sich darüber hinwegzusetzen. Wenn man wenigstens Humor hätte!

Von der langen Kaserne herüber stach aus einigen Fenstern kaltes Gaslicht. Ich stieg die ausgetretenen Treppen hinauf und schloß meine Stube auf. Auf dem Tisch lagen die Bücher. Mir grauste davor. Aber was sonst? Ich setzte mich, rauchte und begann zu lesen. Ohne heftig zu rauchen, konnte ich gar nichts mehr in mich aufnehmen. Das beschäftigte einen doch äußerlich etwas, wenn man das trockne Zeug las.

Jetzt hatte ich ein Werk über deutsche Geschichte vor. Die Kirchengeschichte war durchgewürgt, auch ein Buch »Wie schreibe ich gut Deutsch«. Besser gefiel mir ein Abriß der Biologie.

Einige Wochen später mußte auch ich aus meiner Kasernenstube ausziehen und in die Schießstandbaracken. Da wohnte ich mit einem Feldwebel zusammen in einer winzigen Bude. Heizen wäre Wahnsinn gewesen. Der Wind zog durch. Ich hielt mich meist in der Schreibstube auf. Da glühte den ganzen Tag der Ofen, und der Kopf war einem heiß, aber die Füße eiskalt. Hier konnte ich nicht in die Nächte hinein lesen, und das war gut. Ich kam auch dadurch etwas aus meiner Vereinsamung heraus, daß ich jetzt öfter mit auf Wache zog. Bei der zweiten Wache bemerkte ich ein Jucken unter dem Kragen. Das waren Läuse. Wir hatten jetzt endlich, nach vielen Meldungen, in den Baracken frisches Stroh bekommen. Inzwischen waren aber die Läuse von dort nach den Wachen getragen worden. Und nun verlausten wir wieder von den Wachen aus das frische Stroh in den Baracken. Wenn man von Wache kam, war es unmöglich, gleich das Hemd zu lausen. Die Barackenstuben waren dann so kalt, daß sich die meisten ins Bett legten, während der Ofendienst versuchte, mit viel zuwenig Kohlen den Raum wenigstens erträglich warm zu machen. An manchen Stellen durfte man gar nicht sitzen, so zog es herein.

Viele klagten über Rheumatismus. Geschimpft wurde viel, aber wie vor dem Kriege: leise. Man hatte den Soldaten ihre Rechte wieder genommen. Sie fühlten sich als Ausgestoßene, denen ein erträgliches Leben versagt war. Fortgehen konnten sie auch nicht. Es gab keine Arbeit. Und nun murrten sie, aber taten nichts. Sie waren enttäuscht und wußten nicht, wovon. Sie hielten wohl noch zusammen, aber sie bestahlen sich gegenseitig. Von Tag zu Tag wurde das schlimmer.

Eine größere Zahl, die keine Hoffnung auf Arbeit hatte, wollte siedeln. Die Regierung hatte dazu ehemalige Gefangenenbaracken freigegeben. Die sollten die Siedler erst abbauen und dann am Siedlungsort wieder aufbauen.

Einige schwärmten davon, wie das wäre, wenn sie erst eine Kuh hätten. Ich dachte anders darüber, aber sagte nichts. Es war ihre letzte Hoffnung, deshalb schwärmten sie. Das alles waren ja Arbeiter, und die kannten nicht das Leben draußen auf dem Lande. Das Siedeln geht ja nur, wenn der Staat ernstlich hilft. Aber diesem Staat fällt das ja gar nicht ein!

Die Siedler rückten an einem Morgen ab, mit Frauen und kleinen Kindern. Es war bitter kalt, der Boden hart gefroren. Dicke Wolltücher hatten sie umgeschlungen. Wie bald, dann ist bei der Arbeit alles zerrissen. Die nächsten Jahre trägt das Land noch nichts. Sie werden arbeiten müssen ohne Entgelt und werden dazu erst alles lernen müssen. Außerdem müssen sie noch ihre Baracken bauen. Da werden sie so dicht beieinander wohnen, daß es dauernd Zank gibt, weil alle Sorgen haben.

Bei der Sipo im Kapp-Putsch

Nach dem Auszug der Siedler wurden die Reste der Kompanien vereinigt, und wir zogen möglichst dicht zusammen, um nicht so sehr zu frieren.

Ich wurde jetzt zur Abwicklung der letzten Geschäfte der Truppe verwendet. Bücher mußten abgeschlossen werden. Eine große Zahl von Gerichtsverfahren liefen noch wegen unberechtigten Verkaufs von Dienstgegenständen oder wegen Diebstahls. Aber die Täter waren nicht mehr da. Und in den Akten mußte vermerkt werden, wohin wir die Betreffenden entlassen hatten. Diese Beschäftigung mußte bald zu Ende sein. Dann wollte ich mir Arbeit suchen.

Da traf ich gelegentlich auf der Straße den Grassert. Der schlug mir vor, zur Sicherheitspolizei zu gehen, für die eben geworben wurde. Ich lehnte das entschieden ab. Aber als ich mit Falbel darüber sprach, sagte der: »Das ist ja ausgezeichnet! Du wirst als ehemaliger Vizefeldwebel gleich Wachtmeister, und wir haben einen Mann drin!«

»Ich mag aber diesem verfluchten Staat nicht mehr dienen!«

»Du willst lieber in die Fabrik gehen und dich vom Kapitalisten ausbeuten lassen?«

Ich überlegte mir's noch einmal. Mit der Arbeit sah es jetzt noch schlechter aus als im Herbst. Und ich meldete mich zur Sicherheitspolizei.

Die Werbestelle der Polizei befand sich in einer Kaserne. Ich wurde mit noch einem nach der Stube 327 geschickt. Wir mußten uns ausziehen. Ein Stabsarzt mit einem merkwürdig bekümmerten Gesichtsausdruck kam herein. Das paßte gar nicht zu seiner Uniform und seiner strammen Haltung. Der betrachtete mich. »Ja, haben Sie denn gedient?«

»Jawohl.«

»Aber Sie waren nicht an der Front?«

»Doch, fast den ganzen Krieg über. Ich war zweimal verwundet.«

Er schüttelte den Kopf. »Man kann sich doch sehr täuschen.« Zum Schreiber gewendet, sagte er: »Schreiben Sie! Hochgradig unterernährt.« Er untersuchte Lunge und Herz. Alles war gesund.

Mit dem ärztlichen Befund »tauglich« ging ich zum Geschäftszimmer zurück. Dort bekam ich einen Zettel. »Melden Sie sich am 11. Januar 1920 im Zeithainer Lager, Geschäftszimmerbaracke 1.«

Am 11. Januar war es kalt. Ich fuhr mit dem Frühzug nach der Bahnstation, die dem Zeithainer Lager am nächsten lag. Dort stiegen mehrere in Entlassungsuniform aus, alles Polizeianwärter. Einen kannte ich, den Müller. Er war bei der Sicherheitstruppe Zugführer gewesen.

»Kennst du den Weg zum Lager?« fragte er.

»Ja, ich habe das Lager vor einem Jahre mal zehn Tage lang bewacht.«

Wir marschierten los, einige zehn Mann, durch dürre Kiefernstreifen und über sandige Heide mit schwarzen, vertrockneten Ginsterbüschen vom letzten Jahre.

»Das hätte mir einer sagen sollen, daß ich mal Polizist würde!« murmelte Müller. »Aber was soll man denn machen?«

Ich antwortete nicht. Das ging uns ja allen so. Wäre nicht die Not, würde diese Regierung nicht viele finden für ihre Polizei.

Als wir zur Geschäftszimmerbaracke kamen, trat da eben der Major heraus, der im vorigen Jahre Lagerkommandant gewesen war. Jetzt hatte er Polizeiuniform an. Wenn solche Leute hier waren, das war doch recht erfreulich.

»Nu, auch hier?« rief er und zog ein verschmitztes Gesicht. »Hat Ihre Truppe noch einmal gemeutert? Was war das doch für eine komische Übergangserscheinung, Ihre Sicherheitstruppe mit den Wahlführern!«

»Aber damals war sie gut, Herrn Major vor der Gefangennahme durch das Nachrichtenbataillon zu schützen!«

Er stutzte und lächelte schelmisch. »Nur nicht gleich feindlich! Natürlich war sie damals das Beste. Aber jetzt ist es eben anders.«

Ich sah ihm nach. Aha, der Ton paßte dir nicht. Jetzt ist es eben anders! Das heißt, jetzt haben wir, die Offiziere, wieder die Macht.

Bedeutend ernüchtert trat ich in das Geschäftszimmer der Abteilung. Der Schreiber schickte mich und Müller zur siebenten Hundertschaft. Die lag in derselben Baracke, wo ich im vorigen Jahre gelegen hatte. Am linken Ende war die Schreibstube. Da hatte ich im vorigen Jahre als Führer gesessen. Als ich eintrat, stand ein Mann mit Feldwebelabzeichen auf. »Die Hundertschaft besteht erst aus vier Mann, außer dem Hauptmann und mir. Sie werden Zugführer. Wir gehen gleich mal hinüber.«

Die vier Mann waren erst gestern gekommen und hatten sich in die kleinste Stube einquartiert, denn die lange Baracke war wohl den ganzen Winter noch nicht geheizt worden. In der Stube ließ es sich auch nur durch dauerndes Einkacheln aushalten. Wir bekamen aber nicht soviel Kohlen, wie wir dazu brauchten, und gingen in die Waldstreifen zwischen den Baracken trockenes Holz sammeln. Das machten wir mehrmals am Tage, denn wir hatten keinen Dienst, und unser Leben bestand in Schlafen, Essen und der Sorge für unseren Ofen.

Am Abend kam der Hauptmann, ein kleiner Mann mit etwas krummen Beinen, einem hübschen Gesicht und einer Hornbrille. »Nu«, sagte er liebenswürdig, »da sind wir ja wieder um zwei stärker geworden.«

Als er fortgegangen war, fragte ich den Unterwachtmeister Kroll: »Was ist denn das für einer, der Alte?«

»Ach, der ist wie alle.« Dazu zog er einen Mund, als ob er sehr wenig von ihm hielte.

Am nächsten Tage erfuhr ich durch Herumfragen, daß im Lager zwei ganze Reichswehrregimenter lagen und außerdem die ersten Anfänge von zwei Polizeiregimentern. Freilich hießen die nicht Regimenter, sondern Gruppen. Die Bataillone hießen Abteilungen und die Kompanien Hundertschaften. Sonst aber waren wir genauso organisiert wie das Militär, hatten Maschinengewehre und sogar Artillerie und Kavallerie. Nur wurden wir mit Herr angeredet und waren Beamte.

Die Offiziere kümmerten sich gar nicht um uns. Sie hatten bei altgedienten Polizeiwachtmeistern Unterricht im Polizeidienst, denn sie waren ehemalige Offiziere der Armee und mußten natürlich auch erst ihren neuen Dienst lernen. In den Stuben, nicht nur bei unserer Hundertschaft, wurde ausgiebig über unsere Organisationsart diskutiert. Einige waren damit gar nicht einverstanden. Sie sprachen es nicht deutlich aus, aber es stand hinter ihren Reden: sie sahen hier, daß wir nicht nur eine harmlose Polizei werden sollten, die dazu da ist, Pilzsucher zu verscheuchen und auf Ordnung in den Straßen zu halten, sondern eine Bürgerkriegsarmee gegen die Arbeiterschaft. Diese Stimmung war anfangs durchaus nicht allgemein, wurde aber durch zwei Vorkommnisse sehr gefördert.

In den ersten Tagen nach meinem Eintreffen kam täglich ein großer Schub von Neugeworbenen an. Am vierten kamen nur zwei. Am Tage darauf gar niemand mehr. Der Ersatz stockte vollkommen.

Der Hauptmann sprach mit dem Hauptwachtmeister darüber, woher das nur käme. Wir wußten es alle, aber keiner hatte Lust, es zu sagen. Am 13. Januar war in Berlin vor dem Reichstag eine riesige Demonstration gegen das Betriebsrätegesetz auseinandergeschossen worden. Vierzig Tote und hundert Verwundete sollte es gegeben haben. Und am Tage darauf war der Belagerungszustand über das ganze Reich verhängt worden. Wir waren uns zwar über das Betriebsrätegesetz nicht klar, aber bei der Aussicht, auf frühere Arbeitskollegen schießen zu müssen, ließ sich niemand für die Polizei anwerben. Daher stockte der Ersatz.

Der andere Grund der Mißstimmung waren die schweren Polizeiwaffen. In diesen Tagen kamen mittlere und leichte Minenwerfer an und langrohrige Kanonen, die feldmäßig bunt bemalt waren.

»Das nennt sich Polizei!« sagte Kroll. »Hier wird gerüstet weit über das hinaus, was der Versailler Vertrag zuläßt! Und niemand weiß, wofür! Ich teile das ja den Kommunisten mit!«

»Sag nicht solches Zeug!« versuchte ihn Müller zu beruhigen.

Aber Kroll war im Zuge. »Die Offiziere bereiten hier was vor. Das soll ihnen nicht so durchgehen!«

Ich sah mich um. Man kannte die Kameraden noch nicht so genau.

Am nächsten Morgen, als der Hauptmann gekommen war, wurde Kroll in die Schreibstube vorgerufen.

»Den hat einer verpetzt!« sagte ich leise zu Müller.

Er antwortete nicht.

Einige Minuten später kam der Hilfsschreiber in unsere Stube. »Stolte, du sollst mal zu Herrn Hauptmann kommen.«

Stolte lächelte sichtlich verlegen und folgte dem Schreiber. »Das ist der Angeber«, sagte Müller leise, aber so, daß alle es hörten.

Nach über einer Stunde kamen sie wieder.

»Was hat er gesagt?« fragte jemand wie nebenbei.

Kroll lachte. »Ein Protokoll hat der Alte aufgenommen und mich entlassen. Kommunisten könnten sie nicht gebrauchen. Ich bin recht froh, daß ich von hier fortkomme! Geschossen hätte ich sowieso nicht auf die Arbeiter!«

Müller hatte sich unterdessen vor Stolte aufgestellt. »Du hast ihn verpfiffen! Du Spitzel!«

»Ich bin kein Spitzel!« Stolte fuhr empört auf. »Der Kroll ist ein Spitzel! Du hast ja gehört, daß er mit den Kommunisten in Verbindung steht!«

»Nein!« rief Kroll. »Bisher stand ich mit ihnen nicht in Verbindung! Aber jetzt habe ich einiges gesehen! In Berlin schießen sie die Arbeiter zusammen! Und was ich draußen im Beruf nie begriffen habe, das ist mir hier klargeworden bei der Polizei: Wir werden zum Schutze der bürgerlichen Klasse ausgebildet und mit allen technischen Mitteln ausgerüstet! Und das geht gegen die Arbeiterschaft. So liegt es! Nicht ich habe gespitzelt, sondern die Verhältnisse bei der Polizei haben mich überzeugt, daß man auf die Offiziere aufpassen muß!«

Wir standen stumm in der Stube.

»Recht hat er«, sagte einer. »Wir müssen auf die Offiziere aufpassen.« Stolte schoß einen Blick auf ihn.

Müller sagte zu Stolte in ruhigem Ton: »Geh vor zum Hauptmann und melde ihn auch!«

»Das soll er nur wagen!« schrie ein anderer. »Spitzel dulden wir nicht unter uns!«

»Und ihr wollt euch verhetzen lassen!« rief Stolte etwas unsicher, denn alle waren gegen ihn.

»Spitzel dulden wir nicht unter uns!«

»Was gibt's denn hier?«

Wir sahen uns um. Da stand der alte Polizeimeister Rockstroh. »Kinder, Meinungen kämpft man nicht mit den Lungen aus, sondern mit Argumenten! Was habt ihr denn?«

Alle drängten auf ihn zu und wollten ihn von ihrer Sache überzeugen, denn er war sehr beliebt.

»Wißt ihr, da kann man zwei Ansichten haben. Der richtige Vorgesetzte sagt: Wenn einer zu den Kommunisten hält, der muß raus! Und wer ihn anzeigt, hat recht. Denn die Polizei dient der Regierung und bekämpft die Kommunisten. – Die andere Meinung sagt: Ach Gott, dem Kroll ist eine Laus über die Leber gelaufen, und da hat er geschimpft. Passiert uns allen mal. Ich sehe mir den Kerl erst mal an, ob er wirklich so schlimm ist.« Er sah sich um und sagte nichts weiter. Schließlich fragte einer: »Und was ist Ihre Ansicht, Herr Oberwachtmeister?«

»Ich bin Vorgesetzter, da muß ich die eine Meinung haben. Wenn ich aber zu euch als Mensch käme, da würde ich sagen: Der Kroll hat sich verplappert, und der andere sich übereilt. Deshalb schlägt man sich nicht die Knochen kaputt, sondern man lernt daran.« Er sah den Stolte an, durchaus freundlich. Aber dem stieg die Röte ins Gesicht, und er wandte sich ab.

»Jetzt zankt euch nicht mehr! Es gehört auch zur Kameradschaft, daß man einander nichts nachträgt.« Er ging fort.

In der Stube war es still. Jeder tat etwas anderes. Stolte holte sich aus seinem Schrank ein Buch und setzte sich mit lautem Scharren des Schemels an den Tisch. Dann las er eifrig. Ich glaube, alle beobachteten es. Aber niemand zeigte das.

Diese Vorgänge wären wohl bald vergessen worden, wenn die Kanonen mit ihren langen Rohren nicht vor unserer Baracke gestanden hätten. Als jetzt wieder Neugeworbene eintrafen, mußte ihr erster Blick auf die Geschütze neuester Konstruktion fallen. Und wir waren ja alle langgediente Leute, die sofort sahen, daß wir solche modernen Dinger im Felde nie gehabt hatten. Fast nie äußerte einer von den Neuen etwas, um nicht gleich mit einer dummen Frage aufzufallen. Aber wir sahen doch in ihren Blicken die Frage: Ich denke, ich bin zur Polizei angeworben? Aber was sollen denn die Kanonen?

Jetzt waren wir so viel, daß der Polizeiunterricht anfangen konnte. Der alte Rockstroh trug »Über das Verhalten des Polizeibeamten« vor. Wir saßen dann in einer größeren Stube am Tisch, jeder vor sich ein Blatt Papier zum Nachschreiben. Uns gegenüber saß Rockstroh mit seiner großen gebogenen Nase. »Merkt euch eins: Wenn ihr angepöbelt werdet, laßt sie schimpfen! Wer sich provozieren läßt, macht sicher was Dummes. Ihr werdet schon jetzt gelegentlich hier zum Straßendienst verwandt werden. Da sollt ihr Kleinigkeiten übersehen. Wenn ein Radfahrer ohne Licht fährt, seht nach der andern Seite. Und wenn jemand nach etwas fragt, seid recht höflich. Die Sipo soll sich beliebt machen. Sonst wird sie bei einem ernsten Einsatz einem ganz unnötigen Widerstand begegnen.

Immer wieder ermahnte er uns in väterlicher Weise, ja nicht die Angewohnheiten der alten, dicken Wachtmeister anzunehmen, die mit aufgeblasener Brust in den Kneipen sitzen und mit ihren Heldentaten protzen. Diese Ermahnungen gefielen uns natürlich, denn wir waren junge Kerle und noch nicht lange über die Zeit weg, wo man sich auf der Straße umsah, ob nicht ein Polizist in der Nähe wäre, bevor man Zündplättchen auf die Schienen legte, mit Steinen in die Kastanienbäume schoß oder an fremden Türen klingelte und dann ausriß.

Der alte Rockstroh erzählte uns auch von den schwarzen Listen bei der Polizei. Jetzt gäbe es keine mehr. Er erzählte, wie vor dem Kriege die »Politischen« in der Wachtstube geröstet wurden. Man setzte den Verhafteten recht nah an den glühenden Ofen und heizte ein wie toll. Das gäbe es heute auch nicht mehr. Er erzählte auch, wie früher vor Gericht der Polizeibeamte stets recht bekam. Er konnte noch so widersinniges Zeug aussagen und beschwören, man glaubte ihm und legte es ihm nicht als Meineid aus. »Aber heute müßt ihr schon vorsichtig sein. Der Richter wird ja auch heute geneigt sein, euch recht zu geben, aber er kann das doch nicht mehr so wie früher.«

»Aber ist denn das Recht«, rief einer, »wenn er überhaupt versucht, uns recht zu geben?«

»Kinder! Wenn man bei der Polizei ist, muß man das begreifen, sonst kann man nicht dableiben. Recht ist nicht so Recht, wie sich das die Leute im allgemeinen denken. Die Kommunisten reden von Klassengericht, und das ist natürlich auch so. Aber ihr müßt doch verstehen, daß es gar nicht anders geht. Das, was ihr zu vertreten habt, ist das Recht des Staates, nicht das Recht von irgendwelchen Idealisten. Wer das nicht einsieht und nicht anerkennen will, wird vor Gewissensbissen nie handeln können, wenn es darauf ankommt. – Aber jetzt ist unsere Stunde um. Das nächste Mal wird einer vorlesen, was er nachgeschrieben hat.«

Er stand auf und wollte gehen. Aber sie umringten ihn. Alle hatten Vertrauen zu ihm, weil er so offen war, und trugen ihm alle ihre Zweifel vor. Schließlich sagte er: »Es ist ja sehr gut, daß ihr euch für die Sache interessiert, aber die Offiziere wollen auch was lernen. Ich muß jetzt zu ihnen.«

Über Strafrecht trug ein Kriminalwachtmeister mit einem mageren Gesicht und Klemmer vor. Der war wenig beliebt, obwohl er sehr klar vortrug. Er war zu kalt. Niemand hätte ihm eine persönliche Frage gestellt.

Einer trug über das Verhalten bei Unruhen vor. Was er sagte, war recht dürftig und stimmte wohl auch zum Teil gar nicht. Er wärmte das alte Märchen wieder auf, daß die Anführer und Hetzer immer hinten stünden. Nach vorn schöben sie die Frauen und Kinder. Dazu würde aber eine gute Organisierung drüben gehören! Beim Tod des Kriegsministers und an der Volkszeitung und auch in allen anderen Fällen, von denen ich je gehört hatte, war bei der Menge gar nichts vorbereitet, sondern sie hatte aus Empörung gehandelt.

»Bei solchen Gelegenheiten«, erzählte er, »pflegt auswärtiges Gesindel angereist zu kommen von Hamburg und den Hafenstädten.« – Mir schien, daß ich mehr von Unruhen verstand als dieser Lehrer. Wer soll denn dem sogenannten auswärtigen Gesindel die Reise von Hamburg bis hierher bezahlen?

Wir hatten nicht viel Interesse für diesen Unterricht, desto mehr aber für Jiu-Jitsu. Dabei standen wir im Freien, immer zwei zusammen, und übten. Die Schläge mit der Handkante gegen Hals, Nase und Hüfte wurden natürlich nur angedeutet. Aber bei den eigentlichen Griffen wurde fest zugepackt. Da wurden Arme ausgedreht. Wenn einer sich auf den Rücken legte, um bei der Verhaftung Schwierigkeiten zu machen, trat man ihm die Fußspitzen herunter. Der war dann schnell hoch! Bei den Anfängern erregte immer der Hosenbodengriff Gelächter. Man faßt dem Verhafteten nach dem Hosenboden und zieht ihn hoch. Dann trippelt der auf den Fußspitzen vor einem her, wohin man will. Aber einmal faßte einer dabei zu fest zu und hielt nur einen Fetzen Tuch in der Hand. Es war eine Hose aus schlechtem Kriegstuch gewesen.

Auch außer Dienst trieben wir viel Sport, Steinstoßen, Springen und Laufen. Auffallend viel starke und gewandte Kerle waren unter uns. Dieses gesunde Leben und der anregende Unterricht verringerten in dieser Zeit die politischen Spannungen, besonders auch, weil wir die Offiziere so wenig sahen.

Anfang März kamen täglich Neue, und unsere Hundertschaft hatte schon etwa siebzig Mann, während andere noch ganz geringen Bestand hatten.

Wir lasen in der Zeitung: »Umtriebe gegen die Republik. Die Verhaftung des Generallandschaftsdirektors Kapp ist angeordnet worden, weil er unter dem dringenden Verdacht steht, für seine Umtriebe auch militärische Stellen gewinnen zu wollen. Er hat mit dem Hauptmann Pabst zusammengearbeitet, der bei der Ermordung von Liebknecht und Rosa Luxemburg eine sehr verdächtige Rolle gespielt hat und der auch bei anderen Vorgängen genannt wurde, die der Gardekavallerieschützendivision zur Last gelegt werden. Er ist einer der zähesten Anhänger des alten Systems, und man darf ihn zu den Führern der monarchistischen Bewegung rechnen. Während des Krieges wurde er bekannt durch seine wahnsinnigen Forderungen, ganze Länder und Gebiete zu annektieren.«

»Na, jedenfalls bei der Reichswehr hier im Lager wird er kein Schwein haben! Ich habe erst heute mit Unteroffizieren von dort gesprochen. So was kommt in unserem industriellen Lande ja gar nicht in Frage!«

Zur Dienstausgabe kam der Hauptmann mit einem Papier in der Hand. »Nach sicheren Meldungen hat der Generallandschaftsdirektor Kapp zusammen mit dem General von Lüttwitz in Berlin die Macht an sich gerissen. Sie haben die Regierung Ebert für abgesetzt erklärt. – Es läßt sich noch nicht übersehen«, das sagte er etwas gezwungen, »wie diese Sache ausgeht. Jedenfalls ist zu hoffen, daß sie den bisherigen unwürdigen Zuständen ein Ende bereitet!«

Wir traten weg. Niemand sprach. Ich ging gleich in die Stube, um zu hören, was sie sagen würden.

»Das bedeutet den Kaiser!« sagte einer ins Allgemeine hinein.

»Das bedeutet, daß aller alte Kotz und Bims wieder losgeht!«

»Hast du seine Stimme gehört, wie er sich gefreut hat? Bei so 'ner Gelegenheit erkennst du den Monarchisten!«

Die Stimmung war bei uns allgemein gegen Kapp-Lüttwitz. Bisher schien sie mir nicht einheitlich gewesen zu sein. Aber die meisten von uns waren ja Sozialdemokraten.

Von der zweiten Hundertschaft kam einer. »Ist euch schon bekannt, daß die Reichswehr hier im Lager auf den General von Lüttwitz und Kapp vereidigt worden ist? Auf Anweisung von Kapp ist doppelte Löhnung gezahlt worden.«

»Haben denn die Mannschaften das mitgemacht? Daß die Offiziere so sind, wissen wir ja.«

»Alle haben sie ›Hoch Lüttwitz!‹ gebrüllt. Die jungen Kerle, was verstehen denn die?«

»Verdammt!«

»Also, Kameraden, paßt auf! Das ist eine üble Lage.«

Von anderen Stuben kamen welche zu uns herein, um zu erfahren, was wir von der Lage dächten.

»Das gibt einen Krieg zwischen Sipo und Reichswehr hier im Lager. Die sind mindestens so stark wie wir, und wir haben beide Kanonen und Minenwerfer!«

»Aber wir haben keine Artilleriemunition!«

»Und die Reichswehr?«

»Weiß ich nicht. Aber dazu kommt es auch gar nicht. Ich denke viel eher, unsere Offiziere erklären sich auch für Kapp.«

»Das kann ich dir sagen, dann verweigere ich glatt den Gehorsam!«

»Das wirst du nicht tun! Hier hat niemand einzeln zu handeln, sondern wenn es soweit kommt, beraten wir, was wir tun wollen.«

Nach Dunkelwerden kam Rockstroh in unsere Stube. Man umringte ihn gleich.

»Ist es wahr, daß die Reichswehr auf Lüttwitz vereidigt worden ist und doppelte Löhnung bekommen hat?« – »Ja.«

»Dann stehen wir doch gegeneinander, Sipo und Reichswehr! Wir sind schwer bewaffnet und sie auch!«

Er schüttelte den Kopf. »Die Offiziere essen zusammen in derselben Kantine, nur an verschiedenen Tischen. Und dann müßt ihr euch überlegen, wie die untereinander zusammenhängen! Die gehen nicht gegeneinander!«

»Aber dafür miteinander, auf der Seite von Kapp!«

»Nein. Unser Oberstleutnant hat heute gleich bei der ersten Nachricht erklärt, daß er den Putsch verurteilt. Das wäre ein Abenteurerstreich von Leuten, die nicht die Stimmung im Volke kennen.«

»Achtung!« schrie jemand an der Tür.

Der Hauptmann war hereingekommen. Wir stellten uns stramm hin.

»Guten Abend, meine Herren!« Mit süßlichem Lächeln wandte er sich an Rockstroh. »Nun, Herr Oberwachtmeister, was treibt Sie so spät noch hierher?«

Die Frage war sicher nicht freundlich gemeint, sondern er mißtraute dem Polizeilehrer. Vielleicht nahm er an, daß sich Rockstroh mit uns gegen die Offiziere beriet.

»Ich wollte den Beamten sagen, Herr Hauptmann«, entgegnete Rockstroh, ebenso lächelnd, »daß morgen früh der Unterricht ausfallen muß.«

»Dann gute Nacht, meine Herren!« Der Hauptmann drehte sich kurz um und ging hinaus.

»Also, jetzt wissen Sie, weshalb ich gekommen bin«, sagte Rockstroh mit dienstlichem Gesicht, mußte aber dann selbst lachen.

»Gut hat er's dem Hauptmann gegeben!« hörte ich jemand hinter mir.

Wir gingen zu Bett. Da kam der Hauptwachtmeister noch einmal herein. »Herr Renn, bestimmen Sie sofort drei Beamte. Die ganze Nacht sollen Streifen um die Offiziersbaracken gehen. Einer hat in der Kantine erklärt – im Norden des Lagers, wo die Wohnungslosen untergebracht sind –, daß sie diese Nacht die Offiziere ermorden würden!«

»Blödes Geschwätz ist das! Weiter nichts! Ich würde mich als Offizier schämen, solche Angst zu zeigen!«

»Laßt uns nur die Offiziere bewachen, die sind nu mal so!« sagte Müller verächtlich.

Ich ging mit der Streife hinaus. Es war eine stille Sternennacht und nicht sehr dunkel. Die Offiziersbaracke lag im Kiefernwald. Ein Kiesweg lief darum. Zwei Beamte mit Karabinern kamen uns entgegen. »Sind Sie auch zur Bewachung der Baracken bestimmt?«

»Ja, und von der achten Hundertschaft läuft auch eine Streife hier herum.«

»Und da sollen auch wir noch hier patrouillieren?« Das war ja gewiß eine Kleinigkeit, aber ich ärgerte mich so darüber, daß ich noch im Bett keine Ruhe fand. Was hatten die Offiziere sonst immer für Töne über Mut geredet!

Am Morgen schickten wir mit Wissen des Hauptwachtmeisters den Müller, auf jeden Fall eine Zeitung zu besorgen. Er fuhr in Zivil auf einem Dienstrad davon und sollte, wenn es nötig wäre, bis nach Riesa.

»Hört mal!« kam einer herein. »Drüben bei der elften Hundertschaft hat der Leutnant Busenius vor der versammelten Beamtenschaft gesagt: ›Wir haben uns jetzt zu entscheiden, zu welcher Regierung wir stehen, zur alten oder zur neuen! Es kann nur die neue sein!‹«

»Und was haben die Kameraden geantwortet?«

»Wir haben 'ne Versammlung gemacht und haben dem Leutnant den Beamtenrat geschickt mit der Frage, ob er im Auftrag seiner Vorgesetzten gesprochen hätte oder nur von sich aus.«

»Gut habt ihr das gemacht! Und was hat er geantwortet?«

»Der Ausschuß ist noch nicht zurück.«

»Sagt uns Bescheid, wenn ihr mehr wißt!«

Eine andere Stube hatte Beamte fremder Hundertschaften vor der Baracke aufgehalten und ausgefragt.

»Mensch, wie bei uns die Offiziere sind! Da brauchst du dir nur ihre Gesichter anzusehen! Sie beneiden ihre Kameraden von der Reichswehr, daß sie schon so weit sind!«

Müller kam mit der Zeitung. »Ihr macht euch ja keinen Begriff, wie das aussieht! Die Straßen voller Menschen! Die ganze Stadt Riesa ist in der Hand der Arbeiter. Eine furchtbare Wut haben sie auf Kapp und die Reichswehr, aber auch auf Noske, weil er die hat groß werden lassen!«

Wir gingen in die größte Stube. Müller stellte sich auf einen Schemel und las vor: »Meldung von gestern: ›Gegenrevolution in Berlin. Während der Nacht und in den frühen Morgenstunden sind aus Döberitz die Baltikumtruppen und die zu ihnen gehörenden Marinetruppen nach Berlin eingerückt. In den Nachtstunden waren die Regierungsgebäude von den Reichswehrtruppen noch abgesperrt, die aber im Laufe der Nacht vom Straßenbild verschwanden. Nunmehr ist der ganze Bezirk der Wilhelmstraße, Unter den Linden in der Nähe des Reichswehrministeriums von Baltikumtruppen besetzt. An den starken Kreuzungen sind Minenwerfer und Maschinengewehre aufgestellt. Kleine Bauernwagen halten neben diesen Wacht, die mit neuen schwarzweißroten Fahnen mit dem preußischen Adler geschmückt sind. Auf dem Wilhelmplatz spielen Musikkapellen alte preußische Militärweisen. Denen, die noch in Unkenntnis der neuen Lage zu ihren Arbeitsstätten eilen, wird von diesen Truppen erklärt, daß sie selbständig seien und daß die alte Regierung beseitigt sei. Auf telefonische Anrufe bei verschiedenen Regierungsstellen in der Wilhelmstraße wird von Unbekannten gesagt, daß eine neue Regierung mit dem Generallandschaftsdirektor Kapp in die Reichskanzlei eingezogen sei. Die Sozialdemokratische Partei proklamiert den Generalstreik.‹«

Müller machte eine Pause. »Jetzt kommen die heutigen Nachrichten: ›In den Straßen Berlins wird ein von Kapp unterzeichnetes Flugblatt verteilt, das die Grundsätze der neuen Regierung mitteilt: ... Finanz- und Steuerhoheit der Bundesstaaten auf föderativer Grundlage, völlige Beseitigung der Zwangswirtschaft, die Unterdrückung von Streiks!‹«

»Na, den Generalstreik sollen sie nur mal versuchen abzuwürgen! Diese Offiziere denken immer, mit Maschinengewehren kann man alles!«

»Jeder Satz des Flugblattes fängt mit den Worten an: Die Regierung wird ... In Wirklichkeit ist aber diese Regierung noch ganz auf die Straßen Berlins beschränkt und hat selbst dort in vielen Stadtteilen gar keine Anhänger gefunden. Ihre Grundfesten sind Antisemitismus, Monarchismus und Arbeiterfeindlichkeit. Noske ist jetzt von den ihn umgebenden Generalen zum Teufel gejagt worden, denen er so lange sein Vertrauen schenkte und deren Truppen er morden und plündern ließ.«

Der Kamerad von der Elften kam wieder. Eben wollte er erzählen, was mit dem Leutnant Busenius und dem Beamtenausschuß geworden wäre, als der Hauptmann durch die Stuben ging. Wir versteckten den Verbindungsmann hinter zwei breiten Rücken. Als der Hauptmann wieder verschwunden war, berichtete er: »Wie der Ausschuß zum Leutnant in die Bude kam, da war der ungeheuer aufgeregt. ›Das nennt sich Polizei!‹ brüllte er gleich los. ›Ihr seid ja schlimmer als die Soldatenräte!‹ Aber unser Ausschuß blieb ganz ruhig und wiederholte solange seine Frage: ›Ist das die Meinung von Herrn Leutnant oder die der Offiziere?‹, bis der Leutnant sagte: ›Wenn Sie es durchaus wissen wollen, gehen Sie doch zu Herrn Major selbst!‹ Vielleicht dachte er, daß wir nicht wagen würden, zum Major zu gehen, oder daß der Major uns nicht empfangen würde. Aber der Major erklärte: ›Ich komme mit Ihnen zur Hundertschaft!‹ Sofort wurden alle zusammengerufen, und der Major sagte: ›Wir haben ausdrückliche Anweisung vom Landesamt der Sicherheitspolizei, daß wir zur Regierung stehen, das heißt zu unserer Landesregierung, die mit der geflohenen Regierung Ebert zusammenarbeitet! Was der Leutnant Busenius vor Ihnen gesagt hat, ist nicht die Meinung der Polizei!‹ Endlich haben sie sich offen erklärt! Das hat bei uns einen guten Eindruck gemacht. Aber freilich, die übrigen Offiziere, die standen da, als ob sie gefroren wären. Denen war das nicht recht! Und laßt irgendwas kommen, dann gehen sie doch zu Kapp über!«

»Ob wohl die Regierung weiß, was hier vorgeht?«

»Wir haben vorhin telefoniert. Der Finke von der Siebenten, der kennt den Ministerpräsidenten gut. Drüben vom Dorf aus hat er ihn angerufen.«

»Und was hat der geantwortet?«

»Genossen, hat er gesagt, wir passen hier schon auf, daß die Offiziere nichts Dummes machen!«

»Habt ihr schon gehört?« kam noch einer herein. »Die zehnte Hundertschaft hat erklärt, sofort in den Polizeistreik zu treten, wenn sich die Offiziere für Kapp erklären!«

Am folgenden Morgen marschierte die Reichswehr ab, um sich mit anderen Kapp-Truppen zu vereinigen, wie man bei uns sagte.

Vor der Baracke rief einer: »Generalstreik der Eisenbahner! Kein Zug geht mehr, solange die verfluchten Monarchisten in Berlin sitzen!« Wir zogen ihn in die Stube herein, denn er hatte eine Zeitung. Müller mußte wieder vorlesen: »Die Lage der Berliner Staatsstreichler ist schon heute, zwei Tage nach ihrem Gewaltakt, derart, daß Herr Kapp und seine Genossen dem tatsächlichen Zusammenbruch nahe scheinen.‹«

Ich hatte unsere Posten an der Kommandantur nachzusehen. Als ich zur Geschäftszimmerbaracke kam, standen da drei

Offiziere. Ein Feldwebel sagte aufgeregt: »Sie haben uns mit falschen Nachrichten auf Exzellenz von Lüttwitz vereidigt. Das ist Landesverrat!«

»Ja, Landesverrat!« knurrte ein Soldat in drohender Haltung.

Die Offiziere schwiegen und schienen unschlüssig.

»Wir verlangen Auskunft!« Der Feldwebel zitterte vor Erregung. »Uns wird man einsperren wegen Landesverrat! Die Offiziere gehen immer frei aus!«

»Man wird Sie nicht einsperren«, sagte der Hauptmann. »Weshalb sollte man denn?«

Der Feldwebel wurde rot. Er hatte etwas anderes sagen, seine Empörung anders hinausschreien wollen. »Auskunft verlangen wir! Wollen Sie uns gegen die rechtmäßige Regierung Ebert führen? – Dann verweigern wir den Gehorsam!«

»Ja, das ist es! Wir wollen sofort Auskunft!«

Aus der Tür der Geschäftszimmerbaracke trat unser Polizeimajor und wollte vorbeigehen.

»Herr Major!« sprach ihn der Feldwebel fast flehend an. »Wir bitten Sie als Zeugen. Sie stehen zur rechtmäßigen Regierung! Aber die Offiziere hier wollen uns dagegen führen! Das ist Landesverrat!«

»Ich gehöre nicht zur Reichswehr!«

»Aber Sie sind auch Offizier! Es geht doch nicht, daß wir zu einem monarchistischen Putsch mißbraucht werden!«

»Sie können nicht einfach den Gehorsam verweigern!«

»Was sollen wir tun? Wenn wir unseren Offizieren gehorchen, verletzen wir unseren Fahneneid!«

»Ich bin überzeugt, daß Ihre Herren Vorgesetzten vorläufig nichts gegen die Regierung unternehmen werden. – Nicht wahr?« Er sah fragend den Reichswehrhauptmann an.

Der lächelte verächtlich. »Was sollten wir denn mit revoltierenden Mannschaften für einen Aufstand machen?!«

»Na also! Sie marschieren unter Ihren Offizieren nach Ihrem Truppenteil ab. Dort werden dann Ihre Angelegenheiten geregelt. Sind Sie bereit, das zu tun?«

Der Feldwebel sah zu Boden. Der Vorschlag bedeutete für ihn vollkommene Unterwerfung! Aber was sollte er auch machen, mit seinen drei Mann?

Er nickte und ging stumm fort. Die Soldaten standen noch den Offizieren halb drohend gegenüber. Dann drehten sie sich verlegen um und gingen auch.

Die Offiziere lächelten. Sie waren Sieger geblieben.

In unserer Stube erzählten sie, in Riesa hätten die Arbeiter Reichswehr entwaffnet.

»Reichswehr entwaffnet? Das ist allerhand!«

»Die eigentliche Truppe ist schon durchgewesen. Da ist die große Bagage hinterhergekommen mit einem Leutnant an der Spitze. Die Arbeiter waren doch alle auf der Straße wegen des Generalstreiks. Da haben sie gebrüllt ›Arbeiterschlächter!‹ und ›Noskehunde!‹ Der Offizier hat seinen Reitstock erhoben. Aber im Nu hatten sie ihn vom Pferde heruntergezerrt und vermöbelt. Und wie sie den hatten, da haben sie auch die ganze Bagage entwaffnet. So was kann nämlich verflucht schnell gehen! Die Waffen sollen sie alle ins Volkshaus gebracht haben.«

»Wachtmeister Renn! Sofort ins Abteilungsgeschäftszimmer!«

Was mochte los sein? Der Bote keuchte.

Ich lief zur Geschäftszimmerbaracke. »Herr Major wartet schon«, sagte der Schreiber und öffnete die Tür. Der Major reichte mir ein Blatt Papier. »Hier ist ein Telegramm des Ministers des Innern: die Getreidevorräte im Riesaer Hafen sind vor Plünderung zu schützen. Leider steht mir gerade kein Offizier zur Verfügung – wenigstens keiner mit infanteristischer Erfahrung. Daher müssen Sie gehen. Sie bekommen einen Zug von fünfzig Mann mit und einen Maschinengewehrwagen. Außerdem einen Wagen mit Verpflegung, denn Sie können in den nächsten Tagen mit keiner Ablösung rechnen. Haben Sie dazu Fragen?«

»Herr Major, was für Meldungen sind über Riesa da?«

»Die Brücke, über die Sie müssen, soll von bewaffneten Arbeitern besetzt sein.«

»Wäre es da nicht besser, weiter westlich über den Fluß zu gehen? In Strehla ist eine fliegende Fähre.«

»Nein, gehen Sie nur über die Riesaer Brücke! – Wir haben gerade Sie ausgesucht, weil Sie ruhig sind und nicht ohne weiteres schießen werden. Über unsere Dienstvorschriften in der Hinsicht sind Sie sich doch klar? Sie dürfen nur von der Waffe Gebrauch machen, wenn Sie angegriffen werden oder um den Durchgang zu erzwingen, nach dreimaligem Anruf. – Hier haben Sie die beglaubigte Abschrift des Telegramms des Ministeriums zum Vorzeigen, wenn es nötig sein sollte.«

Ich ging wie im Schlaf aus dem Geschäftszimmer fort. Es ist klar, ich muß mit den Arbeitern verhandeln! Aber wenn es doch zum Kampf kommt! Mit unseren Entlassungsuniformen vom alten Heer müssen sie uns für ein reaktionäres Unteroffiziersbataillon halten!

Der Hauptwachtmeister ließ die Hundertschaft heraustreten. Ich erklärte ihnen, welche Aufgabe wir hätten. Bei einigen sah ich, wie sich eine Blässe von der Nase her verbreitete. Die begriffen wohl, daß wir vielleicht in die unbewaffnete Menge hineinschießen sollten.

»Laßt sie auf uns schimpfen, was sie wollen! Kaltes Blut! Wir haben einen Getreideschuppen zu bewachen und nicht Streik zu brechen!«

Einige nickten mit ernsten Gesichtern.

»Noch eins! Nur anfangs marschieren wir in gewöhnlicher Marschkolonne. Wenn wir in die Nähe der Brücke kommen, lasse ich einen Halt machen, und dann nehmen wir jeder vom anderen Abstand, damit wir nicht zusammengedrängt werden können und dann hilflos sind. Dann bekommen auch die Wagen einen Seitenschutz. Also laßt euch nicht zusammendrücken. Sonst sind wir verloren! Wir können weder schlagen noch schießen, und sie reißen uns die Karabiner aus den Händen!«

Ich schickte einen Beamten in Zivil auf dem Rade voraus, um nachzusehen, was auf der Brücke wäre.

»Laden und sichern!« befahl ich. »Mit Gruppen rechts schwenkt, ohne Tritt – marsch!«

Ich ging voraus und versuchte, unbefangen zu erscheinen. Die Bäume am Straßenrand hatten knollige Stämme mit schwarzer geplatzter Rinde. Die Äcker waren leer und düster. Ein Dorf kam mit weißen Häusern und grauen Scheunen. Auf einem Blechschild stand das Wort: »Continental-Pneumatik«.

Auf dem Rade kam der Bote und stieg ab. Ich ließ halten. Er kam dicht heran. »Die Brücke ist auf dem jenseitigen Ufer besetzt. Zwei oder drei Arbeiter mit Gewehren stehen vorn. Dahinter ist alles schwarz von Menschen. Sie wissen schon, daß wir anmarschieren.«

»Wie mögen sie das erfahren haben?«

»Die Straßen wimmeln von Radfahrern. Bei dem Streik strömt alles aus den Dörfern in die Stadt. Ich hörte, wie einer sagte, es ständen auch Maschinengewehre bereit. Aber wo, weiß ich nicht.«

Mir rieselte ein Schauer über den Rücken. Ich richtete mich steif auf und ordnete die neue Marschkolonne an, einen halben Schritt Zwischenraum von Mann zu Mann. Die äußere Reihe sollte unter Umständen die Karabiner quer halten und nach außen drücken. Die hinteren sollten sie dann schützen.

Während wir so dastanden, hatten sich Neugierige aufgestellt.

Wir marschierten weiter. Vor uns lag schon über dem Bodennebel die Stadt mit einem Wasserturm und einer Kirchenkuppel. Die Straße bog rechts hinauf zu der eisernen Brücke. Was jenseits war, verdeckten noch die Eisenträger.

Rechts auf der Brücke liefen Eisenbahngleise. Drüben erschien die Menschenmauer, wirklich sehr viel! Wenn sie den Kopf verlieren und plötzlich schießen? Soll ich lieber schon hier halten lassen? Nein, das wäre ein Nachgeben. Dann käme ich gar nicht mehr hinüber.

Ich ging gleichmäßig weiter, sah mich nicht nach meinen Beamten um. Der Schritt hallte, die Wagen rumpelten auf der Eisenbrücke. Neben mir ging als Halbzugsführer Müller.

Wir waren schon in der Mitte der Brücke. Die Menschenmauer drüben bewegte sich nur wenig. Ein paar Radfahrer überholten uns und sahen uns neugierig ins Gesicht. Drüben drängte einer mit Gewehr die andern zurück. Die Gesichter waren schon zu erkennen. Ich hörte aufgeregte Worte! Mit Gewehren sah ich nur zwei.

Ich wollte auf dreißig Meter herangehen. Der Schritt dröhnte. Die Wagen rumpelten. Der eine mit Gewehr trat etwas vor und hob die Hand. Ich wandte mich um. »Abteilung – halt!«

Dann ging ich mit Müller bis in die Mitte zwischen beiden Fronten. »Ich möchte mit jemand von drüben verhandeln und bitte, dazu hier vorzukommen.«

Von drüben lösten sich auch gleich zwei ab und kamen zu uns.

»Zunächst möchte ich betonen, daß wir nicht hierhergekommen sind, um ein Blutbad anzurichten. Wir sind überhaupt mit keinem politischen Auftrag da.«

»Wie sollen wir Ihnen das glauben?«

»Hier ist mein Dienstausweis. Wir sind Polizei.« Es gelang mir nicht, das mit der nötigen Selbstverständlichkeit zu sagen, denn wer sollte das nach unserm Aussehen glauben!

Er zuckte die Achseln. »Sie sind ein aus reaktionären Unteroffizieren zusammengesetztes Bataillon. Das sieht doch jeder an den Uniformen.«

»Leider sieht es so aus, weil wir erst zusammengestellt worden sind und noch keine Bekleidung bekommen haben. – Habe ich es übrigens mit Gewerkschaftsfunktionären zu tun?«

»Ja, und wir wollen uns auch ausweisen, weil Sie so höflich waren, das zu tun.« Auch er wies ein Papier vor, das ich mir aber in der Aufregung nicht genau ansah.

»Unser Auftrag ist nur, den Getreideschuppen im Hafen zu bewachen. Um politische Angelegenheiten werden wir uns nicht kümmern. Hier haben Sie das Telegramm des Ministers des Innern in Abschrift.«

»Was nützt mir Stempel und Unterschrift, wenn ich den Herrn nicht kenne, der da unterschrieben hat? Das kann sonst was sein!«

»Ja, darin haben Sie recht. Wie soll ich Ihnen aber beweisen, daß ich nicht lüge?«

Wenn ich es nicht beweisen kann, muß ich den Durchgang erzwingen! Oder abziehen!

Ich sah hinüber. So weit der Platz reichte, schien sich das Menschenmeer zu erstrecken. Hinter uns kamen auch immerfort Neue und schlossen uns ein.

Da kam mir ein Gedanke. »Hier in Riesa ist doch der sogenannte Kettenschulze. Den kenne ich. Läßt der sich nicht herrufen? Der würde Ihnen gleich sagen, daß ich kein Reaktionär bin!«

»Ja, der ist hier bekannt. Jetzt dürfte er im Volkshaus sein. Das ist aber ziemlich entfernt. Und unterdessen könnte es hier zu einem Kampf kommen. Die Arbeiter trauen Ihnen nicht – wenn ich Ihnen auch persönlich glaube.«

»Vielleicht können wir telefonieren?«

»Ja, das ginge. Dort drüben von dem Hotel aus.«

Er zeigte über die Menschenmenge weg. Dort stand an einem Hause: »Hotel zum goldenen Schwan«.

Ich sollte da durchgehen? Aber es mußte sein! »Gehen wir!« Ich ging voraus, auf die Menschen zu. Sie wichen stumm vor mir auseinander. Ich sah ihnen ins Gesicht. Es waren harmlose Leute, wie überall.

Die Menschenmenge war nicht so tief, wie ich gedacht hatte. Ein Kellner öffnete aufgeregt die große Glastür und schwenkte sein weißes Tuch auf dem linken Arm. »Sie können das Hotel hier nicht besetzen! Das Haus ist voller Gäste!«

»Wir wollen nur telefonieren. Dann gehen wir sofort wieder.«

Er rannte voraus und riß die Tür der Telefonzelle auf. »Hierher, bitte!«

Ich trat hinein. Die Tür wollte hinter mir zuschlagen. Einer trat mit dem Fuß dazwischen. »Wir werden nicht dulden, daß Sie allein telefonieren!«

»Das will ich auch gar nicht!« lachte ich. Erst dann fiel mir ein, daß sie sicher annahmen, ich wollte Verstärkungen herbeirufen.

»Hier Amt.«

»Bitte Volkshaus ...«

»Hier Volkshaus.«

»Kann ich den Kettenschulze sprechen?«

»Mal sehen, ob er da ist.«

– – –

»Hier Schulze.«

»Hier Renn.«

»Wie kommst denn du hierher!« Er brüllte das so, daß es die Gewerkschaftler hören mußten.

Ich erklärte ihm unsere Lage und bat ihn, sofort herzukommen. Mich haben sie heute auch entwaffnet«, sagte er etwas kleinlaut. Knack! machte es im Telefon. Die Verbindung war unterbrochen.

»Was jetzt?« wandte ich mich um.

»Wir sehen schon, es stimmt. Wir werden mit den Arbeitern sprechen und Ihrer Abteilung den Durchweg ermöglichen.«

Der Kellner stand aufgeregt daneben.

»Was kostet das Gespräch?« fragte ich.

»Nichts, nichts! Bitt' schön!« Er öffnete eilfertig die Tür, um uns wieder hinaus zu haben.

Wir gingen über den Platz. Die Menge öffnete sich wieder vor mir. Einige sahen mich erstaunt an. Das machte mich sicherer.

Ich trat vor meine Abteilung. Gerade fuhren zwei Wagen vorbei, hochbeladen mit Heu, und drängten die Beamten zusammen.

»Die Schwierigkeiten sind beseitigt!« rief ich. »Der Gewerkschaftssekretär wird uns selber begleiten!« Ich sah mich nach ihm um. Er winkte, wir sollten antreten.

»Ohne Tritt – marsch!«

Rechts und links standen stumm die Menschen.

»Halt! Halt!« schrie eine Stimme. Ein Eisenbahner fuchtelte mit den Armen. »Laßt euch nicht hinters Licht führen! Die Unteroffiziere behaupten, daß sie die Lebensmittel im Hafen zu bewachen hätten! Aber wir Eisenbahner haben uns selbst verpflichtet, sie zu bewachen! Das ist Beschiß!«

»Seht ihr, Beschiß ist's!«

»Wenn die in den Hafen kommen, dann werden sie merken, daß auch wir bewaffnet sind! Ohne Kampf kommen sie bei uns nicht herein!«

»Also doch Kapp-Truppen!«

Ich hob den Arm, daß meine Abteilung hielt. »Das ist ein Mißverständnis!« Ich zwang mich, meine Unruhe nicht zu zeigen. Meine Leute waren jetzt vollkommen zusammengedrängt und konnten sich nicht wehren. »Ich gehe mit dem Eisenbahner sofort auf den Bahnhof! Wir marschieren erst weiter, wenn alles geklärt ist!«

Ich rannte fast durch die Menge und drückte rücksichtslos die Menschen auseinander. »Wo ist der Eingang?« Auch der Eisenbahner wurde unruhig. »Hier!« Er ließ mich durch eine Gittertür auf den leeren Bahnsteig und lief voraus. Nirgends ein Mensch.

In einem düsteren Raum saßen zwei ältere Beamte an Schreibtischen.

»Was gibt es!« fragte der eine und sah mich forschend an.

»Hier ist die Abschrift eines Telegramms. Hier ist ein Mißverständnis! Meine Leute stehen draußen in der erregten Menge!«

Er las es durch. »Selbstverständlich.« Er erhob sich liebenswürdig. »Sie können mit jeder Unterstützung rechnen.« Er gab dem Eisenbahner Anweisungen. Der drehte seine Mütze in der Hand. »Jawohl! Sofort!«

Höchstens drei Minuten hatte das gedauert. Und jetzt mußte es glatt gehen!

»Ihre Leute sind entwaffnet«, sagte mir einer und ging unauffällig weiter. Ich sah schon einen unserer Wagen uns entgegenkommen, den mit den Maschinengewehren.

»Wir sind entwaffnet.« Der Beisitzer beugte sich zu mir herunter. »Jetzt sollen wir die Maschinengewehre noch zum Volkshaus bringen.«

»Wir erwarten euch am andern Ufer«, sagte ich mit einer Ruhe, über die ich mich selbst wunderte. »Macht aber schnell!«

Ein Bursche trat zu mir, ein kleiner, schwächlicher Kerl. »Haben Sie noch Waffen?«

Ich nahm meine Pistole aus der Tasche. Die war ja jetzt überflüssig. »Aber nimm dich in acht, sie ist geladen!«

Er hielt sie erschrocken in der Hand.

»So gefährlich ist das nicht!« Ich hatte ein Bedürfnis, freundlich zu sein, weil mir sehr weh war wegen meiner Leute. »Sieh her, nur wenn du das Ding da herumdrehst, kann die Pistole losgehen. Liefere sie im Volkshaus ab!«

»Jawohl!« sagte er, wie einer, dem sein Vater einen Befehl gegeben hat.

Meine Leute standen in der Menschenmenge und sahen mich alle an, als wollten sie sagen: Wir konnten nicht anders.

Müller wollte sprechen. Aber ich unterbrach ihn: »Weiß schon. – Ganze Abteilung – kehrt! Ohne Tritt – marsch!«

»Wir konnten nichts mehr machen!« flüsterte der Flügelmann. »Plötzlich kam der Ruf: Waffen abnehmen!, und da war nichts mehr zu machen.«

Drüben ließ ich neben der Straße halten. Sie standen ordentlich in Reih und Glied und sahen zu Boden.

Hätte ich schießen lassen sollen? Eine Unzahl Tote und Verwundete. Die Zeitungen hätten vom Blutbad in Riesa geschrieben! Und die Offiziere hätten gesagt: Wie kann man auch gleich schießen!

Ein Hilfswachtmeister trat zu mir. »Mach dir keine Gedanken! Du bist nicht daran schuld. Wir wissen, was wir zu tun haben.«

Ich sah ihm ins Gesicht, ehrlich sah er aus.

Schon sammelten sich wieder Menschen um uns, und wir waren ganz wehrlos.

Schließlich kamen die Wagen, und wir rückten durch den grauen Nachmittag ab.

Hinter dem Dorf kam uns unser Hauptmann in Zivil entgegen. »Was bedeutet das! – Unerhört! Dazu hat man Waffen! Das ist aber diese Schlappheit, diese Weichheit! Wie soll ich das nun verantworten!«

»Das verantworte ich!«

»Nein, so eine Schlappheit! Nicht einmal verteidigt haben sich diese Menschen! Wenn der Führer nicht da ist, fehlt jedes Verantwortungsgefühl!«

»Herr Hauptmann!« Mir selbst hätte er vieles sagen können, aber meine Leute beleidigte er, und das brachte mich aus der Fassung. »Erkundigen Sie sich erst, wie es war! Wir fordern eine Untersuchung!«

»Ja, die sollen Sie haben. Die sollen Sie haben!«

Am Eingang des Lagers stand der Polizeimajor. Ich meldete ihm. Er blieb ruhig. »Lassen Sie die Abteilung wegtreten! Schreiben Sie einen genauen Bericht mit Lageskizze! Natürlich muß eine Untersuchung eingeleitet werden.«

Vor der Baracke ließ ich die Abteilung wegtreten und ging in die Stube. Wir legten die Leibriemen ab. Niemand sprach ein Wort.

Ich nahm Schreibpapier, Tinte und Feder aus meinem Schrank und begann, den Bericht über die Entwaffnung aufzusetzen.

»Draußen schießt es!«

Wir rannten ins Freie.

In der Ferne, in der Richtung von Riesa Kanonenschüsse. Wer konnte dort schießen! Reichswehr! Es war Abenddämmerung. Nichts war mehr zu hören. Die andern gingen in die Stuben zurück. Ich aber war so erregt, daß ich allein stehenblieb, in die Nacht hinaushorchte und nachdachte.

»Renn?«

»Ja.«

Der alte Rockstroh kam dicht an mich heran und schob seinen großen Kopf vor. »Es gibt Lagen, wo man es nur falsch machen kann. Ich weiß nicht, ob mir's besser gegangen wäre. Seien Sie froh, daß Sie nicht auch noch Blut auf dem Gewissen haben! – Weshalb stehen Sie denn hier?«

»Drin in der Stube habe ich keine Ruhe, und ich muß einen Bericht schreiben.«

»Kommen Sie zu mir!«

»Was mag das vorhin für ein Schießen gewesen sein?«

»Wir zerbrechen uns auch den Kopf darüber, Reichswehr kann nicht dort sein, soviel wir wissen, und die Arbeiter haben doch keine Kanonen. – Hier wohne ich. Setzen Sie sich an den Tisch! Ich gehe noch einmal fort.«

Ich begann wieder zu schreiben. Da wurde hastig an die Tür geklopft und auch schon geöffnet.

Müller war es. »Wo ist Rockstroh? Bei uns ist ein Leutnant in der Stube. Der schimpft in den gemeinsten Ausdrücken über die Entwaffnung. Die Kameraden sind so empört, daß sie schon auf ihn losgehen! Du mußt sofort kommen, damit nicht was Dummes geschieht!«

Ich sprang auf, und wir rannten durch die Dunkelheit nach der Baracke. Als ich die Tür aufriß, stand ich dicht vor einem fremden Hauptmann. Er hatte den Leutnant an den Arm gefaßt und wollte ihn hinausziehen. Aber der sagte: »Erbärmliches Pack!«

Die Beamten standen finster ihm gegenüber.

»Sie würden also«, sagte ein Hilfswachtmeister, »von vornherein geschossen haben, Herr Leutnant?«

»Selbstverständlich! Da gehören blaue Bohnen hin, wo das Volk nicht gehorcht!«

»Bluthund!« sagte jemand leise.

»Ihr seid eben alle verhetzt! Ihr wollt die Verbrecher schützen, feiges Pack!«

»Nehmen Sie das zurück?«

Der Leutnant und die andern waren so gereizt! Ich mußte handeln, bevor ihn einer anpackte.

Ich trat zwischen ihn und meine Leute. »Hinaus! Ich bin Stubenältester! Und Sie haben hier nichts zu sagen! Über das andre sprechen wir an andrer Stelle!«

»Kommen Sie heraus!« drängte der Hauptmann.

Der Leutnant wandte sich noch einmal um. »Das geht Ihnen nicht gut aus! Einen Offizier hinauszuwerfen!«

Die Tür schloß sich. Es summte in der Stube. Überall platzte die Empörung los.

Was sollte ich tun? Das war natürlich ein Grund, mich zu entlassen. Das werde ich aber nicht abwarten, sondern meine Entlassung selbst fordern. Dann bin ich fort von dieser verfluchten Polizei! Gleichzeitig werde ich die volle Verantwortung für die Entwaffnung auf mich nehmen.

Ich ging an meinen Schrank, nahm ein Blatt Papier und schrieb gleich dort im Stehen, als ob es etwas ganz Nebensächliches wäre: »Ich bitte um meine Entlassung aus dem Dienste der Sicherheitspolizei, weil ich als Führer der auf der Riesaer Elbbrücke entwaffneten Abteilung die Verantwortung trage. Renn, Wachtmeister.«

Das steckte ich in einen Briefumschlag und trug es nach der Offiziersbaracke, um es dem Hauptmann in seinen Briefkasten zu werfen.

Ich fühlte mich froh. Jetzt werde ich wieder frei!

Auf dem Rückweg begegnete mir Müller. »Eben ist einer aus der Stadt gekommen. Die Kanonenschüsse, das ist Reichswehr gewesen! In Riesa liegt nämlich Reichswehr, und wir auf der Brücke haben gar nichts davon gewußt!«

»Aber warum haben sie denn mit Kanonen geschossen?«

»Die Menge hat versucht, die Kaserne zu stürmen. Da haben sie plötzlich die großen Tore aufgerissen und haben mit Kartätschen in die Menge gefunkt.«

»Mit Kartätschen! Auf die Entfernung!«

Ja, das soll auch furchtbar gewesen sein. Der Platz davor ist noch jetzt voller Blut, erzählte der Bote.«

Meine Heiterkeit war verschwunden. Mit Kartätschen in die Menge! Und wofür?

Bei Rockstroh war Licht. Er saß am Tische und sah auf. »Haben Sie wirklich den Leutnant hinausgeworfen?«

»Ja.«

»Das verstehe ich nicht! Sie sind doch sonst nicht unüberlegt!«

»Sollte ich etwa warten, bis einer der Kameraden ihm eine in die Fresse haut? Sie hätten dabeisein sollen, wie er sie aufgereizt hat! – Und dann bei der Verhandlung gegen den, dem endlich die Geduld geplatzt ist, wird der Richter ihm als mildernde Umstände zubilligen, daß der Leutnant ihn vorher beleidigt hat?«

»Ja, hat er sie denn beleidigt?«

»Erbärmliches Pack! Und feiges Pack! – ist das etwa keine Beleidigung?«

»Und Sie haben den Leutnant der Stube verwiesen, damit es zu keinen Tätlichkeiten gegen ihn kommt?«

»Nein, daran habe ich nicht gedacht. Für einen wie den kann man wohl keine Sympathie haben! – Ich habe so gehandelt, damit meine Kameraden sich nicht schuldig machen und dann reinfliegen!«

»Na, da ist kein großer Unterschied! Lassen Sie mal jetzt Ihren Bericht und schreiben Sie den Vorgang mit dem Leutnant auf! Und vergessen Sie ja nicht, zu sagen, daß Sie so handeln mußten, um Schlimmeres zu verhindern! – Sie begreifen noch nicht, warum?«

»Sie wollen mich retten. Das verstehe ich schon. Aber ich habe gekündigt.«

»Gekündigt! Das war nicht richtig. Heute waren zwei der Polizeilehrer in Zivil in der Stadt. Es ist festgestellt, Sie wären zusammengeschossen worden, wenn Sie versucht hätten, den Brückenübergang zu erzwingen. Ihnen gegenüber, auf den Dächern, standen zwei Maschinengewehre, und außerdem soll eins auf dem Fluß gewesen sein. Auch Ihr Hauptmann hat mir eben gesagt, daß Sie, nach seiner jetzigen Kenntnis der Lage, richtig gehandelt haben. Und Sie haben der Menge dadurch imponiert, daß Sie allein durch sie durchgegangen sind.«

»Das mag alles sein. Aber ich will fort von der Polizei! Ich gehöre nicht mehr hierher. Ich kann das auch nicht mehr mitmachen! Und was die Offiziere eigentlich vertreten, das wissen Sie doch selbst!«

»Schreiben Sie nur Ihren Bericht. Das übrige wird sich finden.«

Am Morgen gab ich meine Meldung über den Leutnant dem Hauptwachtmeister. Dann ging ich zu Rockstroh, um weiterzuschreiben. Aber bald klopfte es. Ein Unterwachtmeister meiner Stube kam herein, ein zweiter stellte sich daneben. Fünf kamen herein.

»Wir kommen als Beamtenausschuß zu dir. Die Hundertschaft hat erfahren, daß du deine Kündigung eingereicht hast, und schickt uns, um zu erfahren, ob das stimmt und warum du das getan hast.«

»Ja, es stimmt. Ich habe es getan, weil ich als Führer die Verantwortung für die Entwaffnung trage.«

»Das ist alte Militärauffassung. Die erkennen wir nicht an! Damals haftete der Vorgesetzte für seine Untergebenen. Jetzt, nach der Revolution, haftet jeder nur dafür, was er selbst getan hat. Und wir sind entwaffnet worden, während du nicht da warst. Wir sind selbst schuldig und werden dafür eintreten.«

»Die Offiziere wollen aber ein Opfer haben, um sagen zu können, der Schuldige ist bestraft worden.«

»Richtig, die Offiziere wollen dich fort haben, weil du zu viel von ihren Schiebungen weißt. Und da nehmen sie diesen Vorwand. Die ganze Hundertschaft sagt das und fordert von dir, daß du deine Kündigung zurückziehst. Sonst wird sie geschlossen kündigen, um mit dir fortzugehen. Das ist eben beschlossen worden.«

»Ihr tut etwas Falsches! Ihr dürft nicht das Los der Hundertschaft von einer einzelnen Person abhängig machen. Einige von euch sind verheiratet.«

»Das ist ja nicht wegen deiner Person, sondern weil es grundsätzlich wichtig ist. Die Offiziere wollen dich hinausdrängen, weil du ihnen politisch nicht paßt. Wenn wir ihnen das durchgehen lassen, dann werden sie bald alle entlassen, die nicht deutschnational sind wie sie.«

»Aber, was soll ich machen? Die Kündigung ist sicher schon beim Abteilungskommandeur. Wie soll ich die denn zurückziehen?«

»Wir gehen selbst zu ihm. Können wir von dir erklären, daß du deine Kündigung zurückziehst?«

»Ja.«

Wir werden außerdem fordern, daß der Leutnant, den du rausgeworfen hast, sich vor der Hundertschaft wegen der Ausdrücke ›Feiglinge‹ und ›Jämmerliches Pack‹ entschuldigt.«

Sie gingen hinaus.

Nach einer Weile klopfte es wieder. »Sofort zu Herrn Major!«

Ich ging langsam und versuchte mir klarzumachen, was er mir sagen würde und was ich antworten sollte. Aber ich war verwirrt, und die Gedanken liefen mir immer davon.

Sofort ließ man mich bei ihm ein. Niemand war sonst da. Er lächelte etwas. »Der Beamtenausschuß war bei mir. Sie wollen also Ihre Kündigung zurückziehen? Ich muß Sie auch darum bitten, weil wir bei den äußerst zugespitzten innenpolitischen Verhältnissen keine Erschütterung innerhalb der Polizei brauchen können. Sie werden also im Dienste bleiben. Im übrigen warte ich auf Ihren Bericht über die Entwaffnung.«

»Ich kann ihn in einer Stunde abliefern.«

»Gut. Wir werden heute nachmittag mit der Vernehmung der übrigen Teilnehmer beginnen. In bezug auf Ihre persönliche Angelegenheit stehe ich natürlich nach wie vor auf dem Standpunkt, daß der Führer für seine Abteilung haftet, auch wenn er bei der eigentlichen Entwaffnung nicht unmittelbar dabei war.«

In der Zeitung stand: »In Leipzig ist die Empörung über das brutale Vorgehen der Zeitfreiwilligen ungeheuer. Es ist erwiesen, daß sie auf waffenlose Menschen aus dem sicheren Hinterhalt geschossen haben. Viele Frauen und Kinder sind unter den Opfern des grundlosen Gemetzels. Einer der Hauptorganisatoren der Zeitfreiwilligen, die hauptsächlich aus Korpsstudenten bestehen, ist ein Privatdozent der Universität, der als Monarchist und Judenfresser bekannt ist. Die Reichswehr hat einen Angriff auf das Volkshaus gemacht, es zerschossen und schließlich niedergebrannt. Unzweifelhaft liegt planmäßige Brandstiftung durch die Reichswehr vor. Arbeiter, die in die Hände der verhetzten Soldateska fielen, wurden verprügelt und auf jede Weise mißhandelt. In Dresden rückten Reichswehr und Zeitfreiwillige mit Panzerautos und Maschinengewehren auf den Postplatz und richteten dort ein Blutbad an, das über fünfzig Tote und eine große Zahl Verletzte kostete.«

Am Nachmittag ging ich in Zivil mit einem der Polizeilehrer nach Riesa. Wir sollten feststellen, wie man die Waffen wiederbekommen könnte. Wir gingen über die Brücke, die jetzt unbesetzt war, nach dem Rathaus. Dort mußten wir eine Zeit warten, bis wir von dem Polizeiwachtmeister, oder was er war, vorgelassen wurden. Der saß in einem kleinen Zimmer und tat, als wären wir für ihn vollkommen Luft. In seiner breiten Brust rasselte es bei jedem Atemzuge.

»Die Waffen?« sagte er. »Die werden Sie jetzt nicht so leicht bekommen. Aber warten Sie doch ein paar Tage, bis sich das beruhigt hat. Dann werden wir mit der Sozialdemokratie verhandeln. – Sehen Sie, da draußen läuft so 'ne SPD-Gurke!« Er deutete zum Fenster hinaus. Über den Platz kamen zwei Männer in Mänteln. »Das sind zwei von den Führern, Lehrer, eine falsche Bande. Schade, daß Sie vorgestern auf der Brücke nicht hineingeschossen haben!« Das sagte er gönnerhaft mit höhnisch zugekniffenen Augen.

Das Benehmen dieses vollgefressenen Kerls ärgere wohl auch den Polizeilehrer, und er fragte: »Wo war eigentlich die städtische Polizei an diesem Tage?«

»Wo die war?« erwiderte er boshaft. »Warum haben Sie uns denn nicht verständigt? Mit landfremdem Gesindel, was da angereist gekommen ist, lassen wir uns nicht ein!« Das war wieder die Redensart von dem landfremden Gesindel! Die schien ja nur dazu zu dienen, um damit eigene Fehler zu entschuldigen.

Auf dem Wege zur Reichswehrkaserne fanden wir eine Straße ganz leer. Das fiel uns auf. Weil wir es uns aber nicht erklären konnten, gingen wir weiter. An der nächsten Ecke kam von rechts in Schützenlinie Reichswehr, das Gewehr schußbereit. Einige riefen immer wieder: »Fenster zu!«

Wir wollten weiter. Aber mehrere Soldaten hoben einfach ihre Gewehre in Anschlag. Da verschwanden wir eilig um die Ecke und mußten einen Umweg machen.

Vor der Kaserne waren an den Häusermauern die Geschoßeinschläge zu sehen. Im übrigen war natürlich aufgeräumt.

Hier ließen sie uns noch viel länger warten. Dann kam ein Offizier. »Wir werden eine Unternehmung gegen das Volkshaus machen. Wenn wir dabei Ihre Waffen bekommen sollten, teilen wir es Ihnen mit.« Das sagte er schroff, drehte sich um und verschwand hinter einer Tür.

Am nächsten Tage stand der Rücktritt von Kapp und Lüttwitz in der Zeitung.

»Kapp geflohen. Die Baltikumtruppen ziehen ab. Noske bleibt.«

Die Sozialdemokratie brach den Generalstreik ab, ohne die aufständischen Truppen zu entwaffnen und die Offiziere abzusetzen.

Jetzt zog ein Hauptmann mit einer Abteilung nach dem Riesaer Hafen. Das war nicht mehr schwer, denn die Brücke war nicht besetzt.

Gegen Abend kam der Leutnant, den ich hinausgeworfen hatte, in unsere Stube, zusammen mit unserem Major, und mußte sich entschuldigen. Wir waren angetreten. Der Leutnant sprach vor sich hin und sah dabei zu Boden. Ich erwartete jeden Augenblick, daß er wieder etwas sagen würde, was einen neuen Streit hervorriefe. Aber der Major war wohl mitgekommen, um das zu verhindern. Sie gingen wieder hinaus.

»Ich hatte gedacht«, sagte ich zu Müller, »sie würden auch von dem Rausschmiß des Leutnants etwas sagen.«

»Die werden sich hüten!«

»Warum!?«

»Denkst du, die wollen noch so einen Fall haben wie mit der Verantwortung wegen der Entwaffnung! Heute haben mehrere Hundertschaften erklärt, daß sie in den Polizeistreik treten wollen, wenn du entlassen wirst. Wenn sie dir jetzt mit dem andern Fall kommen, daß du den Leutnant rausgeschmissen hast, dann kannst du mit Bestimmtheit rechnen, daß die Aufregung noch viel größer wird! Dann heißt es: Seht ihr, wie sie's machen, wenn sie ihn auf die eine Weise nicht hinauskriegen, dann machen sie's auf die andere! Diese Sache, mein Lieber, werden sie nicht wieder anrühren!«

Ein fremder Unterwachtmeister war in die Stube gekommen. Ich ging auf ihn zu. »Was möchtest du?«

»Ich möchte dich sprechen. – Und nimm deine Mütze mit!«

Was hat der vor, dachte ich. Na, wir werden ja sehen.

Ich setzte die Mütze auf und ging hinaus.

Er ging die Straße entlang, ohne ein Wort zu sagen, nach dem Norden des Lagers, wo die Zivilisten wohnten. Dort trat er in eine Kantine. Viele Leute saßen darin und qualmten.

»Der dort will dich sprechen«, deutete der Unterwachtmeister auf einen, der allein an einem Tisch saß. Sein Gesicht kannte ich irgendwoher.

Ich setzte mich zu ihm an den Tisch.

»Kennen Sie mich noch? Vom Arbeiterrat im Schloß. – Heute bin ich mit dem Polizeioberst herübergekommen – ich bin der Regierungskommissar bei der Polizeigruppe. Hier ist vielleicht der beste Ort, um allein mit Ihnen zu sprechen. Sie wissen vielleicht, daß die Offiziere Sie fort haben wollen. Aber wir in der Regierung wollen Sie halten.«

Er machte eine Pause und beobachtete mich. Dieses ganze Hintenherum gefiel mir nicht. Und wozu wollten sie mich halten? Da steckte etwas dahinter!

»Ich möchte nicht von Ihnen gehalten sein«, sagte ich.

»Warum nicht?«

»Weil ich mit Ihnen ...« Wie sollte ich das sagen? Vor diesen Füchsen muß man sehr vorsichtig sein. »Weil ich mit Ihnen nicht übereinstimme.«

»Aber das hindert Sie doch nicht, unsere Hilfe anzunehmen?«

»Ich wünsche mich Ihnen nicht zu verpflichten!«

»Dann werden Sie entlassen werden.«

»Nu, gut!«

»Sie könnten aber etwas in unsern Reihen werden!«

Ich fühlte, wie mir das Blut aus dem Gesicht wich. »Ich verkaufe mich nicht!«

Er blieb vollkommen ruhig.

»Sie weisen also unsere Hilfe strikt zurück?«

»Ja.«

»Wir werden uns trotzdem für Sie einsetzen.«

Ich stand auf, grüßte kurz und ging hinaus. Ich hatte eine solche Wut, daß ich den ganzen Weg über laut vor mich hin schimpfte.

Als ich zu unserer Stube zurückkam, erzählten sie eben von unserm Polizeioberst, der heute angekommen war.

»'ne ulkige Nummer!« sagte einer. »Die Stiefel hat er von meinem Großvater geerbt!«

»Wie der hat von Chemnitz hierherfahren wollen, um seine Gruppe zu übernehmen, ist er in Uniform auf den Bahnhof. Das war aber am zweiten Tag des Putsches. Alles war schon von den Arbeitern besetzt. Die haben ihn gleich festgenommen, in ein Hotel gebracht und ihm einen Bewaffneten vor die Tür gestellt. So hat der einige Tage im besten Zimmer des Hotels umsonst gewohnt.«

»Die Arbeiterschaft muß noch vieles lernen!« sagte Müller. »Die Offiziere gehen nicht so rücksichtsvoll mit den Arbeiterführern um. Die stellen sie an die Wand und erschießen sie!«

»Achtung!« Die Tür hatte sich geöffnet, und ein Mann mit einer braunen Strickweste und einem blauen Rock kam herein, hinter ihm ehrerbietig der Oberstleutnant, der Major und eine Menge anderer Offiziere. War das ein Minister? Unglaublich ruppig war er angezogen.

»Bitte, meine Herren!« sagte der Mann und machte eine halbe Verbeugung. »Ich bin der Oberst von Migliotti, Ihr Gruppenkommandeur. Wir sind nicht beim Militär, sondern bei der Polizei. Wir müssen uns das militärische Achtungrufen und Strammstehen abgewöhnen. Wir machen Verbeugungen. Sehen Sie, so!« Er verbeugte sich ziemlich tief vor uns. »Wo ist der Wachtmeister Renn?«

»Hier!«

Er sah mich mit kleinen grauen Augen durch seinen schiefsitzenden Klemmer an. Übrigens war er unrasiert und sah auch ungewaschen aus.

»So? Ich habe Ihren Bericht zum Landesamt geschickt. Das wird darüber zu sprechen haben. – Gute Nacht, meine Herren!« Er machte wieder eine Verbeugung und ging hinaus. Die Offiziere hinter ihm standen steif. Ich sah noch die Hosen des Obersten, als er hinausging. Die hingen um ihn herum wie Pumphosen und waren in ungeputzte Ledergamaschen hineingewürgt.

Einen Augenblick war Stille.

»He! Habt ihr den schmutzigen Kragen gesehen? Und keinen Schlips, sondern nur ein altes Halstuch!«

»Und an der braunen Strickweste die Knopflöcher ausgerissen!«

»Mein Schwager sieht so aus, wenn er Rüben fährt!«

»Mit der Verbeugung, das ist doch Mist! Da stelle ich mich vor den Hauptmann hin und mache ihm eine Verbeugung. Und er macht mir 'ne Verbeugung. Ich sage: ›Wie geruhten Sie zu schlafen, Herr Hauptmann?‹ – Er sagt: ›Ich hoffe dasselbe von Ihnen.‹ Und schließlich will ich ihm weiter nichts sagen, als daß im Scheißhaus das Rohr geplatzt ist! – Wenn das die Errungenschaften der Revolution sein sollen, dann weiß ich ja nicht!«

»Wißt ihr was! Wir fragen mal den alten Rockstroh, was der von den Verbeugungen denkt.«

Der alte Rockstroh kam bald darauf zu uns in die Stube. »Kinder, die ganze Polizeigruppe regt sich über die Verbeugungen auf. Macht doch welche, wenn man es von euch verlangt! Ist das so eine wichtige Frage?«

»Aber, wir können das nicht! Das paßt nicht zu uns, Verbeugungen zu machen! Ist das schon je bei der Polizei üblich gewesen?«

Er lachte. »Regt euch doch nicht auf! Der Oberst will das nun mal so! Seine Offiziere werden ihm sagen, daß es nicht geht. Warum kümmert ihr euch um Sachen, die schon von andern gemacht werden?«

»Also, Sie halten es auch nicht für richtig?« fragte Müller.

»Natürlich paßt das nicht zur Polizei.«

»Das haben wir ja nur wissen wollen.«

»Sollten wir nicht mal zusammenlegen und dem Oberst eine neue Strickweste schenken?« sagte einer.

»Pst! Pst, Kinder! Der Oberst gibt nichts auf seinen Anzug. Aber vielleicht ist er besser als einer, der Lackstiefel trägt.«

Der Dienstunterricht wurde jetzt wieder regelmäßig gegeben. Mein Bericht über die Entwaffnung kam vom Landesamt zurück mit einigen nebensächlichen Bemerkungen. Als Fehler wurde mir nur vorgeworfen, daß ich dem Müller die Abteilung nicht ausdrücklich übergeben hätte, als ich durch die Menge zum Bahnhof ging. Da aber Müller schon vor der Front stand, so war es selbstverständlich, daß er mein Vertreter war. Ich faßte diese Bemerkung so auf, daß das Landesamt etwas aussetzen wollte. Die Vorgesetzten pflegen ja der Meinung zu sein, daß sie immer etwas aussetzen müssen, und wenn es nur eine Ausrede ist.

Am nächsten Tage trat die ganze Polizeigruppe an. Sie stand in großem Viereck. Der Oberst kam diesmal in Uniform. Er begrüßte uns und sprach dann über die Vorfälle der letzten Zeit. »Daß sich eine Abteilung entwaffnen ließ, ist natürlich für eine gute Polizei unmöglich.«

Was? Wir schlechte Polizei?

»Die Entwaffnung muß nicht nur mißbilligt, sondern aufs schärfste verurteilt werden!«

So? Dafür wirst du die Quittung kriegen!

Er sprach weiter und entließ uns dann. Ich lief in die Stube. Das Herz klopfte mir. Ich sah nicht rechts noch links. Ich riß aus meinem Schrank einen Bogen Papier.

»Ich fordere meine sofortige Entlassung. Das Landesamt hat meinen Bericht über die Entwaffnung der Polizeiabteilung auf der Riesaer Brücke zurückgeschickt, ohne eine Möglichkeit anzugeben, wie die Abteilung hätte anders handeln können. Trotzdem hat Herr Oberst von Migliotti bei seiner heutigen Ansprache an die Polizeigruppe die Entwaffnung nicht nur mißbilligt, sondern aufs schärfste verurteilt, ohne anzugeben, wie die Entwaffnung zu vermeiden war. Er hat uns also verurteilt, ohne unsere Schuld nachzuweisen. Nach dieser unbegründeten öffentlichen Verurteilung kann ich nicht bei der Sicherheitstruppe bleiben und fordere meine sofortige Entlassung.

Ludwig Renn, Wachtmeister.«

Ich faltete das Blatt zusammen, steckte es in einen Briefumschlag und trug es ins Geschäftszimmer, wo eben der Hauptmann Unterschriften leistete. Dann ging ich – ja wohin? Ich wollte niemand sehen, von niemand ausgefragt werden! Ich ging auf der Straße auf und ab. Die Sonne schien. Das ärgerte mich fast. Jeden Menschen betrachtete ich, ob er mich nicht von meinem Plan abbringen wollte. Rache wollte ich nehmen und mich von niemand dabei stören lassen! Dabei fühlte ich mich nicht wohl. Ich hatte einen heißen Kopf und kam immerfort in Wut. Wenn mich der Hauptmann kommen ließe? Sicher wird er versuchen, mich einzuschüchtern. Die Wut packte mich bei dem Gedanken. Oder der Major versuchte zu vermitteln. Nein, ich will mit dem Oberst selbst sprechen! Aber was soll ich ihm sagen? Ich fühlte, daß meine Lage nicht günstig war. Die Sozialdemokratie hatte nach dem Kapp-Putsch nachgegeben und auf alle Machtstellungen verzichtet! Jetzt konnten die Offiziere wieder frech werden! Ein Beamtenstreik jetzt nützte nichts. Man würde die Beamten entlassen und neue einstellen!

»Wachtmeister Renn!« Ein Hilfswachtmeister kam angerannt. »Herr Oberst will Sie sofort sprechen!«

Ich war nicht vorbereitet, daß es so schnell kam, was ich gewollt hatte, und fühlte mich unsicher. Aber wenigstens nach außen mußte ich Ruhe zeigen!

Er führte mich ins Geschäftszimmer und ließ mich zum Oberst hinein. Der saß an seinem Schreibtisch und drehte sich mit seinem Stuhl herum. »Setzen Sie sich! – Aber, lieber Renn, wie kann man gleich so wild werden!« Er lächelte nicht, sondern sah mich eigentümlich gerade durch seinen schiefen Klemmer an. Beim Sprechen leckte er sich die Lippen und seinen verwilderten Schnurrbart. »Wir alten Soldaten haben so oft etwas einstecken müssen und waren überzeugt, daß der Vorgesetzte ein Esel war. Das ist so beim Militär und bei der Polizei auch.« Er lächelte aus seinem dunklen Gesicht mit der riesigen schmalen Nase. »Ich mußte Sie verurteilen, nicht weil Sie schuldig sind, sondern weil ich verhindern muß, daß Entwaffnungen zur Gewohnheit werden. Sehen Sie das ein?«

»Nein, Herr Oberst. Entwaffnungen werden nicht zur Gewohnheit, kein Polizist will sich entwaffnen lassen!«

»Aber wenn sie glauben, daß es straflos abgeht, dann geben sie bei jeder Schwierigkeit gleich die Waffen ab.«

»Wir haben die Waffen nicht gleich abgegeben! Herr Oberst haben das nicht erlebt! Es handelte sich darum, ein Blutbad zu vermeiden, das die Wut der Massen aufs höchste gesteigert hätte. Was hätten Sie gesagt, wenn mein Verhalten die gesamte Linkspresse in Wut gebracht hätte?«

»Natürlich durften Sie das nicht. Aber Sie sind nun einmal der Mann, der die Abteilung kommandierte. Wer Vorgesetzter ist, muß die Verantwortung tragen.«

»Ich trage die Verantwortung dafür, was ich verschuldet habe. Das Landesamt hat mir keine Schuld nachweisen können.«

»Das ist ein Zivilstandpunkt. Aber sehen Sie sich einmal an, was Sie anzurichten im Begriff sind! Sie wissen selbst, wie neulich der Beamtenausschuß bei Herrn Major war. Glauben Sie nicht auch; daß Ihre Hundertschaft geschlossen kündigt, wenn Sie jetzt fortgehen?«

Darauf war ich nicht vorbereitet. »Ja, vielleicht«, sagte ich und war mir nicht klar darüber.

»Sie wollen also deswegen, weil Sie sich persönlich beleidigt fühlen, Ihre Hundertschaft zu einem so weittragenden Schritt bewegen! Ihre Hundertschaft könnte sich noch viel mehr beleidigt fühlen als Sie, da Sie doch bei der Entwaffnung gar nicht da waren! Sie zu bestrafen, daran denkt gar niemand! Was wollen Sie also?«

Er will mich zum Zurückziehen meiner Kündigung bewegen? Und ich soll hierbleiben? Und immer noch von diesen Offizieren abhängig sein? »Ich muß fort!« sagte ich. »Wenn ich wieder in so eine Lage komme wie auf der Riesaer Brücke, da kann es mir wieder geschehen, daß ich entwaffnet werde.« Ich erschrak. Wie hatte ich das sagen können!

»Ach so!« sagte er freundlich. »Sie haben ein – nun sagen wir, ein kommunistisches Herz und sympathisieren mit den Massen. Da will ich Ihnen einen Vorschlag machen. Hier zerreißen Sie Ihre Kündigung, die so unübersehbare Folgen haben kann. Und ich werde Sie in eine Stellung bringen, wo Sie nach Beruhigung der Verhältnisse fortgehen können und wo Sie nicht in solche Lagen kommen können wie auf der Riesaer Brücke.« Er hielt mir meine Kündigung hin. Ich hatte ihm eine Schwäche gezeigt. Was sollte ich nun machen? Ich nahm das Papier und zerriß es. Ich zerriß es immer weiter, so elend war mir zumute.

Er schlug mir auf die Schulter. »Also, ich werde Sie von der Hundertschaft wegnehmen und Ihnen einen anderen Posten geben.«

Ich schlich hinaus. Wie sollte ich vor die Kameraden treten? Zuerst hatte ich in meiner Wut nicht bedacht, was ich tat. Und dann hatte ich meinen Feinden die Möglichkeit gegeben, mich von da fortzunehmen, wo ich gefährlich war, und konnte nichts dagegen machen. Das alles durch meine Schuld. Ich hätte zuerst mit den Kameraden sprechen müssen! Nicht als Einzelperson handeln, sondern organisiert! Das hatte ich wieder vergessen. Was sollte ich nun den Kameraden sagen? Sie mußten mich verachten!

Ich ging die Straße entlang und aus dem Lager hinaus.

Als ich nach längerem Umherirren zur Hundertschaft zurückkam, wußte niemand etwas. Meine Kündigung hatten nur der Hauptmann, der Major und der Oberst gesehen. Aber ich konnte trotzdem niemand ins Gesicht schauen.

An diesem Abend setzte sich der Müller zu mir und legte mir den Arm um den Nacken. »Laß dir die Sache nicht so zu Herzen gehen. Wir werden es dem Oberst schon noch zeigen.«

»Jetzt habt ihr keine Mittel mehr dazu.«

»Warum keine Mittel mehr?«

Weil ich euch verraten habe, dachte ich, und der Kummer kam so gewaltig über mich, daß mir die Tränen auf das Buch fielen, in dem ich las. »Seit die Sozialdemokraten den Generalstreik abgebrochen haben, nützt euch die Massenkündigung nichts mehr, sondern die Offiziere sind froh, wenn sie euch so billig loswerden.«

»Die andern Hundertschaften erklären sich mit uns solidarisch!«

Ich versuchte mir die Tränen abzuwischen, ohne daß er es sähe. Aber er sah es und streichelte mir den Rücken.

»Während des Kapp-Putsches«, sagte ich, »hat die Werbung für die Sipo gestockt, weil die Arbeitslosen nicht zur Polizei gehen, wenn es zu Zusammenstößen mit der Arbeiterschaft kommen kann. Aber jetzt strömen sie nur so zur Polizei. Es ist schon wieder ein großer Schub angemeldet. Glaubst du, daß die Neuen sofort wieder mit uns zusammen kündigen werden, wo sie vielleicht mit dem ersten Geld angefangen haben, ihre Schulden zu bezahlen?«

»Da unterschätzt du die proletarische Solidarität!«

»Du vergißt, daß die Offiziere jetzt wieder freie Hand haben. Hast du nicht gehört, wie bei allen Hundertschaften auf einmal ein ganz scharfer Kurs losgegangen ist? Unser Hauptmann hat heute auch nicht umsonst über schlappes Benehmen gewettert!«

Erst nach einer Woche fand ich mich so weit wieder, daß ich nicht mehr ununterbrochen daran dachte, wie ich vor dem Oberst zusammengebrochen war. Müller sprach oft mit mir.

Er sah auch, wie die Reaktion Oberhand gewann und wie die Offiziere versuchten, alle zu entlassen oder durch militärischen Bims hinauszuekeln, die gewagt hatten, sich als Beamtenausschüsse und sonst ihnen zu widersetzen.

Polizei-Werbestelle

»Wachtmeister Renn wird zur Werbestelle versetzt. Er hat sich am 15. d. Mts. bei seiner neuen Dienststelle zu melden.«

Das stand im Tagesbefehl. Da mußte ich morgen schon in die Stadt fahren, wo die Werbestelle war.

Am Abend ging ich mit Müller in eine Kantine. Wir saßen einander gegenüber, meistens stumm. Ich fürchtete, daß Müller fragen würde, wie es zu meiner Versetzung gekommen wäre. Aber er fragte nicht. Wie ausgetrocknet war ich. Mit einer mir unverständlichen Kälte sagte ich mir: Was verlasse ich denn? Nichts! Was habe ich mit den Kameraden zu tun? Nichts! Und doch war mir weh zumute. Einzelne waren es nicht, aber sie alle zusammen. Freilich hatte ich in den letzten Tagen etwas bemerkt: ein Teil lehnte sich innerlich noch gegen die Offiziere und ihren scharfen neuen Kurs auf. Einzelne aber gaben schon nach, vielleicht die neu Angeworbenen zuerst. Sie hatten die Sachen im Kapp-Putsch nicht miterlebt.

Müller stützte sich mit einem Ellbogen auf den Tisch. »Wir werden es sehr schwer hier haben gegen die Reaktion. Am liebsten würde ich gehen, aber man darf nicht. Wir dürfen es den Offizieren nicht so leicht machen. Sie müssen uns einzeln hinauswerfen. Und bei jedem solchen Fall werden wir noch die sozialdemokratischen Regierungskommissare gegen sie in Bewegung setzen!«

Wir schwiegen wieder.

Am Morgen ging ich mit meinem wenigen Gepäck nach der Bahnstation. Es war ein warmer Tag. Vögel sangen, und einige Bäume hatten schon etwas Grün.

Der Bummelzug ratterte und hielt und ratterte wieder.

Am Nachmittag kam ich in der Stadt an und fuhr mit der Elektrischen nach der Kaserne. Das waren eine Anzahl rote Ziegelgebäude mit einem weiten Hof in der Mitte.

Am Tor hing ein Pappschild: »Zur Werbestelle der Sicherheitspolizei«.

Ich kam in ein großes Geschäftszimmer. Darin saßen mehrere Wachtmeister und Unterwachtmeister. An einem kleinen Tisch am Fenster war ein Hauptmann über Papiere gebeugt. Ich legte mein Gepäck nieder, zog mir den Rock zurecht und stellte mich vor ihm auf: »Wachtmeister Renn meldet sich zur Werbestelle versetzt.«

Er sah mich mit unfreundlichen Kalbsaugen an und rief: »Herr Lorenz! – Wo wollen wir den Wachtmeister verwenden! Für die fliegende Werbestelle brauchen wir wohl niemand?«

Lorenz, ein dünner Mann mit listigen Augen, betrachtete mich. »Eigentlich brauchen wir einen Registrandenschreiber. Können Sie so etwas?«

»Ich habe nur als Vertreter des Feldwebels Registrande geführt. Aber das wird wohl hier schwieriger sein.«

»Ach, das ist nicht so schlimm.«

»Gut«, sagte der Hauptmann. »Richten Sie ihn ein!«

Lorenz zog mich zu seinem Tisch. »Sie ziehen zu dem Unterwachtmeister Schröder in die Stube. – Bei uns ist es gerade hier ein bißchen durcheinander.« Er kniff die Augen zusammen und wollte wohl damit sagen: Ich kann hier nicht frei reden. »Sie kommen an die lange Tafel zwischen Schröder, der die erste Registrande führt, und den Führer der schwarzen Listen.

Schwarze Listen? Rockstroh hatte uns doch im Unterricht gesagt, die wären abgeschafft!

»Sie nehmen die Buchstaben L bis Z. Der Vorgang ist so: Sie bekommen die Aufnahmegesuche von mir, tragen sie hier in diese Spalte ein und geben sie dann Herrn Hauptmann. Der bearbeitet sie weiter. Wenn dann der Gesuchsteller Bescheid bekommt, tragen Sie das in diese Spalte ein. Das übrige ist auch sehr einfach. In zwei Tagen machen Sie das im Schlafe. Ich bringe Ihnen gleich einen Stoß Gesuche. Wir haben nämlich seit einer Woche Hochbetrieb.«

Ich begann Eintragungen in die Registrande zu machen. Das war ein Heft von großem Format mit vielen Spalten. Später kamen die Bewerber einzeln herein und standen vor dem Hauptmann stramm, der sie von seinem Tisch aus unfreundlich ansah und sie in schroffem Ton ausfragte. »Wo waren Sie in der Zeit vom 10. September 1916 bis zum 8. Januar des nächsten Jahres!« fragte er einen. »Darüber gibt Ihr Militärpaß keine Auskunft.«

»Bei Maschinengewehrabteilung 254, Herr Hauptmann!«

Der Hauptmann schrieb etwas auf. »Sie haben vor dem Kriege einmal zwei Tage Haft gehabt. Das ist zwar für die Einstellung nicht wesentlich. Aber weshalb war denn das?«

»Wegen Betteln, Herr Hauptmann!«

Der Hauptmann schrieb wieder. Wenn es für die Einstellung nicht wesentlich war, weshalb schrieb er es dann auf?

Nachdem er so alle Papiere durchgesehen hatte, ging er zum Polizeioberst zum Vortrag.

Nachmittags um vier war Büroschluß. Wir gingen zusammen hinaus.

»Du bist das, der auf der Riesaer Brücke entwaffnet worden ist?« fragte einer neugierig.

»Bei euch hat doch die ganze Hundertschaft gemeutert?« sagte ein kleiner Mensch mit listigen Augen. »Ich kann dir sagen, hier ist ja auch allerhand passiert! Der Hauptmann«, flüsterte er, »hat sich so dumm benommen, daß er in den nächsten Tagen verschwinden muß. Er kommt ins Zeithainer Lager, und hierher kommt 'n anderer.«

»Was hat er denn gemacht?«

Der Hauptmann pflegte sich immer Notizen zu den Gesuchen zu machen, und einmal ist aus Versehen mit den Personalpapieren auch das Gesuch mit den Bemerkungen zurückgesandt worden. Und da stand drauf, daß er abgelehnt war, weil ihn die Gewerkschaften empfohlen hatten. Das hat einen mächtigen Stunk gegeben. Der Regierungskommissar hat die Ablösung des Hauptmanns verlangt, und der Oberst von Migliotti hat ihn versetzen müssen – obwohl wir glauben, daß er selbst dahintergestanden hat! Ich könnte dir ja noch vieles erzählen, aber ich muß jetzt zum Oberst. Ich bin sozusagen Bursche bei ihm. Das gibt's zwar bei der Polizei nicht, aber – es gibt's eben doch!« Mit einem Kopfnicken lief der Kerl mit flinken Beinen fort.

Schröder führte mich in unsere Stube. Die war hell und sauber. Er war ein großer, kräftiger Mensch mit etwas verschlafenen Augen.

»Nachher kommt mein Mädel. Das stört dich doch nicht.«

»Ist denn das hier erlaubt, Mädel in die Kaserne zu bringen?«

»Erlaubt? Weiß ich nicht. Alle machen es.«

»Was soll ich dagegen haben? Von mir aus kannst du machen, was du willst.«

Ich legte meine Sachen in den Schrank und setzte mich an den Tisch, um meiner Mutter meine neue Adresse mitzuteilen.

Schröder ging nach dem Tor, um sein Mädel zu holen, und kam bald mit ihr wieder. Sie hatte ein weißes Gesicht mit einer spitzen, geraden Nase und sah mich und dann ihren Fritz ängstlich an.

Sie brauchen sich vor mir nicht zu genieren«, sagte ich. »Außerdem gehe ich nachher aus.«

Sie blieb aber verlegen, bis ich meinen Brief zugeklebt hatte und fortging.

Der Abend war warm und klar. Kinder spielten auf der Straße. Ich streifte im Walde hinter der Kaserne umher bis zu einem Aussichtsturm und kehrte dann langsam zurück.

In unserer Kasernenstube war es dunkel. Ich drehte das elektrische Licht an. Schröder und sein Mädel lagen zusammen im Bett und lachten mich an. Sie lag zufrieden mit dem Kopf auf seiner nackten Brust. Ich hatte eine richtige Freude daran, die beiden so zu sehen.

Am Morgen brachte er sie hinaus und kam dann wieder. »Du, vergiß nicht, dich polizeilich anzumelden.«

»Aber wir sind doch selbst Polizei!«

»Ja, das hilft nichts. Wir sind hier nur zur Miete in der Kaserne.«

Wir gingen in den Speisesaal Kaffee trinken und dann in die Werbestelle. Heute waren einige Gesichter da, die ich gestern nicht gesehen hatte. Vor dem Hauptmann stand ein winziger Leutnant und sah sich immer mal nach uns Schreibern um. Übrigens sah er gar nicht wie ein Offizier aus und hatte etwas auffallend Scheues an sich. In der andern Ecke des großen Raumes stritten sich leise der Oberwachtmeister Lorenz, der mich gestern eingewiesen hatte, und ein anderer Oberwachtmeister. Wie die Katzen fauchten sie sich an. Wir Registrandenführer hatten nichts zu tun, weil sich die beiden stritten und uns daher keine eingegangenen Briefe zum Eintragen gaben. Der neben mir blätterte hastig in seinen schwarzen Listen. Als er bemerkte, daß ich zusah, flüsterte er: »Es ist unmöglich, wirklich festzustellen, ob da einer drinsteht. Alle paar Tage kommt eine Liste mit Hunderten von neuen Namen, und alle muß man durchsehen. Und eigentlich darf überhaupt niemand wissen, daß es so was gibt.«

»Wieviel Namen sind denn drin?«

»Zehntausende.«

»Ja, was sind denn das für Leute?« Ich war verblüfft über die Menge.

»Alle möglichen, aber hauptsächlich Leute, die in Berlin und sonstwo gegen die Regierung gekämpft haben. Jetzt kommen gerade die Namen vom Kapp-Putsch.«

»Aber die haben doch für die Regierung gekämpft gegen die aufständische Reichswehr und die Bürgerwehren?«

»Sprich nicht weiter!« sagte er leise und blätterte tief gebeugt in seinen Listen. Ich sah interessiert in meine Registrande, denn wahrscheinlich beobachtete uns jemand. Im Raum war allerhand Unruhe. Die zankenden Oberwachtmeister zogen vor den Hauptmann und hatten dort auf einmal freundlich lächelnde Gesichter. Der winzige Leutnant lächelte auch, und das in einer halb blöden Art. Irgend etwas spielte auch der. Auf einmal kam der Oberst von Migliotti herein. Alle sprangen auf. Er hatte heute ein Paar hohe Stiefel an, deren Schäfte viel zu weit waren. Sie schienen oben abgeschnitten zu sein. Wie uns sein Bursche erzählt hatte, waren sie aus dem Nachlaß eines anderen Offiziers gekauft. Er winkte dem Hauptmann herauszukommen und streifte dabei mich mit einem kalten Blick.

Wir hatten noch immer nichts einzutragen und dösten vor uns hin. Der winzige Leutnant kam zu mir. »Wachtmeister Renn?« Er lächelte beinah unterwürfig.

»Jawohl, Herr Leutnant.«

»Haben Sie schon mit dem Regierungskommissar gesprochen?«

»Nein, Herr Leutnant. Ich wüßte auch nicht, warum ich mit dem sprechen sollte!«

»Ich dachte, Sie wären Sozialist?«

»Nein, Herr Leutnant!« schnarrte ich dienstlich, um ihn loszuwerden.

Er sah mich unsicher an. Dann sagte er: »Eine langweilige Beschäftigung hier!« und ging an ein Fenster, wo er sich eine Zigarette anbrannte.

Wem konnte man hier eigentlich trauen? Schröder, ja, der war ehrlich. Aber ob man ihn fragen konnte, was hier alles los war? Ehrlich schien auch noch der mit den schwarzen Listen zu sein, aber sehr verschlossen.

Als ich bei der Mittagspause nach dem Speisesaal ging, traf ich draußen den Regierungskommissar.

»Nun, sind Sie da?« Er roch aus dem Munde nach Schnaps, und seine Augen glänzten etwas.

»Ja, ich bin da!« erwiderte ich laut, denn er war mir in seinem jetzigen Zustand noch widerwärtiger.

»Ganz gute Stellung, nicht?«

»Ausgezeichnet! Ich sehe, daß alle, die gegen Kapp, für die sozialdemokratische Regierung gekämpft haben, in den schwarzen Listen der Polizei stehen!«

»Was sagen Sie?« Er versuchte nachzudenken und zog die Stirn in Falten.

»Ich sage, daß die Sozialdemokraten herrliche Leute sind, so offen und ohne Hintergedanken!«

»Ach, Rennchen, Sie sollten sich bessern!«

»Sie meinen: auch saufen?«

»Nein – jetzt endlich zu unserer Partei kommen.«

»Ja, wunderbar! Und was soll ich dort? Auch so ein versoffener Kommissar werden?«

»Ach, ach!« lächelte er in seinem Dusel und fuhr sich mit den Fingern an den Augen vorbei, als wollte er da etwas wegwischen. Dann wandte er sich um und ging ziemlich aufrecht in sein Geschäftszimmer.

Als ich vom Essen zurückkam, lehnte ein kleiner, junger Kerl an einem Fenster vor dem Geschäftszimmer und trat mir in den Weg. »Herr Wachtmeister! Ist das wirklich wahr, daß ich wegen meiner Größe nicht eingestellt werde?«

»Ich weiß das nicht. Diese Sachen bearbeitet der Hauptmann.«

»Ich denke nämlich«, flüsterte er, »das ist gar nicht deshalb, sondern wegen meiner Strafen vor dem Kriege.«

»Das weiß ich wirklich nicht.«

»Aber könnten Sie nicht mal nachsehen? Ich bin schon so lange arbeitslos. In meinem Beruf gibt's überhaupt nichts mehr. Bitte, sehen Sie doch nach!«

»Und was sollte das nützen? Nein, ich kann das nicht machen.«

In der Werbestelle änderte sich einiges. Der Hauptmann, der keine Sozialdemokraten einstellen wollte, war verschwunden und an seine Stelle ein anderer gekommen. Mir fiel sofort auf, daß er den winzigen Leutnant schlecht behandelte, der noch immer in unserm Büro herumstand, ohne etwas Richtiges zu tun. Gegen uns war er viel freundlicher. Was hier wieder für ein Gegensatz bestand, wurde mir nicht klar.

Die Feindschaft der beiden Oberwachtmeister führte jetzt zu einem lauten Krach. Der neue Hauptmann bestimmte Lorenz als Bürovorstand und wollte den andern zu einer Werbestelle in einer kleineren Stadt versetzen. Der beschwerte sich aber beim Oberst. Das gab zwei Tage lang laute Szenen in der Werbestelle und vor dem Oberst. Lorenz lachte siegesbewußt und ließ den andern schimpfen. So unverhohlen hatte ich nie Neid und Schadenfreude aufeinanderprallen sehen wie hier. Ich hielt den einen für so berechnend und gemein wie den andern. Lorenz blieb da. Man erzählte, daß der Oberst den andern aus seinem Büro hinausgeworfen hatte, wie der zum dritten Male kam, um sich über den Hauptmann und über seinen Nebenbuhler Lorenz zu beschweren. Wir erfuhren alle solche Sachen durch den sogenannten Burschen des Obersten. Der war ein großer Spötter.

Täglich bei Büroschluß pflegte er zu sagen: »Jetzt muß ich aber schnell zum Oberst. Wenn ich hinkomme, sitzt immer schon die ganze Familie um den Tisch herum und wartet auf den Salzhering, den ich mitbringe.«

»Ist denn der so geizig?«

»Eine Dreizehnzimmerwohnung haben sie, aber im Winter sind alle verschlossen, außer einem, wo die ganze Familie um den Ofen hockt. Und essen tun sie, daß einem grausen kann! Das Stubenmädchen kocht Salzkartoffeln, und ich bringe den Hering mit!«

Die Geschichte von dem Hering klang ja sehr nach einem alten Witz. Aber merkwürdige Leute waren das sicherlich. Die Frau sollte um den Hals und um die Taille ein blaues Band haben. Aber manchmal wußte sie nicht gleich, wohin sie gehörten, so dünn war ihre Taille. Das Stubenmädchen sollte sehr unzufrieden sein, weil die Frau kleinlich war und nach außen wer weiß was vorstellen wollte. Der speckige Rock des Obersten und sein steifer weißer Kragen mit dem grauen Schmutzrand deuteten ja auch auf sonderbare Verhältnisse zu Hause. Aber trotz unseres Gelächters nahm ich mich dem Oberst gegenüber sehr zusammen. Er beobachtete scharf mit seinen kleinen Augen und hatte keine der eitlen Albernheiten der anderen Offiziere an sich.

Täglich kamen mehr Gesuche um Einstellung bei der Polizei. Wir mußten Überstunden machen und kamen doch nicht durch. Neue Schreiber wurden eingestellt. Jeden Tag kam eine große Zahl zur ärztlichen Untersuchung. Manche suchten sich durch besonders strammes Benehmen zu empfehlen.

»Wo haben Sie gedient?« fragte der Hauptmann.

»Bei der kaiserlichen Marine, Seiner Majestät Schiff ›König‹, Herr Hauptmann!«

Der tat so, als hörte er es nicht. Aber wir nahmen an, daß es doch auf ihn wirkte und er diesen Mann unter allen Umständen einstellte.

Der Unterwachtmeister mit den schwarzen Listen blätterte und blätterte und kam doch nicht nach.

Einmal vor dem Dienst auf dem Kasernenhof redete mich ein braungebrannter Mann mit Ledergamaschen an: »Bitte, werden hier auch Offiziere angeworben?«

»Soviel ich weiß, nicht.« Er hatte arg vertragene Reithosen an und einen Rock, der ihm zu eng geworden war.

»Ich will Ihnen nur sagen, worum es sich handelt. Ich und mein Bruder, wir sind beide Landwirte. Aber es ist da absolut nichts zu machen. Sehen Sie, wie ich aussehe! Wir waren beide Reserveoffiziere im Kriege. Ich war bei einem Sturmbataillon. Was sollen wir aber machen! Stellung als Verwalter oder sonst auf einem Gut ist nicht zu bekommen! Wir bestehen ja gar nicht darauf, als Offiziere eingestellt zu werden, sondern nur überhaupt. Der niedrigste Dienstgrad ist uns recht!«

»Da müssen Sie schon mit Herrn Hauptmann sprechen.«

»Wir sind auch in einem nationalistischen Jugendverband und können die besten Zeugnisse beibringen!«

»Die Zugehörigkeit zu nationalistischen Verbänden wird hier sehr verschieden beurteilt.«

Er sah mich etwas verwirrt an. »Meinen Sie, daß man das Herrn Hauptmann nicht sagen darf?«

»Dem dürfen Sie es schon sagen, aber ob Sie sich bei den übrigen Beamten damit Vertrauen erringen, ist fraglich!«

»Ich danke Ihnen schön für die Auskunft.« Er drückte mir

die Hand. Die Unfreundlichkeit in meiner Antwort hatte er gar nicht verstanden. Später sah ich den Hauptmann mit ihm sprechen. Sie gingen zusammen zum Oberst hinein. Aber der soll die Einstellung schroff abgelehnt haben.

Es wurde Sommer und Spätsommer. Die Ausbildung der Sipo im Zeithainer Lager war beendet, und die Hundertschaften sollten auf die Städte verteilt werden. Die Offiziere waren aufgeregt. Ob das nicht zu Unruhen führen würde? Aber alles ging glatt. Sofort war ein ganz anderes Leben in der Kaserne. Viele kannten mich und begrüßten mich freundschaftlich. Jetzt fühlte ich erst richtig, wie fremd ich in der Werbestelle war, wo alle vorsichtig herumhorchten und keiner dem andern traute. Freilich hatten die Offiziere auch aus der Truppe die Politik ausgetrieben und das Mißtrauen dafür gesetzt. Aber wenn sie mit mir redeten, war da sofort ein Vertrauen. Mich betrachteten sie wohl als den, der damals die Front der Arbeiter im Polizeirock gegen die Offiziere geführt hatte. Jedenfalls war diese Front noch da. Das war auch kein Wunder, denn im Lager standen nur Offiziere und untere Beamte gegeneinander. Hier aber, in der Stadt, mußten sie der Bevölkerung gegenübertreten, und da fürchtete ich, daß sie sich, wie die Polizei überall, bald den Spießern anhängen würden und den Zusammenhang mit der Arbeiterschaft verlören. Vorläufig war die Gefahr noch nicht so groß, weil sie in der Kaserne eingesperrt werden sollten und die Heiratserlaubnis nur wenigen gegeben wurde. Daher kämpften sie hauptsächlich um die Ehe, und das ging wieder gegen die Offiziere.

Der Zudrang zur Polizei stockte auf einmal wieder. Im Vogtland waren Unruhen. Wir waren damals in der Werbestelle sechzehn Mann und hatten auf einmal nichts mehr zu tun, saßen auf den Tischen und rauchten. In der zweiten Woche begann man Beamte abzubauen. Einer der ersten war Schröder. Der wurde zu einer Hundertschaft in den Außendienst versetzt, obwohl sie da gar niemand brauchten. Um die viele neue Polizei nur zu verwenden und zu beweisen, daß sie nötig wäre, wurden überall Verkehrspolizisten aufgestellt. Das mochte ja in Berlin nötig sein und in unserer Stadt an zwei, drei Straßenkreuzungen. Aber sonst war das eine lächerliche Sache, wenn der Polizist einem Fuhrwerk feierlich winkte durchzufahren, und sonst war alles leer.

Der winzige Leutnant war eines Tages verschwunden, und nun stellte sich heraus, daß er ein Betrüger war, der mit den unteren Beamten freundlich tat und sie dann beschwindelte. Auch Schröder war auf ihn hereingefallen und hatte ihm von seinem geringen Gehalt noch Geld geborgt. Der Bursche des Obersten spottete darüber, aber mehr noch über die Vorbereitungen für den Ball des Kreisamts.

»Neulich der Ball der ersten Abteilung ist ja zum Schluß so gewesen, daß es selbst der Polizei zuviel wurde, und die kann doch sonst was vertragen! Auf allen Bänken im Park lagen die besoffenen Weiber. Im Salon wälzten sich mehrere Paare auf dem Teppich. Und die Baronin Migliotti bereitet sich schon jetzt für den Ball vor. Sie ist ins Seidenhaus Siegfried Mayer gegangen und hat sich einen halben Meter neues blaues Band gekauft. Das reicht ja bei ihr für Hals und Taille! Der Oberst spart auch schon für ein kleines einfaches Bier für sich und seine Frau!«

Am Tage des Kreisamtsballs wurde viel herumgelaufen. Als ich am Abend in das Kasino kam, schienen mir einige schon etwas angetrunken zu sein. Unser Bürovorstand Lorenz lachte mit seinem Mädchen. Die war mit einem durchsichtigen schwarzen Schleier behängt, der bis zu den Knien ging. Weiter oben sah man aber alles, oder glaubte es doch zu sehen. Die Beamten kamen mit ihren Blicken gar nicht davon fort, während sich ihre Mädel ärgerten. Und die waren auch nicht gerade zurückhaltend mit ihren Reizen. Im Salon versammelten sich die Offiziere. In der Mitte stand hochaufgerichtet eine dürre Frau mit stolzer, gebogener Nase und einem breiten blauen Band um den Hals. Mir zuckte der Bauch, weil ich mein Lachen zurückhalten mußte. Als sie sich jetzt leutselig zu dem kleinen, dicken Abteilungskommandeur neigte, sah ich auch das breite Band um die Taille. Hinten war es in eine Schleife gelegt, die sorgfältig gezupft war.

Die Offiziere formierten sich mit ihren Frauen und kamen in den Saal. Die Musik setzte ein, und alle tanzten mit ihren Frauen oder Bräuten. Lorenz tanzte betont schieberhaft und setzte dann seine Braut ab. Da stand sie in der Nähe der Musik und fächelte sich mit einem schwarzen Fächer. Ab und zu drehte sie sich ein wenig, um sich von verschiedenen Seiten sehen zu lassen. Wieder sahen alle Männer hinüber, selbst die Tanzenden.

Beim nächsten Tanz stand sie allein. Auch die anderen Mädchen standen ziemlich vereinsamt, weil alle Männer von der Schwarzen angezogen wurden, ohne daß doch einer wagte hinüberzugehen. Der Bursche des Obersten stand neben mir. »Das ist seine siebente Braut. Aber er möchte ein paar abschieben. – Hast du schon die Baronin Migliotti gesehen? Dort wird sie vom Major herumgedreht. Es sieht aber aus, als ob die Bohnenstange das Faß um sich herumdrehte.«

Mit hocherhobener Nase und strengem Gesicht ließ sie sich drehen, und der Major schien nicht begeistert von der Tätigkeit.

Ich tanzte mit Schröders Mädel. Die sah heute besonders nett und sauber aus. Während wir tanzten, sah ich plötzlich, daß ein Leutnant die Schwarze ergriffen hatte und mit Leidenschaft lossprang. Er hatte den Bann gebrochen. Jetzt tanzten alle Offiziere mit ihr, außer dem Oberst der mit dem Major gelangweilt bei seiner Frau stand.

Der Tag war heiß gewesen. Alle Fenster des Saales standen offen. Die Beamten wischten sich den Schweiß aus dem Kragen und begannen zu trinken. Der Musik wurde auch öfters eine Lage gespendet. So wurde ihr Spiel etwas unordentlich. Der Leutnant, der vorhin mit der Schwarzen zuerst getanzt hatte, tanzte immer wieder mit ihr. Plötzlich beugte er sich über sie und küßte sie auf die nackte Schulter. Mit einem Schrei sprang sie davon und kam neben den Adjutanten des Obersten zu stehen. Der machte ihr sofort eine Verbeugung und schwenkte sie dann lachend durch den Saal. Lorenz unterdessen spielte

Liebeskummer, soff ein Glas nach dem andern, dirigierte mit verbissener Miene die Musik und schien sich in der Rolle des abgesetzten Liebhabers sehr wohl zu fühlen.

Als die Polonäse kam, waren manche Augen schon recht gläsern und die Haare der Bräute reichlich zerrauft. Die Paare bauten sich auf, vorn der Oberst mit der Frau des Majors, dahinter der dicke Major mit der langen Frau des Obersten. Die Musik begann. Aber der Oberst blieb stehen. Seine Frau beugte sich von hinten vor und schimpfte auf ihn. Ihr blaues Halsband zitterte vor gekränktem Ehrgefühl. Aber der Oberst stand unentschlossen da und wußte nicht, wie er die Polonäse anführen sollte. Da trat ein Mann mit braungebranntem Gesicht an ihn heran. Der war eigentlich Bademeister, ließ sich aber auch als Tanzmeister verpflichten. Lächelnd faßte er den Oberst am linken Arm und führte mit ihm die Polonäse an.

Nicht lange darauf gingen die Offiziere fort. Lorenz tanzte wie wahnsinnig mit einem Stuhl. Ein Teil der Paare war im Park. Schröders Mädel war müde und wollte nach Hause. Da ging ich mit ihnen.

In den nächsten Tagen wurde nur von dem Ball gesprochen. Der mit den schwarzen Listen sagte: »Eine Schande ist das! Wenn irgendwo sonst solche Orgien gefeiert würden, da griffen wir ein. Aber bei uns ist alles erlaubt! Da gibt's keine Polizeistunde! Und das ganze Viertel spricht nur von dem Massenpuff bei der Polizei!«

Niemand widersprach ihm ernstlich, und doch gefiel es allen sehr gut so.

Eines Morgens hatte ich ein eiliges Gesuch zum Obersten in sein Geschäftszimmer zu bringen.

Er war gerade im Begriff fortzugehen und ließ sich in seinen alten, schäbigen Mantel helfen.

»Ach, das Gesuch«, sagte er, »legen Sie es mir auf den Tisch!«

Ein Schreiber kam herein. »Herr Staatsanwalt Rebentropp möchte Herrn Oberst dringend sprechen.«

»Ich habe gar keine Zeit! Na, er soll kommen!«

Herein trat ein Herr mit einer ledernen Aktenmappe und scharfen Bügelfalten in den Hosen. »Herr Oberst! Ich möchte Sie bitten, mir sofort ein Polizeikommando von etwa zwölf Mann zur Verfügung zu stellen. Es handelt sich darum, einen Reichswehrleutnant festzunehmen. Die Sache steht im Zusammenhang mit den Hölz-Unruhen. Der Leutnant hatte von seiner Kommandostelle den Auftrag, mit den Kommunisten zusammen einiges zu unternehmen. Leider hat er aber seine Befugnisse überschritten. Er hat eine Bande angeführt. Sie sind mit einem Lastauto vor der Villa eines Fabrikanten vorgefahren und haben von ihm Geld erpreßt. Und dabei hat der Leutnant Geld für sich genommen. Wir müssen ihn sofort festnehmen, weil Fluchtverdacht besteht. Er hält sich in Plauen auf. Ich bitte also um eine Anweisung an die Polizeiabteilung in Plauen, die Ihnen ja untersteht.«

»Ich bedaure sehr, Herr Staatsanwalt. Das kann ich nicht tun. Sie müssen sich dazu mit der Kreishauptmannschaft Zwickau in Verbindung setzen.«

»Aber, Herr Oberst, ich komme extra von Plauen herüber, weil mir der dortige Amtshauptmann erklärte, es wäre Ihre Aufgabe, Herr Oberst.«

»Nein, das gehört nicht zu meiner Kompetenz!«

Der Staatsanwalt fingerte vor Aufregung an seiner Aktentasche. »Die Verfolgung eines – eines zum Verbrecher gewordenen Spitzels darf doch nicht durch Kompetenzschwierigkeiten unmöglich gemacht werden!«

»Ich habe Ihnen schon erklärt, daß ich ohne die Anweisung der Kreishauptmannschaft Zwickau über die Plauener Abteilung nicht verfügen kann.«

»Aber, Herr Oberst, das hält uns doch viel zu sehr auf!«

»Ich bedaure, Sie nicht unterstützen zu können!«

Der Staatsanwalt suchte nach Worten vor Erregung: »Ich muß ja geradezu den Eindruck mitnehmen, daß Sie dem Leutnant die Flucht ermöglichen wollen!«

»Entschuldigen Sie mich, Herr Staatsanwalt!« Der Oberst sah auf seine Uhr. »Ich muß auf die Bahn!«

Der Staatsanwalt schien noch etwas sagen zu wollen, machte aber dann nur eine Verbeugung und ging mit aufeinandergepreßten Lippen hinaus.

Der Oberst nahm das Gesuch, das ich gebracht hatte, und bemerkte mich auf einmal wieder. »Ach, Sie sind noch da?! Ich wollte Ihnen sowieso sagen, daß es Zeit wird, daß Sie Ihre Kündigung einreichen!« Das sagte er kalt und ging hinaus.

Ich war noch ganz betroffen über das Gespräch. Von Staats wegen waren Überfälle auf Fabrikanten inszeniert worden, um sie den Kommunisten in die Schuhe zu schieben?!

Wenige Tage später bekam ich meine Papiere.

Da sind wir wieder

Nachwort von Günther Drommer

Am 19. November 1918 war im »Dresdner Anzeiger«, der dazumal größten Zeitung für die Hauptstadt des Königreiches Sachsen, an unauffälliger Stelle diese Mitteilung zu lesen:

»Am letzten Sonnabend ist von den Truppen unserer Garnison als erste das Leib-Grenadier-Regiment nach Dresden zurückgekehrt. Gegenüber den tapferen Truppen, die lange an der Front gestanden und den vaterländischen Boden geschützt haben, erfüllt uns die Empfindung tiefer Dankbarkeit. Eine Begrüßung bei der Ankunft und beim Einzug hat zwar unterbleiben müssen, aber wir senden auf diesem Weg, zugleich im Namen der gesamten Bürger- und Einwohnerschaft den zurückkehrenden Truppen unsere dankbaren Grüße. Der Rat zu Dresden. Oberbürgermeister Blüher.«

Das, was im August 1914 bei strahlendem Sommerwetter wie ein großes, fröhliches Kaisermanöver begann, war nicht, wie ehemals leichtfertig gedacht, nach wenigen Monaten vorbei gewesen (»Weihnachten sind wir wieder zu Hause«), sondern es hatte sich vier schrecklich lange Jahre hingezogen und endete in einer bedingungslosen Niederlage. Nun, im kalten November 1918, kehrten die stolzen Truppen von einst ziemlich sang- und klanglos in ihre Garnisonen zurück. Der oberste Kriegsherr, Kaiser Wilhelm II. (»Es kann vorkommen, daß Ich euch befehle, eure eigenen Verwandten, Brüder, ja Eltern niederzuschießen, aber auch dann müßt ihr Meine Befehle ohne Murren befolgen!«), der die Hauptschuld an diesem furchtbaren Debakel trug, hatte sich feige ins neutrale Holland abgesetzt.

Auch der sächsische Landesherr, König Friedrich August III., von dem derart unmenschliche Sprüche nicht zu hören gewesen waren, hatte sechs Tage vor der Heimkehr seines Leib-Regiments von der Front auf seinen Thron verzichtet und sich in Richtung seines Schlosses Sibyllenort bei Breslau abgesetzt. Am 13. November hatte er alle Offiziere, Beamten, Geistliche und Lehrer von dem ihm geleisteten Treueid entbunden und sie gebeten, »im Interesse des Vaterlandes, auch unter den veränderten Verhältnissen ihren Dienst zu tun«. Die Schloßwachen für seine letzten Regierungsstunden zu verstärken, lehnte er mit den Worten ab: »Wenn die Sachsen glauben, ohne mich glücklicher zu sein, dann will ich ihnen nicht im Wege stehen«. Im übrigen denke er, »als König wohl Gegner, nicht aber als Mensch Feinde gehabt« zu haben.

Wiederum drei Tage zuvor, am 10. November, hatte der »Dresdner Anzeiger« den Umsturz in Form eines Aufrufes gemeldet:

Soldaten- und Arbeiterrat in Dresden
Dresden, 9. November 1918

Mit dem heutigen Abend ist die Leitung der Geschäfte der Garnison Dresden in die Hände des provisorischen Soldaten- und Arbeiterrates übergegangen.

Kameraden und Genossen!

Unsere Schicksalsstunde hat geschlagen. Die Macht ist in unserer Hand! Hört auf uns! Sammelt Euch um Eure erwählten Führer. Keine Unbesonnenheiten! Ruhe und eiserne Nerven sind das Gebot der Stunde. Zeigt, daß Ihr Männer seid, folgt unseren Sicherheitsorganen, plündert und raubt nicht! Es ist Euer unwürdig und gereicht Euch nicht zur Ehre. Zum Ziel führt es nicht. Große Aufgaben liegen vor uns. Aber damit sie erfüllt werden können, ist die Einigkeit und Geschlossenheit der Bewegung erforderlich.

Wir haben einen provisorischen Arbeiter- und Soldatenrat aus Vertretern hiesiger Gewerkschaften und Garnisontruppenteilen gebildet. Folgt seinen Anweisungen und Beschlüssen, sorgt für Ruhe und Ordnung, damit sich nichts ereignet, was gegen uns ausgenutzt werden kann. Denkt auch an die Aufrechterhaltung der Ordnung in den Kasernen.

Alle Arbeiter und Soldaten sind auf unserer Seite. Wir sind unserem Ziele nahe.

Der provisorische Arbeiter- und Soldatenrat

Zu den Angehörigen des traditionsreichen Eliteregiments Nr. 100 des Königs, die der noch amtierende alteingesetzte Stadtrat mit ein wenig Zurückhaltung jedoch dankbar wieder in Dresden begrüßt, gehört auch der Bataillonsführer Oberleutnant Arnold Vieth von Golßenau, mehrfach verwundet, vielfach ausgezeichnet, von Anfang an in Belgien und Frankreich dabei, als die feindlichen Heere ineinander verbissen in endloser, tödlicher Umklammerung gelegen hatten. Wie die meisten seiner Soldaten und manche seiner Offizierskameraden kehrt er als ein anderer – vor allem als ein anders Denkender – zurück, als der er einst, »den Marschallstab im Tornister«, ausgezogen war.

Später, am Ende seines Lebens, als er sich schon lange selbst den Namen des Wachtmeisters Ludwig Renn, seiner Hauptfigur aus »Krieg« und »Nachkrieg«, gegeben und unter ihm Weltgeltung erlangt hat, erinnert sich der ehemalige königliche Offizier des Einmarschs seines Regimentes an jenem in der Zeitung erwähnten »vergangenen Sonnabend«, es ist der 16. November 1918, in der Vaterstadt:

»Unser Feldregiment rückte in mustergültiger Ordnung in seine Garnissonstadt Dresden ein, wo Menschenmengen die Straßenränder säumten, teils froh, ihre Familienväter und Söhne wiederzusehen, teils voll Weh, weil so viele nicht mehr da waren.

Ich ritt an der Spitze meines Bataillonsstabes, hinter mir der Adjutant, der Bataillonsarzt, der Minenwerferoffizier und wohl noch andre. Hinterher sagte mir mein Vater, er wäre erstaunt gewesen, einen so bedeutenden Stab um mich zu sehen, und auch, daß ich so ernst ausgesehen hätte und gar keine Fröhlichkeit zeigte, obwohl man uns doch reichlich Blumen überreichte.«

Zur Fröhlichkeit hat der 27jährige an diesem Tag des Rückblicks allerdings auch wenig Anlaß. Ein Bild aus den ersten Kriegstagen geht ihm nicht aus dem Sinn, und immer wieder sieht er es vor sich: Schon in »Krieg« hat er über die Ereignisse von Dinant geschrieben, und in »Anstößen in meinem Leben« kommt er, neunzigjährig, nochmals darauf zurück. Aber auch in »Nachkrieg« läßt er einen Soldaten das selbsterlebte Geschehen berichten:

»Von einem anderen Tisch beugte sich einer herüber. ›Ich habe an einem Tage denken gelernt. Das war 1914 beim Übergang über die Maas. Da hatte unser Oberst Belgier erschießen lassen, Männer, Frauen und Kinder. Unsere Feldküche hielt gerade davor. Und wie ich in der Nacht an dem Leichenhaufen vorbeigehe, da sehe ich, wie sich da ein Kopf darin bewegt. Das war eine Frau. Sie war ganz blutig im Gesicht. Und die Augen vergesse ich nie! Nicht etwa wütend oder furchtsam, sondern sozusagen ganz ohne Ausdruck. In dem Haufen sind nämlich viele nicht tot gewesen. Und die sind dann in der Nacht herausgekrochen. Und am Morgen haben sie auf einer Mauer gegenüber dem Leichenhaufen gesessen und haben sich so merkwürdig umgesehen. Damals habe ich angefangen nachzudenken! Es ist nie nachgewiesen worden, daß die Belgier dort wirklich geschossen haben. Jetzt glaube ich, daß es Schüsse vom andern Ufer gewesen sind, die an den Mauern abgeprallt sind. Die haben wir damals für

Einwohnerschüsse gehalten. Untersucht ist es ja nicht worden, man hat einfach die Leute an die Wand gestellt, in einem dichten Haufen, und hineingeschossen, bis sie still waren, und hat sie liegen gelassen!‹«

Was soll der junge Mann, der nichts anderes gelernt hat, als Krieg zu führen, und das hat er ziemlich gut gelernt, wenngleich er zu den Verlierern gehört, was soll er nun tun, in den Wirren dieser ersten Jahre einer ebenso ungewohnten wie ungeliebten Republik? Zwar hat er gut tausend Seiten Tagebuchnotizen aus dem Felde mitgebracht, aber zum Schriftsteller fühlt er sich keineswegs berufen. Es fehlt ihm, wie unzähligen anderen seiner Generation zur Zeit einfach an Bildung. Er tut das Naheliegende: Er bleibt bei der Truppe, so lange es möglich ist. Und da kann man ihn zunächst ganz gut gebrauchen.

Kurz vor dem selbstverschuldeten Zusammenbruch des Hohenzollernreiches war nach jener gesellschaftlichen Kraft gesucht worden, die von nun an bereit sein würde, nicht nur die Verantwortung für die Folgen der Niederlage, sondern auch die für einen unendlich schwierigen staatlichen Neuanfang bei weitgehendster Wahrung möglichst vieler alten Rechte und Besitzstände zu übernehmen. Für diese Aufgabe kommt nur die selbstbewußte, in breiten Kreisen der Arbeiterschaft und auch des Kleinbürgertums fest verankerte Sozialdemokratische Partei Deutschlands in Frage. Sie hat die größten Erfahrungen in sozialen Auseinandersetzungen, sie bildet den gemeinsamen Nenner, auf den sich die Mehrheit, jedenfalls fürs erste, einigen kann. Aber auch zum Sündenbock würde sie später gut geeignet sein. Das merken nicht wenige ihrer Anhänger erst, als sie sich gut vierzehn Jahre später als ehemalige und überzeugte Parteigänger der sogenannten »Novemberverbrecher« in den Hitlerschen Konzentrationslagern wiederfinden. Aber soweit ist es noch nicht.

Mit der Übergabe der zunächst abstrakten Macht in der Kontinuität des Deutschen Reiches an Friedrich Ebert und andere Männer aus dem Parteivorstand der Mehrheitssozialdemokraten sowie an einige der abgespaltenen Unabhängigen Sozialdemokraten und von anderswo her, ist jedoch noch wenig getan. Zwar ist eine juristisch-historische Lückenlosigkeit gewahrt, die Siegermächte wissen, an wen sie sich nun zu halten haben, aber die Staatsmacht wankt auf allen Ebenen beträchtlich. Das Land droht in zügelloser Anarchie zu versinken. Das Offizierskorps ist weitgehend von den Mannschaften entmachtet, die Polizei wird nicht mehr ernst genommen, die Justiz funktioniert nicht, Verwaltungen haben ihre Arbeit eingestellt, Raub und Plünderungen breiten sich aus, Ordnung und Sicherheit sind in Gefahr. Die einen wollen so schnell wie möglich nach Hause und wieder ihren Vorkriegs-Alltag leben, andere sind darauf aus, in diesem Durcheinander zu schneller Macht und schnellem Geld zu kommen.

Seit langem gibt es für solche scheinbar aussichtslosen Situationen eine Möglichkeit zur Aufrechterhaltung der wichtigsten staatlichen Funktionen: die Ordnungsmacht bleibt auf unterer Ebene erhalten und stabilisiert sich von dort her auch nach weiter oben. Das Rätesystem hatte schon im Mittelalter in den unabhängigen Städten funktioniert, es war in der Revolution von 1848 ernsthaft auf höherer Ebene angedacht worden, es wurde 1871 während der Pariser Kommune in Frankreich und dann wieder in Rußland seit der Revolution von 1905 erfolgreich praktiziert. In direkt und spontan gewählten Räten organisierte Menschen, die das Vertrauen ihrer Mitbürger genießen, übernehmen die Lösung dringlicher Probleme in Bezug auf Ordnung, Sicherheit und Regulierung des Alltag. Unter der Leitung von Soldatenräten kehrt zum Beispiel das deutsche Heer 1918 einigermaßen geordnet in die Heimat zurück, durch Arbeiterräte wird die Produktion lebenswichtiger Güter aufrecht erhalten.

Zu Unrecht wird dieses chaosverhindernde System allein mit den radikaleren Kräften eines gesellschaftlichen Umbaus in Verbindung gebracht. In die Soldatenräte sind zum Beispiel nicht wenige Offiziere des Vertrauens gewählt, die sich während des Krieges durch Loyalität ausgezeichnet haben, und in den Arbeiterräten sind zahlreiche anerkannte Fachleute vertreten, die sozial dem Arbeiterstande nicht angehören. Die Arbeit der Räte vermittelt Gerechtigkeit, demokratisches Bewußtsein, wirkliche Bedürfnisverwaltung auf dem Stand vorhandener politischer Bildung – sowohl der Gewählten als ihrer Wählerinnen und Wähler. Mit dem Ausbau dieses Rätesystems scheint es möglich, allmählich zu einer weitgehend erneuerten Staatsform, frei von gezielter Propaganda und einseitiger Interessenvertretung, von überkommener Korruption und von Filz zu gelangen.

Doch es gibt starke Kräfte im Volke, die eine wirkliche Erneuerung des Staates keineswegs wünschen: Wer in der Monarchie zu den Privilegierten gehörte, will die Monarchie erhalten, wer in den Zeiten wirtschaftlichen Aufschwungs ungehindert seine auf der Ausnutzung anderer Bürger beruhenden Geschäfte gemacht hat, will weiterverdienen wie bisher. Die Rätestrukturen müssen deshalb, nachdem sie ihre Schuldigkeit zur Erhaltung des in Auflösung befindlichen Gemeinwesens erfüllt haben, nach dem Willen dieser Kräfte schleunigst wieder verschwinden, nötigenfalls mit Gewalt. An ihre Stelle soll wie zuvor ein vielfältiges bürgerliches Parteiensystem mit gewählten Abgeordneten treten, die in möglichster Vielfalt erst einmal wieder Distanz zum gemeinen Volk und seinen eigentlichen Interessen schaffen. Zunächst gilt es deshalb, die neue und ungewohnte, gleichwohl überall akzeptierte, auf basisdemokratischen Strukturen aufgebaute Herrschaftsform zu diffamieren. Die zügellosesten Anarchisten werden kurzerhand als blutrünstige Spartakisten gekennzeichnet, das Schreckgespenst vom zivilisationsgefährdenden Kommunismus wird erfunden. Unglaubliche Gerüchte über den Bolschewismus in Rußland werden in Umlauf gebracht. (Daß in Rußland alle Frauen zu Gemeineigentum würden, gehört zu den eher harmloseren.) Dann wird das Rätesystem mit diesen geächteten gesellschaftlichen Kräften gleichgesetzt. Inzwischen marschieren jedoch die Freikorps schon, und die Versuche des Widerstandes der Wehrhaften gegen zügellosen konterrevolutionären Terror werden zur Zuspitzung gerade dieses Terrors benutzt.

In Berlin gibt es bewaffnete Auseinandersetzungen zwischen revolutionären Matrosen und Soldaten von Anfang Dezember 1918 bis Ende März 1919. Die Januarkämpfe im Zeitungsviertel unter Führung des unabhängigen Sozialdemokraten Georg Ledebour heißen im allgemeinen Sprachgebrauch Spartakusaufstand. Wer alles nennt sich »Spartakist« oder »Kommunist« in dieser Zeit! Und wer alles wird mit diesen Bezeichnungen belegt! Der Spartakusbund selbst aber, seit 1. Januar 1919 in Kommunistische Partei umbenannt, am Anfang ohne nennenswerte Basis, hat mit der Organisierung der Besetzung des Zeitungsviertels praktisch nichts zu tun. Was die Konterrevolution als Rechtfertigung für ihr Vorgehen damals propagandistisch aufbauscht und als Vorwand für die Ermordung von Rosa Luxemburg und Karl Liebknecht benutzt: die bürgerliche Geschichtsschreibung kopiert es seit 90 Jahren getreulich. Und wenn später auch bestimmte DDR-Historiker, freilich unter umgekehrten Vorzeichen, diese Kämpfe zum kommunistischen Aufstand hochstilisiert haben (»Wir sind die Sieger der Geschichte«) – stattgefunden hat etwas anderes. Sebastian Haffner hat die Ereignisse nicht nur minutiös nachgezeichnet, sondern auch die Zusammenhänge endlich eindeutig aufgeklärt.

Die Münchner Räterepublik unter ihrem aus Berlin gekommenen Ministerpräsidenten Kurt Eisner funktionierte sehr friedlich bis zu dessen Ermordung. Bestialisch wütete in München dann allein der konterrevolutionäre Terror der von Gustav Noske eingesetzten Regierungstruppen und mit ihnen verbündeter Freikorps, die als fremdes Militär von Norden her in Bayern einmarschierten. Tausende wurden allein ihres Alters und Aussehens wegen erschossen, und nicht von ungefähr nimmt die Hitlerbewegung kurz danach gerade in München ihren Anfang. In Gustav Reglers Memoiren können die Ereignisse aus der Sicht eines unverdächtigen Augenzeugen detailiert nachgelesen werden.

(Daß übrigens in Räterußland auf seinem verhängnisvollen Weg in die Stalinsche Diktatur gerade das ursprüngliche, namensgebende Rätesystem sehr schnell auf der Strecke bleibt, spricht keineswegs gegen dieses System.)

Es gibt nicht viele so schonungslos genaue, um der Wahrheit willen bewußt unattraktiv gestaltete Kriegsberichte wie Renns »Krieg«, an dessen Verdichtung auf das Wesentliche der Autor in den Jahren nach Kriegsende immer weiter gearbeitet hat. Was er nicht selbst gesehen, was er nicht selbst durchlitten hat, darüber schreibt er nicht. Seine Schilderung der Ereignisse gleicht einem militärischen Lagebericht, in dem jede literarisch-phantasievolle Einfärbung zur tödlichen, weil die Lage verfälschenden Gefahr werden kann. Und solcherart der Wirklichkeit verpflichtet, führt er nun seine Chronik weiter: Der Erlebnisbericht »Nachkrieg« wird zum unvergleichlichen Dokument der sächsischen Ereignisse zwischen Kriegsende und Kapp-Putsch.

Freilich mangelt es »Nachkrieg« an äußerlichen Spannungselementen: Renns Leben und das seines Helden ist nicht mehr in so unmittelbarer Gefahr wie zuvor an der Front, an Kämpfen auf Tod oder Leben sind sie beide jetzt nicht mehr beteiligt, sie liegen nicht im Dreck, müssen nicht Kälte und Hunger erleiden, um sie herum stirbt keiner der ihnen liebgewordenen Kameraden.

Was aber macht diesen Bericht – zugegebenermaßen erst auf den zweiten Blick – auf eine ganz andere Art dennoch so spannend? Das hehre Ziel, das kleine Glück, die große Intrige, der unglaubliche Verrat, das magere Geschäft, der armselige Gewinnst, Diskussionen ohne Ende, kleine und große Alltagssorgen, treu-redliche Genügsamkeit, hochfliegende Träume, aufrührerische Gedanken und immer wieder das Resignieren in der Wirklichkeit: Renn ergreift niemandes Partei. Er ist ein Beobachter, ein Suchender auf der Position seiner eigenen Erkenntnisse zur Zeit des Geschehens. Am Ende ist er auf seinem Weg hin zu einer Haltung im Leben wieder nur ein kleines Stück weitergekommen, aber er ist unbeeinflußt geblieben von Einflüsterern aus welcher Richtung auch immer. In dem großen Streit zwischen den Linken: Anarchisten, Mehrheitssozialdemokraten, Unabhängigen Sozialdemokraten, Spartakisten, Kommunisten hat er sich noch längst nicht entschieden. Zwar wissen er und mit ihm der Held seines Buches am Ende schon genau, zu welcher politischen Nachbarschaft sie von nun an Abstand wahren werden – wo und bei wem der Autor am Ende jedoch ankommen wird, davon hat er noch keine Ahnung.

»Manche haben geglaubt«, schreibt Renn in seinem Nachwort zu »Krieg« und »Nachkrieg« in der Ausgabe seiner gesammelten Werke des Berliner Aufbau-Verlages von 1968, »dieses Buch ›Nachkrieg‹ wäre gegen die Sozialdemokratie geschrieben worden. Aber interessanterweise haben gerade die Sozialdemokraten Dresdens, der Stadt, in der ›Nachkrieg‹ spielt, in ihren Kritiken die Richtigkeit meiner Darstellung anerkannt. Ihre Bereitschaft zur Selbstkritik hat mich tief beeindruckt. Sie zogen augenscheinlich dieselben Schlußfolgerungen wie ich. Und war denn ich besser gewesen als sie? Nein, für mich war diese Zeit dieselbe Zeit des bitteren Lernens gewesen. Ich konnte damals keine erfreulichen Persönlichkeiten finden, weil ich selbst unerfreulich, unentschieden war. Daher konnte ich auch meinem Helden keinen Schwung geben ... Darin aber erblicke ich keinen Fehler.«

Eine historische Schuld des vollkommen überzogen handelnden sozialdemokratischen Reichswehrministers Gustav Noske gegenüber dem deutschen Volk, auch gegenüber einer Minderheit zwar radikaler, keineswegs jedoch blutrünstiger Kräfte steht heute außer Frage – sicher auch für die meisten Sozialdemokraten. Die standrechtlich Erschossenen, die Gefolterten und Erschlagenen dieser Nachkriegskämpfe waren immerhin auch Deutsche, die von anderen Deutschen nicht einfach nur ohne jede gesetzliche Handhabe oder in Notwehr bestraft, sondern vielmehr bestialisch massakriert wurden. Diese historische Schuld wurde nach kurzer Zeit verdrängt, vergessen, umgelogen. Nicht umsonst wurde Noske nach dem Kapp-Putsch durch seine eigene Partei zum Rücktritt gezwungen. Von seinen Vergehen und denen mancher anderer Parteiführer neben ihm auf die Sozialdemokratie als ganzes zu schließen, ist allerdings wiederum ein unentschuldbarer Fehler, für den Deutschland später bitter bezahlt hat.

Gewalt löst Gegengewalt aus, einer beschuldigt den anderen, einer wirft dem anderen vor, begonnen zu haben, aber wo der Anfang wirklich war, ist hinterher kaum zu ermitteln, weder damals in Deutschland noch heute in der Welt. In der Broschüre eines »Hauptmannes im Generalstabe«, als Handschrift am 3. April 1919 gedruckt, heißt es: »Das Volk will ein Ziel haben, eine Idee, eine Parole, und zwar eine, die seinen primitiven Trieben entspricht. Dem Volke zu sagen: ›Ich, die Regierung, führe Dich zu Deinem Heile auf den und den Wegen auf dieses bestimmte Ziel zu, hier mußt Du mir folgen oder Du gehst zugrunde, alle anderen Wege und Ziele sind falsch und verderblich‹, diesen Grundgedanken mit allen technischen Hilfsmitteln geschrieben und gesprochen, amtlich und privatim der öffentlichen Meinung aller Klassen und Stände immer und immer wieder einzuhämmern, ist Propaganda. ... Im übrigen ist es Sache der Regierung, mit allen amtlichen militärischen und zivilen sowie privaten Stellen, die sich mit Propaganda befassen, Fühlung aufzunehmen und auch ihnen – ebenso wie der Presse – ihre Richtlinien, ihr Programm zu geben.«

Während das Hochfliegende, Idealische, Enthusiastische, Gerechte bei Kriegsende diffamiert und nicht selten blutig niedergeschlagen wird, kann das Althergebrachte, Schuldbeladene, Unbelehrbare sich im Verborgenen in aller Ruhe und sehr sorgsam neu formieren. Diese Vorgänge ähneln Vorgängen in jeder anderen Revolution. Für diesmal werden sie sich nach unermüdlichen geheimen Vorbereitungen, verbunden mit einem Propagandafeldzug ohnegleichen, im rechtsradikalen Kapp-Putsch vom März 1920 entladen. Nur der unerwartete Generalstreik rettet die republikanische Regierung und zwingt sie zurück in ihre Verantwortung. Aber diese Verantwortung nimmt sie in der einen Richtung wiederum nur unvollständig, in der anderen aber nach wie vor mit übertriebener Schärfe wahr. Und so wird dieser Putsch zum frühzeitigen Menetekel der von zu vielen Bürgern aus unterschiedlichen Gründen ungeliebten Weimarer Republik.

Der schon erwähnte »Dresdner Anzeiger« veröffentlicht am 15. März eine Bekanntmachung des Militärbefehlshabers Generalmajor Müller, die sich auf den Kapp-Putsch bezieht: »... unverantwortliche Elemente sind im Begriff, die augenblickliche Verwirrung der Lage unseres Vaterlandes dazu zu benutzen, russische Zustände einzuführen und das Vaterland in das Chaos zu stürzen.« – eine wahrscheinlich wohlüberlegte Falschmeldung, die versucht, sogar den konterrevolutionären Putsch, dem in Dresden immerhin 59 Menschen zum Opfer fallen, der anderen Seite in die Schuhe zu schieben.

Drei Tage später wird in der gleichen Zeitung lapidar mitgeteilt, daß »am Montag, dem 15.3.1920 in Riesa und Zeithain die Reichswehrtruppen von der Arbeiterschaft entwaffnet wurden, die die wichtigsten öffentlichen Gebäude besetzt hat.«

Ebenfalls entwaffnet wurde eine Einheit der Sicherheitspolizei, die, von Zeithain kommend, den Auftrag hatte, Lagergebäude des Riesaer Binnenhafens zu bewachen und eventuelle Plünderer zurückzudrängen. Auf der Elbbrücke werden die Polizisten von ebenfalls bewaffneten Arbeitern gestoppt. Der Kommandeur der Polizei-Einheit unterläßt den Befehl, die Waffen zu ziehen, zu entsichern und auf die Streikenden zu schießen. Während er zum Telefon geht, um seine Identität zu beweisen und den Arbeitern klar zu machen, daß er nicht zu den Putschisten gehört, werden seine Untergebenen entwaffnet. Auf der Riesaer Elbbrücke fließt kein Blut.

Tage später, der Putsch ist niedergeschlagen, wird derselbe Kommandeur mit dem Vorwurf seiner Vorgesetzten konfrontiert, sich der Feigheit vor dem Feind schuldig gemacht zu haben. Kurz entschlossen nimmt er seinen Abschied. Es ist Hauptmann Arnold Vieth von Golßenau, alias Hauptwachtmeister Ludwig Renn, alias Ludwig Renn.

Acht Jahre später wird dieser Hauptmann a. D. im nicht gar so weit entfernten Zwickau während einer Antikriegs-Demonstration einem seiner ehemaligen Offizierskameraden aus Zeithain gegenüberstehen: der ehemalige Kamerad in Polizeiuniform, er, der überschlanke, elegante Adlige aus sehr alter Familie in der nicht besonders kleidsamen Uniform des Roten Frontkämpferbundes der Kommunistischen Partei Deutschlands.

Aber das ist dann schon eine andere Geschichte.

Editorische Notiz

Dieser Ausgabe von »Nachkrieg« liegt ein Vergleich zwischen der Erstausgabe beim Agis-Verlag, Wien/Berlin, 1930, und der 5. Auflage des Bandes 3 der Gesammelten Werke von Ludwig Renn in Einzelausgaben im Aufbau-Verlag Berlin, 1985, zugrunde.

ISBN 3-360-01246-1

Rosa-Luxemburg-Str. 39, 10178 Berlin
Umschlaggestaltung: Peperoni Werbeagentur, Berlin
Gesamtherstellung:
Oldenbourg Buchmanufaktur

Die Bücher des Verlags Das Neue Berlin
erscheinen in der Eulenspiegel Verlagsgruppe.

www.das-neue-berlin.de